山东省社会科学普及应用研究项目(编号:2021-SKZC-09)
"齐、鲁传统文化在现代乡村振兴中的创造性运用"课题研究成果

齐、鲁传统文化在现代乡村振兴中的创造性转化研究

张国梁　吴嫘　魏运才　著

中国商业出版社

图书在版编目(CIP)数据

齐、鲁传统文化在现代乡村振兴中的创造性转化研究/张国梁，吴嫘，魏运才著. ——北京：中国商业出版社，2022.11
 ISBN 978—7—5208—2299—2

Ⅰ.①齐… Ⅱ.①张…②吴…③魏… Ⅲ.①传统文化—作用—农村—社会主义建设—研究—山东 Ⅳ.①F327.52

中国版本图书馆 CIP 数据核字(2022)第 210776 号

责任编辑：李 飞

(策划编辑：蔡 凯)

中国商业出版社出版发行

(www.zgsycb.com 100053 北京广安门内报国寺1号)
总编室：010—63180647 编辑室：010—83114579
发行部：010—83120835/8286

新华书店经销

北京军迪印刷有限责任公司印刷

*

787 毫米×1092 毫米 16 开 12 印张 280 千字
2022 年 11 月第 1 版 2022 年 11 月第 1 次印刷

定价：58.00 元

* * *

(如有印装质量问题可更换)

前　言

党的十九大报告提出了实施乡村振兴战略"产业兴旺、生态宜居、乡风文明、治理有效、生活富裕"内容总体要求，为山东省"乡村振兴战略"实施提供了重要契机和理论先导。这些重要论述包含着加快农业农村现代化、缩小城乡发展差距、提高人民生活水平、实现共同富裕、全面建设社会主义现代化国家等问题导向体系、目标导向体系和价值导向体系，突出了乡村建设的基础地位和全局影响，还原了乡村建设的原则、宗旨、目标、方向等根本问题，意味着必须把乡村建设成果置于全面建设社会主义现代化国家战略布局中考量，为山东省持续推进乡村建设提供了重要的目标和价值遵循。加强相关理论研究，深入挖掘具有中国特色的乡村农耕文明，传承齐、鲁文化区域发展治理理念，有利于克服重经济轻环境、重效率轻公平、重积累轻民生等发展弊病，走出重物质轻文化、重利益轻体制的乡村振兴战略发展误区。

为深入贯彻落实党的十九大和十九届二中、三中、四中、五中、六中全会精神，深入学习贯彻习近平总书记视察山东重要讲话和重要指示批示精神，紧紧围绕"十四五"开局、庆祝建党一百周年和新时代现代化强省建设目标任务，以及山东省十二次党代会部署的重点任务和工作目标，烟台南山学院马克思主义学院张国梁主持申报了山东省社会科学普及应用研究项目课题"齐、鲁文化在乡村振兴中的创造性转化"。该课题研究，一方面探究齐、鲁文化与"乡村振兴战略"实施文化意蕴之间的相通相融性，把二者关联起来，求证有机结合的可能性、实践性；另一方面，针对"乡村振兴战略"实施与齐、鲁文化在社会经济发展地域性特征，探求二者之间融合的现实路径，把齐、鲁文化的丰厚滋养，输入"乡村振兴"实施的精神之需，为乡村振兴注入源源不断的精神动力。

齐、鲁文化中丰富的尊法重道、变革图强、因地制宜开发地方产业、发展区域经济的强国富民文化思想，与"乡村振兴战略"具有实践的耦合性和相通性，充分挖掘其文化意蕴，可以创造性地转化为"乡村振兴"的文化软实力。齐、鲁文化"尊贤尚功""三宝并重""通轻重""官山海"等"富国论"在"乡村振兴战略"实施中具有重大影响力，发掘其思想精华，有利于塑造"乡村振兴"共同的价值诉求，为实现"乡风文明、治理有效"提供政治智慧；齐、鲁文化特别是齐文化"四民分业""通渔盐之利""定民之居，成民之事""和与同"等文化精髓，是乡村振兴实现"产业兴旺、生态宜居、生活富裕"富民之策宝贵的历史经验和精神动力；齐、鲁文化"因其俗，简其礼""变其俗，革其礼""因其俗，从其欲"的文化意蕴，可以创造性地转化为"乡村振兴"的文化软实力。特别是在当时生产力还十分低下的情况下，他们尊重大自然的客观规律，最大限度与当地的"天时"、"地利"与"人情"相适应，达到生产方式多样化、生活形态差异化，产业本土化、产品适用性的"天人合一"境界，值得创造性地借鉴、发展。今天，我们强调深化农业供给侧结构性改革，走质量兴农、绿色兴农之路，加快推进农业由增产导向转向提质导向，就必须充分挖掘与尊重这些传统智慧，将传统的"山水田园"观念与健康养生观念相结合，将传统的"耕读传家"观念与青少年自然教育相结合，打造集休闲、教育、旅游、体验、文化传承于一体的"田园综合体"，发展乡村文化，提升乡村经济效益。广大农民兄弟对我们民族的这些"传统"具有天然好感，也乐于接受。将"传统文化"转化为"治理策略"，这意味着深入农村生活实际，走进农民精神世界，想他们所想，讲他们所讲。这正是我党长期以来"到人民群众中去"优良传统的体现，也是"创造性转化、创新性发展"传统文化的应有之义。

"齐、鲁文化在乡村振兴中的创造性转化"在各家学术见解和理论建树的启导下，在诸学者对齐、鲁文化的区域性特征、自然社会环境和时代因素等研究视野的基础上，课题从齐、鲁文化发展流变、各树一帜的地方特性、历史渊源、宗教信仰、学术流派等多个视角，纵横考据，辩证考察，多向探源，综合考究齐、鲁两国的地方性政治、经济、文化思想对齐鲁乡村特色产业、多种经济和生态环境建设发展的深层次文化影响，以为齐鲁文化的深化研究开辟新的视野。

本课题研究的最终成果为《齐、鲁文化在乡村振兴中的创造性转化研究》通俗读物著作一部，用以普及广大农民群众阅读，形成"乡村振兴战略"实施的文化软实力，助推我省特别是半岛地区"乡村振兴"高质量发展。全书由绪论、强国篇、富民篇、智慧谋略篇等四个部分构成，主体内容16章，可分四个主题。"绪论"为一个主题，旨在探讨春秋战国时期齐、鲁两国文化的地域性特征与乡村振兴"产业兴旺、生态宜居、乡风文明、治理有效、生活富裕"战略方针具体实践的耦合性和相通性，找准二者之间精神的契合性和文化思想的关联性；第一部分为一个主题，讨论齐国和鲁国立国、治国、富国、强国的思想文化价值，挖掘地方产业发展、区域经济建设等强国之策的历史政治智慧；第二部分为一个主题，探讨齐、鲁文化"利民""富民""惠民"思想与历史经验，对"乡村振兴"伟大实践的启示；第三部分为一个主题，分类讨论齐、鲁两国治国理政的思想源头及其富有借鉴意义的历史故事。课题研究以春秋战国时期齐、鲁两国各具特性的区域文化在政治、经济、社会建设方面对治国强国的有力支持为视角，进行"乡村振兴战略"为广大农村区域之间经济文化发展主线，提出既符合乡村振兴持续发展实际又体现新时代新农村建设的文化振兴方案，既具有鲜明的理论探索意义，又具有独到的实践指导意义。

齐鲁文化博大精深、学派林立，名家辈出，想要对其庞大思想体系和文化特征作一个全面的概括，那是相当困难的，特别是将其丰富的文化思想资源运用到当前乡村振兴战略实施的伟大实践中去，是一项浩浩荡荡的系统工程，也不是一两个课题组能够完成的，它需要学界同人共同探究、持续努力。本书作为刚入门的研究者的一次大胆尝试，确是一己之见，以管窥豹，也难免挂一漏万，失之偏颇。祈望各位学术前辈、学界同人，不吝赐教，以使该研究能有机会进一步深入和补充完善。

课题组

2022 年 8 月 18 日

目　录

绪论 ……………………………………………………………………………… (1)
 第一节　齐、鲁文化与乡村振兴战略 …………………………………… (1)
  一、问题的提出 ……………………………………………………… (1)
  二、"乡村振兴"的基本内涵 ………………………………………… (3)
  三、新时代实施乡村振兴战略应该重点把握的几个问题 ………… (4)
  四、齐、鲁文化在"乡村振兴"中创造性转化 ……………………… (4)
 第二节　齐、鲁文化发展的地方性特征 ………………………………… (6)
  一、齐、鲁文化发展的历史性特点 ………………………………… (7)
  二、齐、鲁文化发展的地理性特点 ………………………………… (10)
  三、齐、鲁文化发展的经济性特点 ………………………………… (11)
  四、齐、鲁文化发展的政治性特征 ………………………………… (12)
 第三节　齐、鲁文化的基本精神 ………………………………………… (15)
  一、齐文化是重谋略、崇理性、尚武功、善理财的理性文化 …… (15)
  二、鲁文化是重仁义、尊传统、尚伦理、贵人和的仁性文化 …… (17)

第一部分　强国篇

第一章　鲁国的"礼治"文化 ……………………………………………… (23)
 第一节　鲁国文化与周礼 ………………………………………………… (23)
  一、鲁国的礼乐传统 ………………………………………………… (23)
  二、鲁国文化 ………………………………………………………… (25)
 第二节　鲁国的"礼治" …………………………………………………… (27)
  一、《周礼》是鲁国的政治基础 …………………………………… (27)
  二、孔子崇尚《周礼》………………………………………………… (29)
  三、孔子推行"礼治" ………………………………………………… (31)

第二章"变其俗，革其礼"鲁国风土人情的改良 ………………………… (34)
 第一节　周公制礼作乐 …………………………………………………… (34)

一、辅佐武王，克商灭殷 ……………………………………………… (34)
　　二、三年东征，平定天下 ……………………………………………… (34)
　　三、分封诸侯，兼制天下 ……………………………………………… (35)
　　四、制礼作乐，敬德保民 ……………………………………………… (35)
　第二节 鲁公"变其俗，革其礼" ……………………………………………… (35)
　　一、伯禽受封之鲁 ……………………………………………………… (35)
　　二、"变其俗，革其礼"与鲁国风土人情的改良 …………………… (36)

第三章 "因其俗，简其礼"齐国"变革图强" …………………………… (39)
　第一节 "因其俗，简其礼" …………………………………………………… (39)
　　一、齐国文化的源头 …………………………………………………… (39)
　　二、齐太公因俗简礼 …………………………………………………… (41)
　第二节 齐国变革图强 ………………………………………………………… (42)
　　一、齐国图强称霸的时代背景 ………………………………………… (42)
　　二、齐国成就霸业的历史过程 ………………………………………… (44)
　　三、管仲改革，齐桓公称霸 …………………………………………… (46)

第四章 "因其俗，从其欲"齐国适宜的经济政策 ……………………… (50)
　第一节 因俗从欲发展农工商经济 …………………………………………… (50)
　　一、因俗简礼发展工商经济 …………………………………………… (50)
　　二、齐国的经济自然条件 ……………………………………………… (51)
　第二节 齐国适宜的经济政策 ………………………………………………… (52)
　　一、齐国的经济政策 …………………………………………………… (52)
　　二、齐国的经济改革 …………………………………………………… (54)
　第三节 齐国发展经济的启示 ………………………………………………… (55)
　　一、姜子牙的富民政策 ………………………………………………… (56)
　　二、管仲"以人为本"的经济思想 …………………………………… (57)
　　三、齐文化经济思想的现代启示 ……………………………………… (58)

第五章 "尊贤尚功"与乡村"治理有效" ……………………………… (61)
　第一节 "尊贤尚功"与选贤任能 …………………………………………… (61)
　　一、姜太公"尊贤尚功" ……………………………………………… (61)
　　二、管仲"选贤任能" ………………………………………………… (63)
　第二节 乡村"治理有效" …………………………………………………… (64)
　　一、坚持在发展中改善民生 …………………………………………… (65)
　　二、选好乡村带头人 …………………………………………………… (67)
　　三、完善乡村治理体系 ………………………………………………… (69)

第二部分 富民篇

第一章 孟子的"和谐"生态理念与园圃经济思想 …………………… (73)
第一节 孟子"仁民爱物"的和谐政治理想 ……………………… (73)
一、仁民爱物 …………………………………………………… (74)
二、"制民之产"和均平赋税,保护工商业 ………………… (74)
第二节 孟子"天人合一"生态和谐伦理思想 ………………… (75)
一、天人合一 …………………………………………………… (75)
二、以德配天 …………………………………………………… (76)
第三节 孟子的园圃经济思想 …………………………………… (77)
一、孟子把庭院经济纳入其"仁政"措施 …………………… (78)
二、发展"六畜"庭院经济 …………………………………… (79)

第二章 墨子"兼相爱,交相利"与发展手工业 …………………… (80)
第一节 墨子及其哲学思想 ……………………………………… (80)
一、墨子其人 …………………………………………………… (80)
二、墨家学派 …………………………………………………… (81)
三、《墨子》其书 ……………………………………………… (83)
第二节 墨子的科技思想与发展手工业 ………………………… (86)
一、墨子的科技思想 …………………………………………… (86)
二、发展手工业思想 …………………………………………… (88)

第三章 姜子牙"三宝并重"与乡村"产业兴旺" ………………… (92)
第一节 姜子牙"三宝并重" …………………………………… (92)
一、姜太公的治国思想 ………………………………………… (92)
二、"三宝并重"经济思想 …………………………………… (94)
第二节 乡村"产业兴旺" ……………………………………… (95)
一、产业兴旺的新内涵 ………………………………………… (95)
二、正确实施产业兴旺 ………………………………………… (96)
三、以产业兴旺带动乡村振兴 ………………………………… (97)

第四章 管仲的"四民分业"与乡村"生活富裕" ………………… (100)
第一节 管仲的"四民分业" …………………………………… (100)
一、管仲其人 …………………………………………………… (100)

二、管仲的经济思想 …………………………………………………………(101)
　　三、管仲的"四民分业"思想 …………………………………………………(103)
　第二节　推动乡村生活富裕 ………………………………………………………(104)
　　一、生活富裕的基本内涵 ………………………………………………………(104)
　　二、实现乡村生活富裕要解决好的几个问题 …………………………………(106)
　　三、提高农民生活质量 …………………………………………………………(107)

第五章 管仲"定民之居，成民之事"与"生态宜居" ………………………………(109)
　第一节　管仲"定民之居，成民之事"的治国主张 ………………………………(109)
　　一、管仲"定民之居"的改革主张 ………………………………………………(109)
　　二、管仲"成民之事"的人本思想 ………………………………………………(110)
　　三、"定民之居、成民事"对乡村振兴的启示 …………………………………(111)
　第二节　乡村"生态宜居" …………………………………………………………(111)
　　一、乡村振兴"生态宜居"基本要求 ……………………………………………(111)
　　二、打造生态宜居的美丽家园 …………………………………………………(114)

第三部分　智慧谋略篇

第一章　管仲张"四维"使民以德 …………………………………………………(121)
　第一节　管仲"礼、义、廉、耻"四大治国纲纪 …………………………………(121)
　　一、"国有四维"的提出及其内涵 ………………………………………………(122)
　　二、"四维"价值观的产生 ………………………………………………………(123)
　　三、"四维"传统精神文明的时代价值 …………………………………………(124)
　第二节　以德使民 …………………………………………………………………(125)
　　一、"以德使民"的含义 …………………………………………………………(126)
　　二、"使民以德"的现代启示 ……………………………………………………(128)

第二章　齐桓公举贤任能，不拘一格 ………………………………………………(130)
　第一节　齐桓公举贤任能称霸诸侯 ………………………………………………(130)
　　一、齐桓公不计私仇任管仲为相 ………………………………………………(130)
　　二、书伐选官，不拘一格 ………………………………………………………(133)
　第二节　桓公选贤任能的启示 ……………………………………………………(134)
　　一、选人用人的方式方法 ………………………………………………………(135)
　　二、选贤任能的原则 ……………………………………………………………(135)

第三章 晏婴的"和同"论与"乡风文明" ………………………… (137)
第一节 晏婴的"和同"论及其现代意义 …………………………… (137)
一、晏子其人 …………………………………………………… (137)
二、晏子的"和同"论 …………………………………………… (139)
三、"和同"思想的现代意义 …………………………………… (141)
第二节 构建乡风文明,助推乡村振兴 …………………………… (142)
一、乡风文明的内涵 …………………………………………… (142)
二、乡风文明建设的时代价值 ………………………………… (143)
三、乡风文明建设的基本路径 ………………………………… (145)

第四章 稷下学宫与齐国的文化繁荣 ………………………… (148)
第一节 稷下学宫 …………………………………………………… (148)
一、稷下学宫的创建 …………………………………………… (148)
二、稷下百家争鸣的盛况 ……………………………………… (149)
三、稷下百家争鸣的学术成就 ………………………………… (150)
第二节 齐国文化的发展与繁荣 …………………………………… (152)
齐文化的发展及其过程 ………………………………………… (152)

第五章 齐鲁文化十大历史名人 ……………………………… (156)
一、"一饭三吐哺"周公旦 ……………………………………… (156)
二、至圣先师孔丘 ……………………………………………… (156)
三、亚圣公孟轲 ………………………………………………… (158)
四、朴素唯物主义哲学家荀况 ………………………………… (158)
五、平民思想家墨翟 …………………………………………… (159)
六、周师齐祖姜太公 …………………………………………… (160)
七、春秋首霸齐桓公 …………………………………………… (161)
八、中华名相管仲 ……………………………………………… (161)
九、一代廉相晏婴 ……………………………………………… (162)
十、兵家之圣孙武 ……………………………………………… (162)

第六章 智囊故事十则 …………………………………………… (163)
一、田忌赛马 …………………………………………………… (163)
二、老子函谷著书 ……………………………………………… (164)
三、管鲍之交 …………………………………………………… (165)
四、晏子使楚 …………………………………………………… (166)
五、孙武杀姬训兵 ……………………………………………… (167)

六、孔子适齐 …………………………………………………… (168)
七、齐威王一鸣惊人 …………………………………………… (169)
八、孙膑围魏救赵 ……………………………………………… (171)
九、匡章攻破函谷关 …………………………………………… (172)
十、田单复国 …………………………………………………… (173)

参考文献 ………………………………………………………………… (176)

绪论

党的十九大报告提出了实施乡村振兴战略"二十字"方针,即"产业兴旺、生态宜居、乡风文明、治理有效、生活富裕"。党的十九届五中全会明确提出,到2035年基本实现社会主义现代化远景目标。2020年我国已经实现全面脱贫,全面建成小康社会,实现了第一个百年目标,正在向第二个百年奋斗目标进发。

加快农业农村现代化、缩小城乡发展差距、提高人民生活水平、实现共同富裕、全面建设社会主义现代化国家等问题导向体系、目标导向体系和价值导向体系,突出了乡村建设的基础地位和全局影响,还原了乡村建设的原则、宗旨、目标、方向等根本问题,意味着必须把乡村建设成果置于全面建设社会主义现代化国家战略布局中考量,为我省持续推进乡村建设提供了重要的目标和价值遵循。加强相关理论研究,深入挖掘具有中国特色的乡村农耕文明,传承齐、鲁文化区域发展治理理念,有利于克服重经济轻环境、重效率轻公平、重积累轻民生等发展弊病,走出重物质轻文化、重利益轻体制的乡村振兴战略发展误区。

第一节 齐、鲁文化与乡村振兴战略

一、问题的提出

实施乡村振兴战略,提高农业农村现代化水平,既是建设中国特色社会主义要实现的经济目标,更是重要的政治目标和政治责任。要坚持联系的观点,从新中国城乡关系发展演变的历程和当前"五位一体"总体布局、全面建设社会主义现代化国家战略布局的高度统筹乡村建设。把乡村建设作为重要的政治任务来审视,要放在全面建设社会主义现代化国家的进程中考量。实现全体人民的共同富裕,是社会主义的本质规定和奋斗目标,也是我国社会主义的根本原则。实施乡村振兴战略是党中央依据社会主要矛盾的变化,着眼于"两个一百年"奋斗目标,从政治高度对"三农"工作做出的新部署,有着重大意义和深远影响。要充分认识到没有农业农村的现代化,就不会有真正意义上的社会主义现代化;没有全体农民的富裕，就不会有全国人民的共同富裕。搞好乡村建设是一个重大的政治问题，这是由党和国家的性质决定的，对此要保持理论上的高度清醒和实践上的高度自觉，摒弃杂念，提高站位，守正创新，把乡村建设好，造福广大农民。

为深入贯彻落实党的十九大和十九届二中、三中、四中、五中、六中全会精神，深入学习贯彻习近平总书记视察山东重要讲话和重要指示批示精神，紧紧围绕"十四五"开局、庆祝建党一百周年和新时代现代化强省建设目标任务，以及省委确定的其他重点任务、重要战略部署，课题组申报了山东省社会科学普及应用研究项目"齐、鲁传统文化在现代乡村振兴中的创造性转化研究"课题。该课题研究，一方面探究齐、鲁文化与"乡村振兴战略"实施文化意蕴之间的相通相融性，把二者关联起来，求证有机结合的可能性、实践性；另一方面，针对"乡村振兴战略"实施与齐鲁文化在社会经济发展地域性特征，探求二者之间融合的现实路径，把齐鲁文化的丰厚滋养，输入"乡村振兴"实施的精神之需，为乡村振兴注入源源不断的精神动力。

扶贫先扶智，振兴经济首先要振兴文化。乡村振兴既要富口袋，也要富脑袋，富脑袋要突出文化振兴。"齐鲁文化在乡村振兴中的创造性转化"课题研究成果，作为通俗读物，用以普及广大农民群众阅读，助推我省特别是半岛地区"乡村振兴"蓝图规划和具体建设融入全国乡村振兴战略大格局，形成"乡村振兴战略"实施的文化软实力，为开启新时代现代化强省建设新征程提供有力的理论支撑和智力支持。本课题研究的最终成果为《齐、鲁传统文化在现代乡村振兴中的创造性转化研究》通俗读物著作一部，全书由绪论、强国篇、富民篇、智慧谋略篇三个部分共18章构成，分四个主题。"绪论"为一个主题，旨在探讨春秋战国时期齐、鲁两国文化的地域性特征与乡村振兴"产业兴旺、生态宜居、乡风文明、治理有效、生活富裕"战略方针具体实践的耦合性和相通性，找准二者之间精神的契合性和文化思想的关联性；第一部分为一个主题，讨论齐国鲁国立国、治国、富国、强国的思想文化价值，挖掘地方产业发展、区域经济建设、对外经贸、跨境通商之策的历史政治智慧；第二部分为一个主题，探讨齐、鲁文化"富民"思想的方针和具体变法变通的历史经验；第三部分为一个主题，分类讨论齐、鲁两国治国理政的思想源头及其现代价值。

课题以春秋战国时期齐、鲁两国各具特性的区域文化在政治、经济、文化、外交、军事上对治国强国的有力支持为视角，进行"乡村振兴"广大农村区域之间经济文化发展的实践关注，提出既符合乡村振兴持续发展实际又体现新时代农业现代化的文化建设具体方案。课题研究既具有鲜明的理论探索意义，又具有独到的实践指导意义。

二、"乡村振兴"的基本内涵

实施乡村振兴战略,党的十九大明确提出了一些政策要求:按照"产业兴旺、生态宜居、乡风文明、治理有效、生活富裕"的总要求,建立健全城乡融合发展体制机制和政策体系,进一步提出了实施乡村振兴战略的政策要求。

2018年中央一号文件《中共中央、国务院关于实施乡村振兴战略的意见》,内容共有十二章。

第一章,新时代实施乡村振兴战略的重大意义。党的十八大以来,在以习近平同志为核心的党中央坚强领导下,农业农村发展取得了历史性成就,为党和国家事业全面开创新局面提供了重要支撑。

党的十九大提出,中国特色社会主义进入新时代,我国社会主要矛盾已经转化为人民日益增长的美好生活需要和不平衡不充分的发展之间的矛盾。

第二章,实施乡村振兴战略的内容总体要求。指导思想、目标任务、基本原则三方面:指导思想,就是按照"产业兴旺、生态宜居、乡风文明、治理有效、生活富裕"的总要求。目标任务,就是按照党的十九大提出的决胜全面建成小康社会、分两个阶段实现第二个百年奋斗目标的战略安排,分为三个阶段:到2020年,乡村振兴取得重要进展,基本形成制度框架和政策体系;到2035年,乡村振兴取得决定性进展,基本实现农业农村现代化;到2050年,乡村全面振兴,全面实现农业强、农村美、农民富。基本原则,提出了七项基本原则,即"七个坚持":坚持党管农村工作、坚持农业农村优先发展、坚持农民主体地位、坚持乡村全面振兴、坚持城乡融合发展、坚持人与自然和谐共生、坚持因地制宜。

中央一号文件就按照"产业兴旺、生态宜居、乡风文明、治理有效、生活富裕"把这五句话20字方针分成五章的内容来讲。

第一,产业兴旺(第三章)。中央一号文件明确指出,产业兴旺是重点。实际上这是讲农业现代化的问题。

第二,生态宜居(第四章)。中央一号文件明确指出,生态宜居是关键。文件指出,良好生态环境是农村最大优势和宝贵财富。文件强调,必须尊重自然、顺应自然、保护自然,推动乡村自然资本加快增值,实现百姓富、生态美的统一。

第三,乡风文明(第五章)。中央一号文件明确指出,乡风文明是保障。文件指出,必须坚持物质文明和精神文明一起抓,提升农民精神风貌,培育文明乡风、良好家风、淳朴民风,不断提高乡村社会文明程度。

第四,治理有效(第六章)。中央一号文件明确指出,治理有效是基础。必须把夯实基层基础作为固本之策,建立健全党委领导、政府负责、社会协同、公众参与、法制保障的现代乡村社会治理体制,坚持自治、法治、德治相结合,确保乡村社会充满活力、和谐有序。

第五,生活富裕(第七章)。中央一号文件明确指出,生活富裕是根本。按照抓重点、补短板、强弱项的要求，围绕农民群众最关心最直接最现实的利益问题，一件事情接着一件事情办，一年接着一年干，把乡村建设成为幸福美丽新家园。

第八章，精准脱贫。摆脱贫困是前提，必须坚持精准扶贫、精准脱贫，把提高脱贫质量放在首位。第一，瞄准贫困人口精准帮扶。第二，强化产业和就业扶持，着力做好产销衔接、劳务对接，实现稳定脱贫。

第九章，体制改革，提出必须把制度建设贯穿其中。推进体制机制创新，要以完善产权制度和要素市场化配置为重点，激活主体、激活要素、激活市场，着力增强改革的系统性、整体性、协同性。

第十章，汇聚全社会力量，强化乡村振兴人才支撑。必须破解人才瓶颈，把人力资本开发放在首要位置。

第十一章，开拓投融资渠道，强化乡村振兴投入保障。主要是解决钱从哪里来的问题。文件提出，要健全投入保障制度，创新投融资机制，加快形成财政优先保障、金融重点倾斜、社会积极参与的多元投入格局，确保投入力度不断增强、总量持续增加。

第十二章，坚持和完善党对"三农"工作的领导。

三、新时代实施乡村振兴战略应该重点把握的几个问题

第一，认真学习贯彻实施乡村振兴战略的纲领性文件。

第二，充分认识完成近期目标的艰巨性。

第三，依托乡村振兴战略，巩固脱贫成果。

第四，继续推进农村各项改革。

第五，实施乡村振兴战略要坚持不懈。

2017年10月18日，习近平总书记在十九大报告中指出，实施乡村振兴战略。农业农村农民问题是关系国计民生的根本性问题，必须始终把解决好"三农"问题作为全党工作重中之重。2018年2月4日，中共中央、国务院印发关于实施乡村振兴战略的意见。要求按照"产业兴旺、生态宜居、乡风文明、治理有效、生活富裕"的总要求，让农业成为有奔头的产业，让农民成为有吸引力的职业，让农村成为安居乐业的美丽家园。

四、齐、鲁文化在"乡村振兴"中创造性转化

春秋战国时期齐、鲁两国各具特性的区域文化在政治、经济、文化上对治国强国的有力支持，是我们进行"乡村振兴战略"实践的历史智慧。我们应立足齐、鲁文化的思想精髓，关注广大农村区域之间经济文化发展的实践，提出既符合乡村振兴持续发展实际又体现新时代农业现代化的文化建设具体方案。

党的十九大明确提出了"乡村振兴战略"，这是以习近平同志为核心的党中央对"三农"工作做出的新的战略部署。新时代乡村振兴战略所设定的目标是："产业兴旺、生态宜居、乡

风文明、治理有效、生活富裕"。从"乡村振兴战略"全局看：农村不仅要发展农业生产，也要以"产业"思路促进城乡经济一体化；生态环境毫无疑问要放到重要的战略位置。因为，"乡村振兴"不仅要生活富裕，还有绿水青山，"生态宜居"，不仅停留在村容整洁的层次，更重要的是"文化振兴"。农村基层政治格局要从过去的"管理"思路向社会"治理"转变，培育并建设乡村文化，提升广大人民群众日益增长的文化需求，提升乡村"产业兴旺"的文化软实力和主体内生力，才是"治理有效"的内涵。中央农村工作会议强调，走中国特色社会主义乡村振兴道路，传承发展提升农村优秀传统文化，加强农村公共文化建设，"立足乡村文明，吸取城市文明及外来文化优秀成果，在保护传承的基础上，创造性转化、创新性发展，不断赋予时代内涵、丰富表现形式"。

齐、鲁文化中丰富的尊法重道、变革图强、因地制宜开发地方产业、发展区域经济的强国富民文化思想，与"乡村振兴"战略具有实践的耦合性和相通性，充分挖掘其文化意蕴，可以创造性地转化为"乡村振兴"的文化软实力；齐、鲁文化"尊贤尚功""三宝并重""通轻重""官山海"等"富国论"在"乡村振兴"战略实施中具有重大影响力，发掘其思想精华，有利于塑造"乡村振兴"共同的价值诉求，为实现"乡风文明、治理有效"提供政治智慧；齐、鲁文化特别是齐文化"四民分业""通鱼盐之利""定民之居，成民之事""和与同"等文化精髓，是乡村振兴实现"产业兴旺、生态宜居、生活富裕"富民之策宝贵的历史经验和精神动力。

与城市相比，乡村的社会流动性更弱，文化惯性也更强，这决定了村落与传统文化之间有着更强的连续性与稳定性。中华民族的文化也更深地扎根于乡村而不仅仅是城市。村落就像中国传统文化的"蓄水池"，要坚定文化自信，讲好中国故事。齐鲁大地的"乡村振兴"，必须抓住中华传统文化之根本，深入挖掘齐、鲁传统文化关于因地理环境而制宜、淳厚乡风民俗风土人情、合理布局产业结构、发展当地经济的社会治理理念，为"乡村振兴"战略实施，提供文化振兴价值追求。齐、鲁传统文化中凝结了我们祖先世代治理智慧，可以直接为我们今天的乡村振兴提供直接经验或智慧借鉴。

首先，齐、鲁文化中丰富的尊法重道、变革图强、因地制宜开发地方产业、发展区域经济的强国富民文化思想，与"乡村振兴"战略具有实践的耦合性和相通性，充分挖掘其"因其俗，简其礼""变其俗，革其礼""因其俗，从其欲"的文化意蕴，可以创造性地转化为"乡村振兴"的文化软实力。特别是在当时生产力还十分低下的情况下，他们尊重大自然的客观规律，最大限度与当地的"天时"、"地利"与"人情"相适应，达到生产方式多样化、生活形态差异化，产业本土化、产品适用的"天人合一"境界，值得创造性地借鉴、发展。例如，传统农业生产方式所提供的农产品，往往能最大限度保护当地自然环境、充分适应和利用当地特有自然资源，实现"四民分业""通鱼盐之利""定民之居，成民之事"，是今天乡村振兴实现"产业兴旺、生态宜居、生活富裕"富民之策的宝贵历史经验。今天，我们强调深化农业供给侧结构性改革，走质量兴农、绿色兴农之路，加快推进农业由增产导向转向提质导向，就必须充分挖掘与尊重这些传统智慧，充分发挥中国小农经济"天人合一"的优势，发挥"传统文化"优势,将传统的"山水田园"观念与健康养生观念相结合,将传统的"耕读传家"观念与青少年自然教育相结合,打造集休闲、教育、旅游、体验、文化传承于一体的"田园综合体",发展乡村文化,提升乡村经济效益。

其次,充分发掘齐、鲁文化特别是齐文化"尊贤尚功""三宝并重""通轻重""官山海"等"富国论"在"乡村振兴"战略实施中地方治理、区域发展、产业布局、经贸通商等振兴策略的重大影响力,为实现"乡风文明、治理有效"提供新的发展方式参考。我们在调查中发现,凡是农村工作开展得比较好的地方,通常村落领导都会有意识地利用、创造性地转化传统文化。这里所说的"传统",实际上是一套村民听得懂、用得上、与自己生活息息相关的话语系统。在山东广大农村乡镇,农民们熟悉这套语言,因其世代相沿、耳濡目染而对这些"传统"具有天然好感,也乐于接受。将"传统文化"转化为"治理策略",这意味着深入农村生活实际,走进农民精神世界,想他们所想,讲他们所讲。这正是我党长期以来"到人民群众中去"优良传统的体现,也是"创造性转化、创新性发展"传统文化的应有之义。

齐、鲁文化在"乡村振兴"中的创造性转化,要抓住两个重点。

一是坚持保护与传承的统一,打造美丽乡村建设特色文化。乡村文化建设要遵循保护与开发相结合的原则,对蕴含乡村历史文化内容的古街道、古建筑、古树等进行梳理,确定有区域性特点的保护对象。对于民俗文化等非物质文化遗产要做好分类保护与传承创新。政府扶持发展乡村文化产业,利用本土特色文化资源培育文明乡风,开展乡土文化活动,打造特色文化品牌,提升美丽乡村的文化内涵和品质。

二是坚持发掘乡村特色产业与培育优势产业的统一,创新乡村产业发展途径。分析研究各乡村农业、林业、渔业、文创产业等资源,因地制宜确立乡村特色产业;依托乡村优势资源将产业发展与生态发展相结合,形成乡村旅游、生态养生、休闲农业等乡村产业体系,打造"生态农业+特色旅游+产业扶贫+康养基地"融合发展模式,探索符合乡村实际的产业发展路径。树立品牌意识,创建乡村特色品牌,改革创新农村产权制度、经营制度、农业支持保护制度、城乡融合发展制度、乡村治理制度,推进"资源变资产、资金变股金、农民变股东"合作社组织改革,壮大集体经济,推进乡村经济、社会、文化一体化发展。

第二节 齐、鲁文化发展的地方性特征

先秦时期,泱泱华夏,国别甚多,文化连理,地理相通,皇皇文明,交会融合。齐鲁两国为近邻大国,相对于其他诸侯国,有相近的自然条件、社会环境和相同的文化渊源,两国在政治、经济方面交流往来,使得两国文化在许多方面相同或相通,然"橘生淮南则为橘,生于淮北则为枳",两国又因在自然环境、建国方略、风土人情、宗教信仰、思维方式、文化类型上的差异,客观上和主观上造成齐文化和鲁文化两种风格迥异的文化特质。

一、齐、鲁文化发展的历史性特点

周代的各个封国,在适应、改造自然与社会环境过程中,各自形成的国别文化,无不打上深深的社会历史、地理环境烙印。齐、鲁文化因于先秦齐、鲁两国的地域性特征,发展形成相对独立的地域文化概念。齐文化、鲁文化之说,源于西周分封。周公封鲁,是谓鲁国,"吕太公望封于齐",是谓齐国。齐文化始于姜子牙,姜子牙是齐国的开国之君,其在立国之初就奠定了齐文化的基础。姜太公为代表的道家思想学说吸收了当地土著文化(东夷文化)并加以发展,最终形成"尊贤尚功"、变革图强、不拘传统的齐国道家文化。

(一)齐文化发展的历史性特点

齐文化的形成和发展,是有深刻的社会历史背景的。公元前770年,周平王东迁之后,中央政权的权力受到了极大削弱,不再有控制诸侯的力量。诸侯国互相兼并,大国陆续出现,打破了诸侯并列、王室独尊的局面。在兼并过程中,西周原有的旧制度逐渐遭到破坏,宗子世袭不得买卖的宗族土地所有制,开始向个人私有可以买卖的家族土地所有制转化。这种转化成为东周社会各种变动中最基本的变动。东周进入动荡时期,频繁的兼并战争,加重了人民的疾苦。社会生产力的落后和军需的巨大支出,是春秋时出现的一个新矛盾。为了缓解这种矛盾,齐国开始了一系列的经济改革。

春秋战国时期的社会大变革、大动荡为当时的知识分子提供了丰富多彩的思想题材,出现了百家争鸣的文化背景,而"救世之弊"的社会责任感,又使他们站在自己的学术立场上去探求自然之道、治世之理,以启迪人的智慧,转换人的生存方式,从而影响诸侯国的发展环境或治理模式。在当时的齐国,特别是盐碱地制约国家农业发展的情况下,大力发展工商业,是社会经济发展的理性选择。

《史记·鲁周公世家》记载:鲁公伯禽受封到鲁地,三年后到周向周公"报政",周公问为什么这么晚,伯禽说:"变其俗,革其礼,丧三年然后除之,所以晚。"鲁地是龙山文化的中心地带,那里的远古文化很发达。旧式的风俗很盛,与周人的习惯有很大的不同,所以要变革一番,才能奏效。姜太公到齐,三个月就来向周公汇报,周公问他为什么这样快,太公说,简化其君臣之礼,顺从当地风俗,所以很快。《吕氏春秋·长见》篇说,齐国治国之法是"尊贤尚功",鲁则是"亲亲上恩"。这些记载虽说有的是出自后人的假托,却也真实地表达出鲁、齐政治倾向的不同。这说明鲁、齐都针对各自不同的情况,实行各具个性特征的治国策略,创造自己的历史文化。鲁国后来成为正统文化产地,与当初的"变俗革礼""亲亲上恩"理念有着必然的因果关系。齐国的广开"鱼盐之利",正是后来齐国发达的工商业和《管子》经济思想的来源。

齐文化重道。"道",在当时人民的认识境界来看,道就是事物的内在规律和法则。"道"也是"理",即人们对事物变化运动规律的认识,也就是天地间万事万物运行的自然之理。

理即天理、天道，就是天地之性，也指是非得失的标准，引申为顺着事物的内部道理做事，顺天、地、人、势而为。道家以老子、庄子为代表，是与儒家、墨家学派并驾齐驱的三大流派之一，对中华民族精神、文化的发展具有极其重要的影响。道家的思想核心是"道"。"道"是道家思想文化体系的最高范畴。在老子哲学思想中，"道"是超绝一切的虚无本体，是"万物之宗"，是第一性的。老子的政治主张必须为顺应自然，"无为而治"。所谓"无为"，并不是真的什么都不作为，而是"为之于未有，治之于未乱"（老子第六十四章）。其思想体系是在天道自然无为、人道顺应自然的天人关系框架中展开的，其手段是因势利导，最终目的还是"无不为"。战国时期，道家得到了充分发展，并与儒家进行了激烈的论争。从根本上看，儒家与道家都是在批判现实社会的基础上形成的，两家都不满于当时的社会现实，只是所采取的应对态度不同。儒家积极入世，他们深入思考现实，总结历史的发展，在对传统文化的继承中体会出改造社会的主张。道家则不同，他们显得消极避世，对传统文化采取否定的态度。儒家重视礼、乐、仁、义，道家则持坚决反对的态度；儒家注重群体的价值，注意从社会的角度看待人生，把人伦关系作为社会的基本关系，道家则"爱身""贵身"，十分注重个体生命，强调个人价值；儒家强调刚健，而道家重视阴柔。在"百家争鸣"中，道家与儒家激烈交锋，相互批判与攻击，引起了中国哲学空前的繁盛景象。由于孟子、荀子两位儒学大师，游学于齐国稷下学宫，促进了儒学道学的交流融合，老子道家思想与孔子儒家思想得以互相涵化、兼容并包，中华传统思想文化得到了长足的发展。

战国中期，在齐国稷下学宫，黄老之学有很大的发展，较孟子稍晚一些的庄子，又发展了老子的学说，使道学有了进一步的成熟和完善。

（二）鲁文化发展的历史特点

而鲁国与齐国不同，在周初政治中地位显赫。其封国也得到了很多特权，可以"世世祀周公以天子之礼乐"，《礼记·明堂位》记载："凡四代之器、服、官，鲁兼用之。是故，鲁，王礼也，天下传之久矣。"鲁国的政治地位决定了在推行周代礼乐制度时必然要起到表率作用。在政治统治上，鲁国为周王朝在东方的代理人，因而在鲁国完整地保存着周代礼制，统治者严格地恪守周礼。在文化上，周公的治国理念在鲁国有明显体现，崇礼尚德成为鲁文化的鲜明特征之一。在人事任用上"亲亲上恩"，注重血统关系。由于"周礼"的氛围十分浓厚，使"儒"者在礼乐传统的基础上逐渐形成统一的价值取向，以达到精神上的一致。当"儒"者从职业演化形成独立的知识分子群体以后，共同的文化价值取向就成为新型儒家群体自身存在的文化心理依据。而鲁文化则以其注重传统、恪守礼乐、重德尚恩、坚守仁义等鲜明特征得以长久发展，并深深影响到中国传统文化的道德伦理、价值观念等基本精神。

鲁国奉王道，以"六艺"教民，以儒道治国。儒的原始含义是指周代学校里的教师。《周礼·天官》曰："儒以道得民。"东汉郑玄在注释这句话时说："儒，诸侯保氏有六艺以教民者。"就是说儒是以六艺来从事教育贵族子弟的教师。六艺，即礼、乐、射、御、书、数和

《诗》《书》《易》《礼》《乐》《春秋》。前六项是初级教育的内容，后六项是高级教育的内容。儒其实也就是王官，或者说史官。西周末年，东平王东迁洛邑，官学没落，王官流入诸侯国或失散于民间，私人讲学兴起。孔子倡导私人讲学之风，打破了"学在官府"的传统，为战国时代的"百家争鸣"开了先河。孔子提倡"有教无类"，极大地扩大了教育的范围。孔子所教的学生，精通礼、乐、射、御、书、数的有三千，精通《诗》《书》《易》《礼》《乐》《春秋》的就有72人。这些弟子分散到各诸侯国，成为各个方面的有用人才。孔子与其弟子创建儒家学派，使儒由一种职业升华为一个学派，儒者演变成"士"，这是儒家学派崛起的一个重要条件，也是"百家争鸣"的前曲。鲁国是周公的封地，周成王对周公的恩德十分感激，他使鲁国在诸侯国中占有极为特殊的地位，让鲁公分享只有天子才享有的祭祀天和祖庙的特权，因此鲁国有"天子之乐"。这就使得鲁国文化比其他诸侯国都更繁荣。随着平王东迁，文化典籍大量散失，鲁国在文化上的优势就更加突出。所以，当时的诸侯国都有"周礼尽在鲁矣"的感叹。从孔子创建儒家以后，它在思想文化领域就居于独领风骚的地位。

　　以祖述尧舜、传承三代为己任的孔子，首要的就是以新的时代精神对传统文化加以改造，在旧世界的废墟上建立起一种新的和谐秩序和心理规范，重构社会礼制。孔子生活的时代，臣弑君、子杀父，"名""实"不符，"礼崩乐坏"。要变革社会风气、理顺社会秩序，首先就要"正名"，纠正名实的混乱。孔子考察三代之礼，认为周礼是最完善的，故推崇周礼，并希望用周礼的等级名分，把当下被破坏了的"名""实"关系匡正过来，建立"君君、臣臣、父父、子子"的社会秩序。君有君的样子，臣有臣的样子，父有父的样子，子有子的样子，才能名正言顺，天下太平。孔子复的礼，是改良后的礼，"复礼"，是为了用"德"和"礼"来补充"政"和"刑"的不足。他认为，只用行政命令和刑罚来治理民众是不够的，应该进一步用"德"来加强思想教育和用"礼"来约束行为，民众就知道羞耻而服从统治了。有了礼，就可以防止叛乱，稳定社会，维持统治秩序。同时，他主张"举贤才"，在不违背"亲亲"原则下选举有德行和才能的人参与管理国家。这就是"文之以礼乐"，使人兼备"知、廉、勇、艺"，各司其职。孔子主张以仁来调和阶级矛盾，调和统治阶级内部的矛盾，认为"民可以行仁"，使他们懂得孝悌之道，是"行仁"的根本。因为只要做到孝悌，民众就不犯上作乱，也不做坏事而当顺民了。孔子的"仁"具有政治的内容，是一种治国之道，也是守国、为政的关键。他不重视天道，也不相信鬼神，只重视人道。"人道"就是"仁"学。他继承了春秋"天道远，人道迩"的传统，进一步强调了"人道"的重要，专门论述了如何处理人与人之间的关系问题。他的政治、伦理思想深刻影响着中华民族，在中国文化发展史上有过开创性的、划时代的伟大贡献。

　　以儒家为代表的鲁文化，在政治上对后世的影响巨大。秦统一全国后，以法家思想治国，虽曾焚书坑儒，儒家受到重大打击。但秦统治不长。至汉代，统治者因秦亡教训，为长治久安和加强思想控制，又不得不"罢黜百家，独尊儒术"，儒家思想成为官方钦定的正统思想，自此孔子地位一跃至先秦诸子之上。后世历代统治者竭力尊崇孔子，儒学地位高高在上，孔子被尊奉为圣人，他的学说和后人阐发他思想的理论体系成为历代统治者的重要思想工具，在维护长达两千五百多年的封建统治秩序中发挥了不可替代的作用。

二、齐、鲁文化发展的地理性特点

（一）齐文化发展的地理性特点

姜太公建国之初，针对齐国"地潟卤，少五谷而人民寡"（《汉书·地理志》）的基本国情，"通商工之业，便鱼盐之利"（《史记·齐太公世家》）。

齐国大地山川河流密布，又濒临海洋，地理环境相对优越，具有丰富的矿产、林木、鱼盐资源以及便利的交通条件。但齐国的平原地区狭小，而且土壤盐碱严重，不利于农业生产。姜太公从实际出发、因势利导，提出切实有效的战略方针。首先，以法治国，安定民心。他诛杀了以所谓"仁义"乱齐的司寇营汤，和以不合作的姿态和平对抗齐国政权的"贤人"狂矞、华士兄弟，使齐国混乱的局面迅速得到了安定。其次，在政治上推行"尊贤尚功"的政策。就是选拔有才能的人做官，吸收大批当地东夷土著中的人才加入齐国统治阶层；在文化上推行"因其俗，简其礼"的开明政策。所谓"俗"，指"夷俗"，即当时当地东夷人的生活方式；所谓"礼"，指"夷礼"，即当时当地东夷人的礼仪制度。"因其俗，简其礼"，就是尊重东夷人的文化传统，不强制推行周礼，而是从齐地实际出发，务实地创造了既让齐民乐于接受，又不太悖于周礼的新制；在经济上倡导"农、工、商"三宝并举、"通商工之业，便鱼盐之利"的宏观战略。

齐国初建时沼泽遍布，土地盐碱化严重，自然条件恶劣，对农业经济的发展极其不利。姜太公因地制宜，在注重发展黍、稻生产的同时，利用境内矿藏丰富、鱼盐资源丰富的特点，大力发展冶炼业、丝麻纺织业、鱼盐业等手工业；还利用齐国交通便利、人民有重商传统的优势，大力发展商业，推行与列国通货的外贸政策。在这种开放的经济政策指导下，齐国制造的冠带衣履畅销天下，鱼盐流通列国，诸侯纷纷前来朝拜，其他诸侯国的人和财物纷纷流归于齐国，络绎不绝地汇聚到齐都营丘。这样，齐国由偏僻荒凉的小国、穷国，逐步兴盛发展成为雄踞于东方的大国、富国。《史记·货殖列传》第六十九记载：《周书》曰："故太公望封于营丘，地潟卤，人民寡，于是太公劝其女功，极技巧，通鱼盐，则人物归之，襁至而辐辏。故齐冠带衣履天下，海、岱之间敛袂而往朝焉。其后，齐中衰，管子修之，设轻重九府，则桓公以霸，九合诸侯，一匡天下；而管氏亦有三归，位在陪臣，富于列国之君。是以齐富强至于威、宣也。"齐统治者审时度势，从经济环境、自然土壤、社会结构的特殊国情出发，创造并发展了手工业和商业，则是齐文化"尊贤尚功"的政治文化理念，农工商并重的经济文化模式，崇力尚武、注重赏罚的法治文化观念，重俗轻礼的文化传统形成的经济支撑。

(二) 鲁文化发展的地理性特点

春秋时代，天下礼崩乐坏，而鲁国是有名的礼仪之邦，鲁地有谦逊礼让的淳朴民风，使鲁国国势的发展受到了很大的影响。各国诸侯了解周礼也往往到鲁国学习。鲁国成为周朝礼乐文化的最后保存者，并经孔子和儒家的整理、传播，成为中国礼乐文化的发扬光大者，故时人曰："周礼尽在鲁矣。"伯禽是优秀的政治家和执行者，他治理鲁国，以继承为主，严格按照周朝的礼乐文化来管理国家，为鲁国打下深厚的文化基础，从而储存了丰富的思想和文化基因。鲁文化是先秦儒家代表人物孔子在吸收前人思想成果，创建的以"仁"为核心的思想文化体系，对中华民族的文化和民族精神的形成产生了重大影响。孟子继承和发展了孔子的"仁"学思想，阐发了以性善论为核心和理论基础的"仁政"学说及道德修养学说，提出了一套完整的思想体系。儒家重视伦理道德问题的研究，试图以道德作为治国平天下的主要手段，使得伦理思想与其哲学、政治思想融为一体，构成了中国传统文化的核心理论部分。

《史记·货殖列传》第六十九记载："洛阳东贾齐、鲁，南贾梁、楚。故泰山之阳则鲁，其阴则齐。齐带山海，膏壤千里，宜桑麻，人民多文彩布帛鱼盐。临淄亦海岱之间一都会也。其俗宽缓阔达，而足智，好议论，地重，难动摇""而邹、鲁滨洙、泗，犹有周公遗风，俗好儒，备于礼，故其民龈龈。颇有桑麻之业，无林泽之饶。地小人众，俭啬，畏罪远邪"。以儒家文化为代表的鲁文化是道德理想主义形态的文化，主张"爱人""克己复礼""君子谋道不谋食"。儒家文化的"道"是"王道"，是两周贵族进行专制统治的帝王术。以孔子为代表的儒家学派，基于春秋社会动荡的背景，通过对传统和现实的反思，主张礼治，强化伦理道德观念，以强化集权、维持等级秩序为宗旨，建立起自己的全部理论架构和体系，从而也为当时统治者设计出一整套"为国以礼""为政以德"的治国方案，强调礼教伦常，尊卑秩序，从而有利于统治阶级的统治秩序。

三、齐、鲁文化发展的经济性特点

(一) 齐文化发展的经济性特点

齐文化尚功利，鉴于经济环境等特殊国情，大力发展手工业和商业，形成农工商并重的经济文化模式。齐桓公时，管仲为相，他不仅继承了太公的"因其俗"，更进一步"从其欲"，进行了一系列改革，在行政方面，管仲推行了"四民分业""三国五鄙"制度；在经济方面，农业上，管仲提出"均田分力"，推行"相地而衰征"的土地税收政策；工商业上，管仲提出"官山海"，实行盐铁专卖；又设"轻重九府"（掌管财政货币的机构）、铸造钱币；还鼓励外贸，"关市几而不征"（进出境和市场对外商只进行登记管理，不征税），使齐国经济开始繁荣起来。

《管子·牧民》提出："民恶忧劳，我佚乐之；民恶贫贱，我富贵之；民恶危坠，我存安之；民恶灭绝，我生育之。能佚乐之，则民为之忧劳；能富贵之，则民为之贫贱；能存安之，则民为之危坠；能生育之，则民为之灭绝。"这种以民为本、顺乎人性的务实主义文化，取得了巨大效果。不仅如此，齐国通过对农、工、商的专业化分工，稳定了专业队伍，提高了专业技能，提高了劳动生产率，与当今的经济学观点高度契合。齐国的实用主义文化一脉相承，齐景公时代，晏婴对周礼采取工具主义即实用主义的态度，对齐国有用者，取之；不利者，弃之。他立足齐国实际，在民本思想的指导下，以礼治国，匡君救失，廉俭力行，从而使趋于没落的姜齐政权，在列国争雄中保持了大国的地位，得到了诸侯们的敬仰。

公元前356年，田因齐即位，就是齐威王。晏婴辅佐齐威王在国内进行了一系列的整顿和改革。他注意整顿吏治，用烹刑诛杀了没有政绩、只知贿赂收买朝廷官员求得赞誉的阿大夫以及接受贿赂的官吏，又奖励给虽在朝廷内备受毁谤，却政绩优秀的即墨大夫一万户的封邑；注意重用人才，把大臣檀子、田盼、黔夫、种首比作"国宝"；广开言路、悬赏纳谏，下令能当面指出国君过失的，给上赏；上奏章规劝国君的，给中赏；在朝廷或街市中议论国君过失，给下赏。改革取得了巨大的成功，于是齐国也"最强于诸侯"。

（二）鲁文化发展的经济性特点

鲁国与齐国不同，它不靠海，没有沿海鱼盐之利，加上鲁国居平原，土地肥沃，具有发展农业的有利条件，所以，鲁国一向具有重视农业的传统，相比之下，工商业则不甚发达。遍查史料，都没有发现鲁国重视发展工商业的记录，而提倡择瘠处贫，自给自足的记载却随处可见。"择瘠土而处之""沃土之民不财，逸也；瘠土之民莫不向义，劳也。"（《国语·鲁语》）"宜五谷桑麻六畜，地小人众，数被水旱之害，民好畜藏，故夏、梁、鲁好农而重民。"《国语·鲁语下》记载：鲁国的贵族公父文伯之母，在教子时，标榜自给自足，不但不提倡追逐财利，反而主张到贫瘠的地方去培养"善心"。这都是重农思想在鲁国经济发展中居主导地位的结果。

鲁国之地民风朴素，但也有颇多经营桑麻产业，爱好经商追逐财利的人。《论语·颜渊》篇记载：樊迟问仁。子曰："爱人。"问知。子曰："知人。"樊迟未达。子曰："举直错诸枉，能使枉者直。"樊迟退，见子夏曰："乡也吾见于夫子而问知，子曰'举直错诸枉，能使枉者直'，何谓也？"子夏曰："富哉言乎！舜有天下，选于众，举皋陶，不仁者远矣。汤有天下，选于众，举伊尹，不仁者远矣。"所以说，为仁者，爱亲之谓仁，为国者，利国之谓仁。鲁文化的仁道，千言万语一句话：民众之富，足食、足兵、民信之。

四、齐、鲁文化发展的政治性特征

在鲁国，政治上的特权，经济上的富足和文化的发达，使其形成了一种谨守"周礼"，因循守常的风气。而在齐国，各方面都比鲁国落后，于是君臣用力，励精图治，扭转"一穷二白"的局面，反而形成了一种努力开拓、奋发进取的风气。

春秋战国时代是中国历史发展的特殊时期，也是中国传统文化的繁荣发展时期。西周初年，周公制礼作乐，形成了完备的典章制度。春秋时期，随着宗法制度的崩坏，逐渐出现了

"天下无道"、社会失范的混乱局面，兵连祸结，争战不断，人们不再遵守原来的社会秩序。先秦诸子、仁人志士开始认真审视社会，思考社会的治乱问题，对国家何去何从及人间是非善恶等问题进行了系统而深入的思辨，并赋予其思想观点以普遍的意义。作为处于中国两大文化中心的齐、鲁两地，因其得天独厚的传统文化基因，率先出现了道家、儒家两大思想政治文化学派，深深地影响了中国文化的传统。

（一）鲁文化发展的政治性特征

孔子是鲁文化"仁性"思想的集大成者。他的学说是为统治者阐发的，主要有"礼""乐""仁""义""中庸"等思想概念。"礼""乐"属于政治制度层面，"仁""义"属于伦理道德的范畴。孔子早期关注最多的是"礼"，即周礼。因为，春秋以来，周天子虽名为天下"共主"，但实际上已沦为附庸。周的礼乐制度逐渐崩溃，宗法秩序紊乱，等级名分遭到破坏。在"天下无道""礼崩乐坏"的乱世，孔子耿耿于怀的是怎样以周代的礼乐重整社会。他以维护周天子的一统天下和重建文武周公之业为己任，呕心沥血，删《诗经》，述《论语》，作《春秋》，修《礼》《乐》，补《尚书》，释《周易》，宣扬"礼治"，提倡"仁政"，到处奔走，推行自己的社会政治理想。孔子"克己复礼"，他推行的周礼，作为一种政治统治方式，对当时的社会安定起到了重要的积极作用。《荀子·宥坐》曾记载：孔子为鲁摄相，朝七日以"心达而险，行辟而坚，言伪而辩，记丑而博，顺非而泽"之罪状而诛少正卯。可见，孔子为维护封建礼教，防止"乱法易教"，态度坚决，推行周礼，不遗余力。

随着孔子对社会的认识深化，他开始思考"礼"之不行的深层原因，于是把目光集中到了"人性"，越来越多地讲"仁"，讨论"仁"与"礼"之间的关系，使"仁"的学说得到了充分的拓展和完善。孔子强调"仁"以"修己"为基础，进而"推己及人"，使人爱人，把"仁"的德性，落实到对他人、对集体、对社会乃至对自然的尊重和友好上。孔子"仁"的思想强调人伦道义，希望人人尽伦尽职，在为人处世方面"己所不欲，勿施于人"，"己欲立而立人，己欲达而达人"。他不仅希望以仁爱精神处理人与人之间的关系，以"仁"作为有道德修养的"君子"遵循的准则，更希望以仁爱原则来治国安邦，实现上下、长幼、内外和谐有序的礼治社会。为此，孔子还提出"中庸"的方法论观点，从社会如何安定、怎样使人心和顺、政治清明的角度，思考通过对事物的综合认识、了解和把握，使矛盾的解决、事物的发展更加合乎规律，最终达到消融分歧，避免冲突，稳定社会、和顺人心的目的。儒家后学，思孟学派把仁爱思想发展为"仁政"学说，子思提出仁、义、礼、智、圣"五行"思想，在后世的"仁政"学说中占有极其重要的位置。孟子提出"四心"说，把"恻隐之心"看成"仁之端"，从人的良知、良能、良心的研究角度，把"仁"看成人之所以为人的根本依据，同时他以"仁"与"不仁"作为施政的根本，把仁爱精神推及政治。历代儒家弟子进一步发扬"礼治"精神，以"礼"丰富了"德"性的品质内涵，把忠、孝、义、礼、智、信等内容纳入德目，加以叙述，使"德"具有了"仁"性的表征，成为社会公举的一种高尚境界。

鲁国向以重王道、尚礼义。在统治思想上，鲁国向来以尧舜、周公为楷模，以礼乐为本，实行礼治，保存宗法制度，所以使鲁国的宗法关系异常坚固，形成正统文化思想观念。孔子主张"礼""义""名""分"，在儒家理论中，上下尊卑、纲常守序的政治观念，衍生出了忠君、爱国、守正、律己的社会伦理和"礼之用"的政治统治思想。从孔子对臧文仲执政的评价，可见一斑。臧文仲，春秋时鲁国正卿。历事鲁庄公、闵公、僖公、文公四君。曾废除关卡，以利经商，于国于民，尽职尽责。其博学广知而不拘常礼，思想较为开明进步，对鲁国的发展起过积极的作用。但孔子对他评价并不高。甚至说："臧文仲其窃位者与？知柳下惠之贤而不与立也。"重点批评臧文仲的两件事，一是批评他为占卜用的大龟建造庙宇；二是批评他不能举贤。第一件事表现了孔子"不语怪力乱神"的一贯性特点；第二件事表现了孔子对知贤而不能举贤的不满。于此可以窥见孔子的政道观念。

（二）齐文化发展的政治性特征

而与鲁国不同的是，齐国重霸道和尚法术。齐桓公九合诸侯，一匡天下，靠的便是霸道和法术。当然，齐国也重视"礼"，但齐统治者是把法治和礼治结合起来，而且是以法治为主的。齐文化以"道"为宗，主张顺应自然，"为之于未有，治之于未乱"，在政治上，采取手段是因势利导，最终目的还是到达"无不为"。老子所理想的是"小国寡民"的世界，没有战乱，没有争夺，人们甘食美服，安居乐俗。在道家思想的引导下，齐国政治经济发展逐步昌盛起来。

齐文化在学术上的突出特点是兼容性、多变性。太公初治齐，实行"修道术，尊贤智，赏有功"（《汉书·地理志》）管仲辅霸，提倡富国强兵，任霸用法，为后代法家之先导；晏婴相齐，则力倡节俭，任贤爱民，省刑降礼，儒、墨思想兼得。都表现了"与时变，与俗化"的多变性。战国之世，经稷下争鸣，各种思想纷纷登上齐国的文化舞台，全面呈现出兼容并包的特色。田齐尚法，但他却接受道家的学说，主张"明王在上，道法行于国"（《管子·法法》）。实际以道家思想作为法家的理论基础，道法兼容。同时，又强调法制与礼义教化并举，包容儒家的学说。齐之道家，一反老庄"绝圣弃智""绝仁弃义"等排斥儒家思想的观点，以老子"无为"道德学说为基础，吸收儒家的仁、礼思想，形成黄老之学。另外，先秦时期阴阳家、五行家的思想，也在稷下交会融合，并经邹衍的进一步发展，成了独立的思想体系，且影响甚大。齐国统治者重霸道、尚法术，雄踞一隅，齐文化标榜霸术，图强自保，兼收并蓄，实质上是一种"小国寡民"图强自保的霸道文化。由此，中国传统思想文化的中心开始转向齐国，与鲁文化一起成为中华民族两大文化中心。齐文化和鲁文化相互交融，连理同枝，统称齐鲁文化，彪炳于中华文化宝库。

第三节　齐、鲁文化的基本精神

春秋时期的鲁国，产生了以孔子为代表的儒家思想学说，而东临滨海的齐国却吸收了当地土著文化（东夷文化）并加以发展，形成了以道学为核心的齐文化。两种古老文化存在差异，相对来说，齐文化尚功利，鲁文化重伦理；齐文化讲求革新，鲁文化尊重传统。两种文化在发展中逐渐有机地融合在一起，形成了具有丰富历史内涵的齐鲁文化。

一、齐文化是重谋略、崇理性、尚武功、善理财的理性文化

（一）齐文化讲霸道，重谋略，循理性

姜太公建国之初，针对齐国"地泻卤，少五谷而人民寡"（《汉书·地理志》）的基本国情，"通商工之业，便鱼盐之利"（《史记·齐太公世家》），开始了一系列的经济改革。在盐碱地制约国家农业发展的情况下，大力发展工商业，是社会经济发展的理性选择。

齐国的思想文化改革始于太公，自管仲相齐，开始国富民足，经管、晏、稷下各家，大倡"尊贤尚功"，政治上主张强公室、抑私门，内安社稷，外靖邻邦，为强国霸业注入活力。姜太公从强国实情出发，提出切实有效的战略方针。首先以法治国，安定民心。他诛杀了以所谓"仁义"乱齐的司寇营汤，和以不合作的姿态和平对抗齐国政权的"贤人"狂矞、华士兄弟，使齐国混乱的局面迅速得到了安定。其次，在政治上推行"尊贤尚功"的政策。就是选拔有才能的人做官，吸收大批当地东夷土著中的人才加入齐国统治阶层；在文化上推行"因其俗，简其礼"的开明政策。所谓"俗"，指"夷俗"，即当时当地东夷人的生活方式；所谓"礼"，指"夷礼"，即当时当地东夷人的礼仪制度。所谓"因其俗，简其礼"就是尊重东夷人的文化传统，不强制推行周礼，而是从齐地实际出发，务实地创造了既让齐民乐于接受，又不太悖周礼的新制；在经济上倡导"农、工、商"三宝并举、"通商工之业，便鱼盐之利"的宏观战略。《史记·货殖列传》第六十九记载：《周书》曰："故太公望封于营丘，地泻卤，人民寡，于是太公劝其女功，极技巧，通鱼盐，则人物归之，襁至而辐辏。故齐冠带衣履天下，海、岱之间敛袂而往朝焉。其后，齐中衰，管子修之，设轻重九府，则桓公以霸，九合诸侯，一匡天下；而管氏亦有三归，位在陪臣，富于列国之君。是以齐富强至于威、宣也。"齐文化以务实性、尚变性、开放性和智慧理性等特征著称于世。对于经济环境、自然土壤、社会结构的特殊国情，手工业和商业则是齐文化"尊贤尚功"的政治文化理念，农工商并重的经济文化模式，崇力尚武、注重赏罚的法治文化观念，尊重自然、顺应自然的理性文化传统形成的经济支撑。

（二）齐文化重实用，讲功利

齐文化重道，"道"，在当时人民的认识境界来看，道就是事物的内在规律和法则。"道"也是"理"，即人们对事物变化运动规律的认识，也就是天地间万事万物运行的自然之理。理即天理、天道，就是天地之性。也指是非得失的标准，引申为顺着事物的内部道理做事，顺天、地、人、势而为。齐国为了匡时救世，大肆招揽有用之才。在人事任用上"尊贤尚功"，把才能作为人才选拔的唯一依据。士子们凭借自己的才干和能力进入统治阶层，换取俸禄，合则留，不合则去，为不拘一格发挥人才作用和文化思想的自由传播提供了广阔的空间。

桓、管时期，管仲继承发展了太公思想，坚持实用主义的立国之策。不仅继承了太公的"因其俗"，更进一步"从其欲"，进行了一系列改革。在行政方面，管仲推行了"四民分业""三国五鄙"制度；在经济方面，农业上，管仲提出"均田分力"，推行"相地而衰征"的土地税收政策；工商业上，管仲提出"官山海"，实行盐铁专卖；又设"轻重九府"（掌管财政货币的机构）、铸造钱币；还鼓励外贸，"关市几而不征"（进出境和市场对外商只进行登记管理，不征税），使齐国经济开始繁荣起来。在军事方面，管仲强调寓兵于农，"做内政而寄军令"，将军事编制隐于行政编制之中；在人才培养和管理方面，管仲推行了"三选法"的官吏选任制度；在社会保障方面，管仲实行了"九惠之教"，"九惠之教"包括老老、慈幼、恤孤、养疾、合独、问病、通穷、振困、接绝等9个方面的内容；在外交方面，管仲建议桓公要"以尊王攘夷相号召"，使海内诸侯望风归附。管仲所说的"尊王攘夷"，就是尊重周朝王室，承认周天子的地位；联合各诸侯国，共同抵御戎、狄等少数民族对中原华夏族的侵扰。

经过管仲全方位的改革，齐国国内政治稳定，经济繁荣，人民富庶，齐国很快走上了富国强兵之路。《管子·牧民》提出："民恶忧劳，我佚乐之；民恶贫贱，我富贵之；民恶危坠，我存安之；民恶灭绝，我生育之。能佚乐之，则民为之忧劳；能富贵之，则民为之贫贱；能存安之，则民为之危坠；能生育之，则民为之灭绝。"这种以民为本、顺乎人性的务实主义文化思想，取得了巨大效果。齐国通过对农、工、商的专业化分工，稳定了专业队伍，提高了专业技能，提高了劳动生产率，与当今的经济学观点高度契合。

齐国的实用主义文化一脉相承。齐景公时代，晏婴对周礼采取工具主义即实用主义的态度，对齐国有用者，取之；不利者，弃之。而田氏代齐的过程中，田氏采用大斗放粮、小斗收租的办法收买人心，可谓深谙《管子·牧民》之术，把齐文化的实用主义发挥到淋漓尽致。

（三）齐文化尊贤重道，循时从理

齐文化崇理尚功。以晏子"和、同"论为证。晏子（公元前595年—前500年），即晏婴，东莱夷潍（今山东高密）人。春秋后期齐国上大夫，后任齐卿，灵公、庄公、景公三朝在位，辅政长达40余年。晏婴从生活的经验中，认识到矛盾是普遍的，事物是矛盾的联结，矛盾本身是转化的。从《晏子春秋》中，可以看到晏婴在对"和"与"同"的论证方面，用"和"

说明事物矛盾的联结及"相辅相成"的作用,用"同"说明单一性。《左传》生动地记述了这一思想:齐侯至自田,晏子侍于遄台。子犹(春秋时齐国大夫梁丘据)驰而造焉。公曰:"唯据与我和夫。"晏子对曰:"据亦同也,焉得为和?"公曰:"和与同异乎?"对曰:"异,和如羹焉,水火醯醢盐梅,以烹鱼肉,燀之以薪,宰夫和之,齐之以味,济其不及,以泄其过。君子食之,以平其心,君臣亦焉。君所谓可,而有否焉,臣献其否,以成其可。君所谓否,而有可焉,臣献其可,以去其否。是以政平而不干,民无争心。"由此,可窥齐文化"理性"之一斑。

齐文化重道,崇黄老之学。私有制国家建立后,宗教被赋予了宗法等级性的内容,夏商周三代时期形成了国家控制的以天帝、祖先崇拜为核心的宗教概念、祭祀制度。尊神和民间的神灵信仰便成了道俗的偶像。老庄道家虽不讲炼丹和符箓,但其推崇超乎形象的宇宙最高法则"道",宣扬清静无为,脱俗超世,又极重养生和炼神,把脱俗倾向推上出世境地,从而形成道教的理论体系。先秦是道家大发展的时期,它人物众多,流派纷呈,蔚为大观,形成了战国百家争鸣,黄老独盛。黄老思想不但成为田齐的治国官学思想,并通过百家争鸣对诸子产生了巨大影响。就黄老之学来说,它使老子的道论向着更积极的方向发展,引出了一系列社会政治准则;而庄学则把道演化成了一种人生境界。从管仲开始,齐国统治者也基本上按照黄老道家思想治国。

齐文化循时从理。齐国在"尊贤尚功"传统的影响下,国力日强,商业文化气息更加浓厚。商业文化的特点渗透到社会生产和生活的各个领域,并深刻影响着人们的社会心理、行为方式、价值观念等方面。管仲重奢靡,就是刺激消费,所以齐国奢靡之风盛行。这种风气表现在文化上便是稷下学宫的建立,各家各派的思想在此交流融合,形成贵族式的文化,有的是雍容,没有浮躁,多的是理性,少的是偏激。齐景公时期,晏婴出任相国,他立足于齐国实际,在民本思想的指导下,以礼治国;匡君救失,重民举贤,廉俭力行,从而使趋于没落的姜齐政权,能够在列国争雄中保持了大国的地位,得到了诸侯们的敬仰。于是齐国也"最强于诸侯"。

二、鲁文化是重仁义、尊传统、尚伦理、贵人和的仁性文化

先秦儒家代表人物孔子吸收前人的思想成果,创建了以"仁"为核心的思想体系。孟子继承和发展了孔子的"仁"学思想,阐发了以性善论为理论基础的"仁政"学说以及道德修养学说,提出了一套完整的思想体系。儒家重视伦理道德问题的研究,试图以道德作为治国平天下的主要手段,使得伦理思想与其哲学、政治思想融为一体,构成了中国传统文化的核心理论体系。

(一)鲁文化的"仁性"是一种社会伦理道德范畴

《史记·货殖列传》第六十九记载:"洛阳东贾齐、鲁,南贾梁、楚。故泰山之阳则鲁,其阴则齐。齐带山海,膏壤千里,宜桑麻,人民多文彩布帛鱼盐。临淄亦海岱之间一都会也。

其俗宽缓阔达，而足智，好议论，地重，难动摇""而邹、鲁滨洙、泗，犹有周公遗风，俗好儒，备于礼，故其民龊龊。颇有桑麻之业，无林泽之饶。地小人众，俭啬，畏罪远邪"。以儒家文化为代表的鲁文化是道德理想主义形态的文化，主张"爱人""克己复礼""君子谋道不谋食"。鲁文化以儒学为代表。儒家文化的"道"是"王道"，是两周贵族进行专制统治的帝王术。以孔子为代表的儒家学派，基于春秋社会动荡的背景，通过对传统和现实的反思，以强化集权、突出伦理、维持等级秩序为宗旨，建立起自己的全部理论架构和体系，从而也为当时统治者设计出一整套"为国以礼""为政以德"的治国方案，强调礼教伦常，尊卑秩序，从而有利于维护统治阶级的秩序。

孔子是鲁文化"仁性"思想的集大成者。他丰富了"德"性的品质内涵，把忠、孝、义、礼、智、信等内容纳入德目，加以叙述，使"德"具有了"仁"性的表征，成为社会公举的一种高尚境界。

"仁"字，从字面上理解就是两个人，指的是和谐处理人与人之间关系的基本原则。就其广义来讲乃是道德的一种完美境界，是人在品行方面达到无可挑剔的程度。但是人们通常所指的"仁"是狭义的"仁"，其确切所指则是"爱人"、爱他人，给人以关爱。孔子主张"爱人"首先是爱自己的亲人，如果一个人连自己的父母兄弟姐妹等亲人都不关爱的话，那么他又怎么去关爱别人呢？

"义"的基本内涵是"善"或"美"。《说文解字》讲："义，从我从羊"，从字体结构上做了解释说明。段玉裁在注释中说："从我从羊者，与善美同义。"晋代王弼在给《老子》"绝仁弃义，民复孝慈"一语作注时云："仁义，人之善也"。这说明"仁"和"义"自古字义相通，互为连理，只不过"义"的内涵没有"仁"那样宽泛，以至于有人把"义"看作"仁"的一部分内容。总体上讲，"义"是指每个人的个体行为应当有益于他人，有益于社会。具体说，"义"表现在以下几个方面：政治方面要恪尽职守、效忠国家；社会生活方面应当明辨是非；物质利益方面则要克制私欲，不取不义之财。只有恰当地处理这几个方面的关系，人们的行为才被看作符合"义"的要求。可见，"义"是"仁"的内涵，是做人、"为仁"的道德标准。

（二）鲁文化的"仁性"是一种人格表征

"礼"是"仁"的外在表象，是人们在社会生活中共同遵守的行为规范。它在人们的观念中根深蒂固，渗透到社会生活的方方面面，要求人们每时每刻都不要放纵自己的行为，将言行举止置于社会统一标准的衡量之下。

传说中"周公制礼"包罗万象，号称"经礼三百，曲礼三千"，从吃、穿、住、行等日常生活到加冠、婚配、丧事、祭祀、驾御、骑射、朝聘、辞让等每个环节，无所不在。《礼记·曲礼》言："道德仁义，非礼不成；教训正俗，非礼不备；分争辨讼，非礼不决；君臣上下，父子兄弟，非礼不定；宦学事师，非礼不亲；班朝治军，莅官行法，非礼威严不行；祷祠祭祀，供给鬼神，非礼不诚不庄。"礼是道德的外在表现形式，反映的是行为者的内在品格和修养，它要求人们在思想上克服邪念，忠正诚实；在举止言行上庄重恭谨、谦让和顺。只有国民处处以礼行事，社会才能秩序井然。

"礼"是立身处世之本，也是立国安邦之本。对个人而言，懂礼、守礼、遵礼，才能彰显礼仪修养，在社会上赢得尊重和关爱；对社会而言，把礼作为道德文明建设的参照，才能实现人与人的温馨和谐。社会在变，"礼"的内在本质及外在形式也在不断发生变化，要适当取舍，辩证对待，创造性地转化，创新性地发展，才能丰富其时代内涵。

儒家的"仁"是一种人格的表征，其根本在"忠""孝"。《论语·学而》记有：有子曰："其为人也孝弟，而好犯上者，鲜矣；不好犯上，而好作乱者，未之有也。君子务本，本立而道生，孝弟也者，其为仁之本与。"忠恕之道，推己及人则谓之"忠"："夫仁者，己欲立而立人，己欲达而达人，能近取譬，可谓仁之方也已。"从自身不欲推己及人则谓之"恕"："子贡问曰：有一言而可以终身行之者乎？子曰：其恕乎，己所不欲，勿施于人。"孝为"仁"之根本，"忠恕"为"仁"之基础。

"忠"的本义是尽心、无私，通常指对上级、尊长、朋友诚实无欺。"忠"与"孝"紧密相连，"孝"是"忠"的根基，"忠"是"孝"的扩展和升华。古代的忠臣良将，几乎都出自贤孝门庭。俗话说，"自古忠孝不能两全"，"忠"就是"大孝"，为国尽忠比膝下尽孝，更具有男子汉大丈夫的情怀。人生一世，当孝心与公务发生矛盾冲突的时候，应以公务为首。人们常说的"二十四孝"故事，固然感人至深，但"忠君""爱国"，才是"德"之本，"孝""义"之根。"修身、齐家、治国、平天下"是具有社会普遍意义的行为规范。《尚书》提出"五教"：父义、母慈、兄友、弟恭、子孝，孟子又进一步提出"五伦"："父子有亲、君臣有义、夫妇有别、长幼有序、朋友有信"，都把人伦价值明确为最基本的道德规范。"忠君""爱国""孝亲"是鲁文化根深蒂固的人格追求。

君子人格是一种道德境界。《论语·宪问》表述：子曰："君子道者三，我无能焉：仁者不忧，知者不惑，勇者不惧。"仁者凡事不害人，而力求有利于人，一切内省不疚，所以不忧；智者看事分明，力能决断，所以不惑；勇者依于仁智，凡所应为之事，不计艰难，勇于实践，所以不惧。"仁者不忧"是说君子应当具有"仁者爱人"的情怀、品格和推己及人的精神。孔子要求他的学生"志于仁""依于人""无求生以害仁，有杀身以成仁"。为了达到"仁"的境界，应该主动加强修养。"知者不惑"是说君子应当具有渊博丰富的知识，要好学上进，不被困难所吓倒，在学习上不能贪图安逸，要有刻苦勤奋、以人为师的精神。"勇者不惧"是说君子应当具有见义勇为、坚忍不拔的精神，勇于为仁，勇于为义，坚持仁德和正义的操守。

（三）鲁文化的"仁"是一种社会治理理念

孔子"仁"的概念，是中国文化中一个最核心的概念，是鲁文化中儒家的社会设计理念、为政者的政治德行命题。《论语·为政》说："导之以政，齐之以刑，民免而无耻；导之以德，齐之以礼，有耻且格。"儒家的德治观认为，政治必须是一种充满道德精神的行为，好的政治是使民众道德提高。

《论语·八佾》云:"人而不仁,如礼何?人而不仁,如乐何?"孔子高扬"仁"道,就是要以"仁"为"礼"注入真实的精神生命。"仁"当由为政者来推行,为政者的"不仁"便是莫大的时代问题。这是把握"仁"本义之关键。《论语·宪问》记载,子路曰:"桓公杀公子纠,召忽死之,管仲不死。"曰:"未仁乎?"子曰:"桓公九合诸侯,不以兵车,管仲之力也。如其仁,如其仁。"又有,子贡曰:"管仲非仁者与?桓公杀公子纠,不能死,又相之。"子曰:"管仲相桓公,霸诸侯,一匡天下,民到于今受其赐。微管仲,吾其被发左衽矣。岂若匹夫匹妇之为谅也,自经于沟渎而莫之知也。"孔子对管仲的个人德行颇有微词,认为他"不知俭""不知礼""小器",但对管仲作为政治家的"仁者",却给予了"如其仁,如其仁"的高度评价。可见,儒家是把"仁"看作一种社会治理理念来解读的。还有《论语·颜渊》篇记载:颜渊问仁。子曰:"克己复礼为仁。一日克己复礼,天下归仁焉。"仲弓问仁。子曰:"出门如见大宾,使民如承大祭;己所不欲,勿施于人;在邦无怨,在家无怨。""仁政"问题,也就是为政者的良知与"德行""德治"问题。鲁文化的仁道,千言万语一句话,民众之富,足食、足兵、民信之。

第一部分 强国篇

这一部分，主要讨论齐国鲁国立国、治国、富国、强国的思想文化价值，挖掘地方产业发展、区域经济建设、对外经贸、跨境通商之策的历史政治智慧。

第一章　鲁国的"礼治"文化

在周代的众多邦国中，鲁国是姬姓"宗邦"，诸侯"望国"，故"周之最亲莫如鲁，而鲁所宜翼戴者莫如周"（清人高士奇语）。鲁国成为典型周礼的保存者和实施者，时人称"周礼尽在鲁矣"。各国诸侯了解周礼也往往到鲁国学习，鲁国是有名的礼仪之邦。鲁国与周礼的这种密切关联，使得鲁国形成了谦逊礼让的淳朴民风，同时也使鲁国国势的发展受到了很大的影响。

第一节　鲁国文化与周礼

概括讲来，周礼的内容应该包括礼义、礼仪或礼节、礼俗三个层面。礼义是抽象的礼的道德准则；礼仪或礼节是具体的礼乐制度，可大致分为吉、凶、军、宾、嘉5大方面。细分之，有所谓"经礼三百，曲礼三千"之说，真可谓"繁文缛礼"，大而至于政治、军事，小而至于衣冠、陈设，无不有义。这些礼仪都是本着忠、孝、信、义等准则推衍而来，目的是"明贵贱，辨等列，顺少长"；礼俗即周人的社会风俗与道德习惯，它较礼节更细且繁，只是并无硬性规定。就主次而言，礼仪、礼节、礼俗是从属于礼义的，因为礼的根本目标是维护周王朝的统治，这才是其本质所在。

一、鲁国的礼乐传统

鲁国是周公之子伯禽的封国，而周公无论在帮助武王争夺天下，还是在成王年幼时平定天下，都有卓著的功勋。因此，鲁国初封时不仅受赐丰厚，还得到了不少特权。《礼记·明堂位》记载说："凡四代之器、服、官，鲁兼用之。是故，鲁，王礼也，天下传之久矣。"鲁国建国之地殷商势力极重，伯禽要把鲁国建成宗周模式的东方据点，因此，他们代表周王室担负着镇抚周边部族，传播宗周文化的使命，极力推行周朝礼乐。另外，鲁国适宜农桑，是一个稳定的定居农业社会，在这个社会中，礼乐可以规范人们的行为，使划分成若干等级的人和谐相处。

在鲁国，周礼乃是人们的行为准则，上至鲁公，下至卿士，无不循礼而动。不论是"国之大事"，还是往来小节，如君位传承、祭天礼祖、对外战争、朝聘会盟，以及燕享、乡射等无不如此，否则就会遭到指责，甚至被视为"不祥"的举动。周礼由周王室制定，而在具体实施时，各诸侯国一般是各取其需，因地制宜。唯有鲁国始终不忘"法则周公"，祖述先王之训。

《春秋》一书是鲁国国史，该书"常事不书"，所以鲁人依礼而动的行为有许多不一定见于记载。即使《春秋》以及其他书中所载的鲁国君臣的一些"违礼"之举，也往往引起人们的规谏、评论或者指责。如隐公到棠地"观鱼者"，桓公取郜（周封诸侯国）大鼎于宋而置于太庙，醒公与夫人姜氏一道到齐国去，庄公到齐国观社，庄公丹桓宫之楹而刻其桷，文公欲弛孟文子和敬子之宅以广其宫，夏父弗忌跻僖公，宣公夏天在泗渊滥捕，以及鲁三家的一些不礼之举等。但在入东周以来"礼坏乐崩"的情况下，鲁国仍有不少知礼之人，如臧僖伯、臧哀伯、臧文仲、柳下惠、曹刿、夏父展、里革、匠人庆、叔孙豹、子服景伯、孔子等。另外，如文公时的宗有司，《左传》的作者左丘明，他们也都以知礼、明礼而闻名。

鲁国根深蒂固的礼乐传统，对鲁国社会产生了巨大的影响。鲁人都知道礼有"经国家，定社稷，利后嗣"的功能，因而他们认识到"服于有礼，社稷之卫也""无礼必亡"，对周礼怀有极大热忱。《礼记·礼运》说："坏国、丧家、亡人，必先去其礼。"礼尚在，国便不亡，周礼关乎国泰民安，于此可见。鲁闵公元年，齐欲伐鲁，齐公问"鲁可取乎"，其大夫仲孙湫说："不可。犹秉周礼。周礼，所以本也。臣闻之：国将亡，本必先颠，而后枝叶从之。鲁不弃周礼，未可动也。"此时，鲁国正值庆父内乱，但尚秉周礼就难以攻取，因为周礼可以起到一种协调人心的作用，在统治者内部，它可以防止和调节矛盾，而对下层人民来说，周礼则既有慑服之威，又有收罗人心之用。庆父之乱，鲁庄公，正夫人哀姜，齐人，嫁庄公无子，庄公爱上前院党家小姐孟任，生下一子般，为庶子。庄公有三弟，庆父、叔牙、季友，其后代孟孙氏、叔孙氏、季孙氏称"三桓"，后掌握鲁国大权数十年。鲁庄公死后，庆父收买刺客杀害了继位仅有2个月的子般，拥立另一个庶子——哀姜陪嫁丫鬟叔姜所生启（史记避讳做开）为君——鲁闵公。哀姜拥庆父，庆父收买卜齮刺杀启。叔姜请季友出，扶持启——鲁闵公。这叫"庆父不死，鲁难未已"。季友带着闵公的弟弟姜申逃亡邾国。后齐桓公插手鲁国国政，杀了自己的女儿，平定了庆父之乱。在齐国的帮助下，季友返鲁，立姜申为君，是为鲁僖公。

"尊尊而亲亲"是宗法制度的根本原则，也是周礼的基本要求。为争权夺位，鲁国也发生过类似骨肉相残的事件，但与他国相比，鲁国的情况要好得多，所以《礼记·明堂位》说鲁国"礼乐、刑法、政俗未尝相变"，"天下以为有道之国，是故，天下资礼乐焉"。臧文仲教季孙行父"事君之礼"说："见有礼于其君者，事之，如孝子之养父母也；见无礼于其君者，逐之，如鹰隼之逐鸟雀也。"鲁人敬尊君主，使鲁国的政治比较稳定。不过，由于"亲亲"观念深入人心，他们十分相信"非我族类，其心必异"的古训，使掌握鲁国大权的卿族一直限定在"伯禽之后"的范围之内，异姓家族的贤能之士很难进入鲁国政权。与"尊尊"原则有关，鲁卿在位时，不论其行为怎样越轨，而对他的宗族影响并不大，受到惩治的仅仅是祸卿本人。这样，卿族一旦有了势力，也就站稳了脚跟，其势力的持续发展，便最终导致了公室衰微、大夫专政。

春秋时期，鲁国实际已经是积弱之国，其主盟不若齐、晋之强，地势不及秦、楚之大，然而，诸如滕、薛、曹、邾、杞等国皆勤赘，修朝礼；即使远在方域之外的谷、邓等国也不惮仆仆，至鲁来朝。小国亲鲁，皆因鲁乃周礼所在。

二、鲁国文化

西周之时，"学在官府"，官府完全掌控学校，学必须以官吏为老师，各种各样的学问，都要向官府有关主管的官吏学习。周平王东迁，天子的地位衰微，出现了"礼崩乐坏"的形势，一些"王官"便散入各诸侯国，有的则流落民间。《论语·微子》记载："大师挚适齐，亚饭干适楚，三饭缭适蔡，四饭缺适秦，鼓方叔入于河，播鼗武入于汉，少师阳、击磬襄入于海。"是说，太师挚到齐国去了，亚饭干到楚国去了，三饭缭到蔡国去了，四饭缺到秦国去了，打鼓的方叔到了黄河边，敲小鼓的武到了汉水边，少师阳和击磬的襄到了海滨。可见王官流落民间的一些情况。他们把本来属于王室、官府的文化传播到了民间。这就是孔子所说的"天子失官，官学在四夷"。随着"学在官府"局面的打破，私学兴起。私学入学条件大大放宽，"有教无类"，扩大了受教育者的范围，有学问的人多了，"士"阶层形成。"士"分属各个阶级，可以经人推荐而担任官职。春秋战国时代"养士"之风盛行。为避免在争乱中毁灭，各诸侯或大夫除了在政治、经济、军事方面增强实力外，更需要借助"士"的力量，图强称霸。

孔子出身于没落贵族家庭，他的社会身份属于"士"，是贵族的下层。他在逆境中发愤勤学，15岁便确立了学习志向。他不放过一切学习机会，曾向郯国国君郯子求教远古的传说，去莱国向老子问礼，又跟随鲁国国君适齐联盟，传播"礼治"思想。孔子好学，不在于博学多闻，更在于研求为政和做人之道。他主张"学而优则仕"，渴望有机会施展自己的政治抱负。公元前517年，鲁国内乱，孔子不居"乱邦"，到了齐国，为高昭子家臣，欲仕齐景公，遭齐大夫嫉恨，欲加害于他，故仓促返鲁。而鲁国政局混乱，孔子不仕，避乱从教，弟子甚多，成为著名教育家。内乱平息，孔子开始从政，做了5年官吏，参与国政，但与实际执政者政见不合，矛盾尖锐，于是弃官离鲁。从公元前497到前484年，进行了长达14年的"周游列国"，以求仕并宣传其学说。沿途虽受到礼遇，但并不被重用，甚至四处碰壁，途"穷"回国。孔子晚年把全部精力用在文化教育事业上，努力搜集和整理古代文献，作为教授弟子的课本。

孔子生活在社会大动荡年代，他一生孜孜不倦地探索治国平天下的道理，力求实现自己的政治理想。他强调仁政、礼治，为政以德，这对于当时急功好利、不断从事征伐攻战的列国形势而言，无疑具有十分重要的政治建设和社会进步意义。由于社会内部不可调和矛盾引起的深重危机，动摇了传统文化的权威性，对传统文化的怀疑与批判精神与日俱增。

政治、外交之外，鲁文化的礼乐传统也影响到社会的各个层面，在"化成民俗"方面产生了明显效应。鲁人行为中的重义轻利观念，经济上的重农轻商意识，以及日常生活中严格的男女之别等均是。

西周末年以来，由于周室的衰微和时代的进步，再加之鲁国国势的下降，原来"礼乐征伐自天子出"的局面结束了。鲁在春秋后期也推选了"初税亩""用田赋"等一系列社会改革，改变了周的政治、经济制度，在这种情况下，周礼乐的崩坏亦成为自然之势。春秋末年，孔子看不惯层出不穷的违背礼乐制度的现象，他希望恢复周礼，推行"王道"于天下，并以礼乐之学教授生徒，儒学于是创立。

从文化的传承关系上看，鲁文化与周文化乃一脉相承，或者说鲁文化就是周文化的代表。周人灭商以来，周文化在总结和吸纳前代文化成果的基础上，又有了显著进步。《礼记·表记》上说："夏道尊命，事鬼敬神""殷人尊神，率民以事神。"有学者称夏、商时期的文化分别为"尊命文化"和"尊神文化"。从根本上说，周文化就是礼乐文化，而礼乐的实质则是秩序，礼乐文化是一种人文文化。周文化与夏、商文化的不同，最为重要的即在于其人文理念的上升。自周公制礼作乐开始，周文化的重礼风格便已初步形成，而周人又有重视农业的传统与之相适应，这样，便奠定了中国几千年传统宗法农业社会的文化基础。

鲁国遵守周礼，是礼仪之邦。在春秋时期，儒家和法家是显学，而鲁国是儒家文化的起源地，法家的起源则在三晋，这两种文化对我国古代政治、经济、文化都产生深远的影响。当礼崩乐坏，周天子威仪不再，在诸侯列国中，只有鲁国号称"尤秉周礼"，鲁国是周公子伯禽的封国，因周公在周朝建立过程中立下不朽功勋，因此，鲁国受封时受赐丰厚，比其他诸侯国有更多的特权，例如鲁国有行天子之礼的特权，鲁国对周礼继承比较完整，鲁人对周礼熟悉而亲切，把周礼作为看家礼看待。重"礼乐"是鲁国在发展过程中主导的价值取向，鲁国重视礼乐制度，崇尚道义道德；非常重视教育，并且重视礼的教育，同时鲁国是礼乐文化的传统继承者，还非常重视礼乐教化，使鲁国成为典型的周礼实施者和保存者，就连孔子都对鲁国有很高的评价，发出"周礼在鲁"的好评，特别是鲁国的古典乐舞让吴公子季礼叹为观止。

鲁国的文化风格与周文化是一致的。建国伊始，鲁国的始封之君伯禽就在鲁地变俗革礼，进行大的动作，推行一种新文化。应当指出，鲁国的这种变革历时三年，显然是循序渐进，而非疾风暴雨一般。因此，它与强行毁灭一种文化而推行另一种文化是有区别的。其实，周代礼乐广采博纳，其中也有殷文化的不少因素，因为周礼即从殷礼"损益"而来。应当承认，在与周边当时各族的文化相比，周文化是一种最为先进的文化。鲁国下了大的气力推行周文化，是为了适应周王朝的政治统治。从一开始，鲁人便显示了文化上的进取精神。

公元前249年，鲁灭于楚。然而，鲁国的礼乐传统经孔门师徒的弘扬，已达到人们的意识深层，它并没有因为鲁国的灭亡而丧失。秦朝末年，刘邦举兵围鲁时，"鲁中诸儒尚讲诵习礼乐，弦歌之音不绝"。70多年以后的汉武帝时代，太史公司马迁到鲁地"观仲尼之庙堂"时，诸生依然"以时习礼其家"。可见鲁国礼乐之学在后世的重要影响。

第二节 鲁国的"礼治"

鲁是西周初年周公姬旦的封地。周公是周礼的制定者,他为鲁国制定了以礼治国的方针。周公的儿子伯禽,秉承父训,在鲁国全力推行周礼。嗣后各位君主也不遗余力。于是,茫茫神州,数百诸侯,鲁国成为礼治的样板。外地人到了鲁国,不去观看鲁国的礼乐典籍,就不算真正到过鲁国。与礼治相呼应的,是经济上的男耕女织。鲁国地处内陆,土地比较肥沃,洙、泗等河流又足资灌溉。另一方面,农耕与礼治是相适应的。男耕女织,自给自足,人与人之间没有什么经济上的利益往来,联结人际关系的,就只有伦理这一条纽带了。礼治与农耕,造就了以崇尚伦理道德为特征的鲁国文化。

一、《周礼》是鲁国的政治基础

鲁国的始封之君是周公的长子,而周公无论在帮助武王争夺天下,还是在成王年幼时平定天下以及辅助成王,都有卓著的功勋,他在周初政治中的地位十分显赫。因此,鲁国初封时不仅受赐丰厚,而且相对于他国来说,还得到了不少特权。鲁国可以"世世祀周公以天子之礼乐",《礼记·明堂位》也说:"凡四代之器、服、官,鲁兼用之。是故,鲁,王礼也,天下传之久矣。"从文献记载以及考古材料综合考察,这种记载应该是可信的。如周王室的职官"宗伯""太宰""大司徒"等,鲁即有之。如替国君掌管祭祀的"宗伯",其他国家只称"宗"或"宗人",有"宗伯"之称的只有周王室和鲁国。又"鲁得立四代之学"(《礼记·明堂位》孔颖达疏),鲁还有四代之乐。恐怕这都是鲁国特有的现象。

(一) 鲁国的"尊尊亲亲"

鲁国受封的同时或者稍后,周王室在东方又分封了一些小国,这些小国有的即为鲁的附庸,有的则以鲁国为"宗国"。时至春秋王室衰微,礼坏乐崩之际,许多小国依然纷纷朝鲁,并且到鲁国学礼、观礼。在东方夷人势力较重的地区,鲁国始终不忘"尊尊亲亲"的原则,使鲁国的政权一直掌握在"伯禽"之后的周人手中,鲁国较完整地保存着周礼,周代的礼宾传统深深地影响了鲁国社会的方方面面。如在政治方面,《礼记·明堂位》说:鲁国"君臣未尝相弑也,礼乐、刑法、政俗未尝相变也。天下以为有道之国,是故,天下资礼乐焉"。在诸侯国中,鲁国的政治是相对较为稳定的,因此鲁国也就成为各国学习的榜样。《左传》襄公十年说:"诸侯宋、鲁,于是观礼。"宋国保留的自是殷礼,鲁国保存的则是典型的周礼,即所谓"周礼尽在鲁矣"(《左传》昭公二年)。这样,鲁国为宗周在东方代表的形象更加突出,因为时人视礼为国家的根本,周礼似乎就是周王朝的象征。

春秋时期,"政由方伯",但在各诸侯国会盟等的班次上,鲁国却位居前列。一般说来,"周之宗盟,异姓为后"(《左传》隐公十一年),鲁既为姬姓,又为周公之裔,故在诸侯位次序列中有"班长"（国语·鲁语上）之称，被列为首席。如春秋初年，齐遭北戎侵犯，齐向各国求助。在战后答谢诸侯时，齐国馈送粮饷给各国大夫时，齐请鲁国案班次代为分派；晋文公主持"践土之盟"时，在各会盟国进行的歃血仪式次序上，除主盟的晋国外，鲁也被排在各国的最前面。既然周室对鲁国寄予厚望，把鲁国分封在商奄旧地，那么，在推行周代礼乐制度时，有"望国"地位的鲁国也就不能不以表率自居了。

鲁国为东方的宗周模式，担负着传播宗周礼乐文明的使命，如在周王朝治国政策的贯彻上，鲁国即堪为典范。周公治国，他的保民思想、明德慎罚、勤政任贤等都似乎在鲁国当政者身上有明显体现。当然，说鲁国为"宗周模式"，绝不是说鲁国完全排除其他的文化因素，使鲁国全盘周化，而是在政治统治上鲁国为周王朝的东方代理人，而且在鲁国上层贵族中完整地保存着周代礼制。事实上，鲁国要彻底推行周文化而以之取代当地的固有文化，既无必要，也没可能，因为周灭商后对殷商旧地采取的就是"怀柔"的政策，更何况鲁地殷遗势力极重，而且文化的推广也不是任何外来强力所能成功的。

从与其他区域文化的比较中也能看出鲁文化在当时的重要地位。在区域文化的研究中，人们往往将鲁文化与齐文化相互比较，这是很有道理的。齐、鲁两国地域相邻，在文化方面具有很多的可比之处。就先秦时期两国的文化而言，它们有同有异。从实质上说，崇周礼、重教化、尚德义、重节操等等都是两地人民共有的风尚。两国文化上的不同之处更多，齐人的务实开放，鲁人的重视礼乐，使齐、鲁两国在文化上各具特色，并且位居当时华夏文化的领先或者中心地位。

（二）鲁国的宗法制

春秋时期鲁国恪守宗法制。鲁国是西周时期宗法制的典型，周礼被伯禽在鲁国境内彻底推行；周公要求伯禽用人唯贤，而伯禽却任人唯亲，重用王室亲族，这就受宗法制影响，尽管春秋时期礼崩乐坏，鲁国宗法制也变得单薄，但与其他国家相比，鲁国最重视宗族血缘关系。

鲁国保留周公制定的周礼和制度，恪守周的规章制度，保留周的礼器法物和典册史籍仅次于周天子，实行比较严格的宗法制度。上至鲁公，下至卿士，无论是国君即位的大事，还是礼尚往来的礼节都恪守周礼。在君位继承制度上，宗法制规定采用嫡长制，如果违背这个制度，便是即位不正。正是由于宗法制的约束，鲁隐公摄政数载但不即位，即使他的生母去世后，没给诸侯发讣告，安葬后也没回祖庙哭灵，神位摆放也没有逾越祖制。

齐国虽然有人对孔子所讲的繁文缛礼不感兴趣，但他们毕竟不能不对鲁国"尊卑有等，贵贱有序"礼治秩序表示重视。例如，齐国的一位名相晏婴就曾经与齐景公一起到鲁国"俱问鲁礼"（《史记·齐太公世家》）；孔子到齐国时，齐景公也不失时机地问政于孔子。又如，鲁国发生庆父之乱时，齐欲伐鲁，但有人看到鲁国"犹秉周礼"，认为"鲁不弃周礼，未可动也"（《左传》闵公二年）。有一次，齐人伐鲁，见一妇人带着两个孩子，开始时抱小而挈大，大军将要到跟前时，反而抱大而挈小。当问及时，妇人说："大者，妾夫兄之子；小者，妾之子。夫兄子,公义也;妾之子,私爱也。宁济公而废私耶。"齐国从而罢军,他们认为:"鲁未可攻也,匹夫之义尚如此,何况朝廷之臣乎?"(《说苑疏证·佚文考》)

齐人看重周礼,向鲁国借鉴、学习,显示了其积极进取、灵活开放的一面,这当然是值得肯定的。然而,这也证明齐文化中存在不少有待改进之处。如在君臣关系方面,齐国出现了不少相弑相残的现象,而鲁国的情况要好得多。鲁国的大夫臧文仲曾教别人"事君之礼"说:"见有礼于其君者,事之,如孝子之养父母也;见无礼于其君者,逐之,如鹰之逐雀也。"(《左传》文公八年)这种典型的尊君之论,便基于鲁国深沉的礼乐传统,这对于鲁国君臣关系的和睦、对于鲁国社会的安定都有积极的作用。而且从君主制度的发展来看,鲁国的这种礼治秩序也有其进步的一面。

二、孔子崇尚《周礼》

鲁文化的代表是儒家文化,孔子是儒文化的创始人。孔子最深刻、最有价值的创造,是他引仁入礼,把东夷人文化精神中最本质的"仁"同三代文化特别是周代文化中最基本的礼,结合起来。建立了他以仁为核心内容、以礼为规范形式的仁学思想体系。什么是"仁"?"仁者人也",这是最基本的概括。孔子对仁的解释很多,但都是讲的做人的道理,其中最核心一条叫作"仁者爱人"。"爱人"是做人的根本原则,也是处理好人际关系的最有效最完美的方法。

(一)《周礼》

《周礼》是儒家经典十三经之一,是西周时期的著名政治家、思想家、文学家、军事家周公旦所著。《周礼》、《仪礼》和《礼记》合称"三礼",是古代华夏礼乐文化的理论形态,对礼法、礼义做了最权威的记载和解释,对历代礼制的影响最为深远。汉代经学大师郑玄为《周礼》做了注,由于郑玄的崇高学术声望,《周礼》一跃而居《三礼》之首,成为儒家的皇皇大典之一。

《周礼》在汉代最初名为《周官》,始见于《史记·封禅书》。《周礼》中记载了先秦时期的社会政治、经济、文化、风俗、礼法诸制,多有史料可采,所涉及之内容极为丰富,无所不包,堪称中国文化史之宝库。

《周礼》是一部通过官制来表达治国方案的著作,内容极为丰富,涉及社会生活的所有方面。所记载的礼的体系最为系统,既有祭祀、朝觐、封国、巡狩、丧葬等国家大典,也有如用鼎制度、乐悬制度、车骑制度、服饰制度、礼玉制度等具体规范,还有各种礼器的等级、组合、形制、度数的记载。许多制度仅见于此书,因而尤其宝贵。

这些制度规范《周礼》分为六类职官,《天官·大宰》谓之"六典":"一曰治典,以经邦国,以治官府,以纪万民;二曰教典,以安邦国,以教官府,以扰万民;三曰礼典,以和邦国,以统百官,以谐万民;四曰政典,以平邦国,以正百官,以均万民;五曰刑典,以诘邦国,以刑百官，以纠万民；六曰事典，以富邦国，以任百官，以生万民。"《天官·小宰》谓之"六属"："一曰天官，其属六十，掌邦治"；"二曰地官，其属六十，掌邦教"；"三曰春官，其属六十，掌邦礼"；"四曰夏官，其属六十，掌邦政"；"五曰秋官，其属六十，掌邦刑"；"六曰冬官，其属六十，掌邦事"。其分工大致为：

（1）天官冢宰，大宰及以下共有63种职官，负责宫廷事务；

（2）地官司徒，大司徒及以下共78种职官，负责民政事务；

（3）春官宗伯，大宗伯及以下共70种职官，负责宗族事务；

（4）夏官司马，大司马及以下共70种职官，负责军事事务；

（5）秋官司寇，大司寇及以下共66种职官，负责刑罚事务；

（6）冬官百工，涉及制作方面共30种职官，负责营造事务。

伪《古文尚书·周官》有类似说法："冢宰掌邦治，统百官，均四海；司徒掌邦教，敷五典，扰兆民；宗伯掌邦礼，治神人，和上下；司马掌邦政，统六师，平邦国；司寇掌邦禁，诘奸慝，刑暴乱；司空掌邦土，居四民，时地利。"但这种说法可能更晚出，是对传世《周礼》的抄袭、概括而已。

《周礼》之所以由《周官》而更名为"周礼"，意味着在汉儒看来，社会的一切制度规范，可概名之"礼"。这是因为在中国传统话语中，"礼"乃一切制度规范的概称。汉语之"礼"，尽管最早、最狭义的用法指"事神致福"的祭祀礼仪（《说文解字》），但其最广义的用法，则是指所有制度规范。所以，贾公彦谈到为什么主礼的春官之职不能说"礼百官"，而应说"统百官"时，解释说："礼，所以统叙万事，故云'统百官'也。"（《天官·大宰》）所谓"统叙万事"，意味着"礼"乃统摄着一切制度规范。

就其时代背景而论，《周礼》应该属于"子学"范畴（儒家当时属于百家之一，故《汉书·艺文志·诸子略》也包括儒家）；其制度设计之指向，乃是社会转型的趋向。唯其如此，《周礼》的实际影响是在后来的皇权时代。例如，从隋代开始实行的"三省六部制"，其"六部"就是仿照《周礼》"六官"而设置的；唐代将六部定名为吏、户、礼、兵、刑、工，作为中央官制的主体，为后世所遵循，一直沿用至清。历朝修订典制，如唐《开元六典》、宋《开宝通礼》、明《大明集礼》等，也都以《周礼》为蓝本，斟酌损益而成。所以说《周礼》并不是王权时代的经典，而是皇权时代的经典。

（二）孔子崇尚周礼

孔子崇尚周礼，但对周礼绝不是原封不动地照搬或死板机械地套用。而是循着其基本原则和思路加以改造和发展，其中有许多重大的突破。如他引仁入礼，要求礼一定要符合仁的精神，也就是守礼不违仁，故他说："人而不仁，如礼何？"（《论语·八佾》）春秋战国时期，礼崩乐坏，社会秩序混乱，天子的权力受到极大的破坏，更不用说那些诸侯国之中新兴的贵族对所谓国君的威胁。

私有制产生的很明显的变化就是传统的阶级观被打破，新的阶层兴起。当时孔子所在的鲁国，也面临同样的境遇。当时的鲁国主要掌握在季孙氏、叔孙氏、孟孙氏三族的手中，鲁国国君的地位形同虚设。在这种大环境下，那些新兴起的贵族自然做了很多出格的事情。例如，按照西周的礼制，天子举行宴会的乐舞规模为八佾（佾为乐舞编队，一佾八人），诸侯可用六佾，大夫只能用四佾。但鲁国的季孙氏居然用"八佾舞于庭"，孔子听到这事后，自然是大呼"是可忍，孰不可忍！"。也就是在这样的情况下，孔子也才有了恢复"礼"的构想，进而有了庞大思想体系的儒家思想的诞生。

　　孔子是周礼的忠实推行者，他不仅谆谆劝导人们遵守礼制，而且身体力行地进行实践。他主张以礼治国，以德服人，呼吁恢复"周礼"，并认为"周礼"是实现理想政治的理想大道。孔子所说的"礼"是人立身行事于社会的根基和根本，"礼"是最高的伦理道德规范。"礼"涉及社会、政治、军事、文化乃至个人的衣、食、住、行等社会、人生的各个方面。

　　"礼治"在西周时期建立起来，西周用礼治来规定等级制度下的各种名分，将贵贱、上下、尊卑、亲疏进行严格的区分，目的是维护西周奴隶主阶级的统治。而孔子的"礼治"思想在继承西周礼治的基础上加入了"仁"的思想。孔子认为仁和礼是不可分割的一个整体，"仁"是礼治的基础，礼治是"仁"的目标和内容，礼是行为规范，是外在的，而仁是道德要求，是内在的，两者一内一外，相辅相成。

　　孔子将"礼治"思想的内容分为两个部分：克己复礼和为国以礼。克己复礼即指约束自己，使自己的言行符合礼的要求。为国以礼是指维护礼乐制度，维护周天子的权威，做到"天下有道，则礼乐征伐自天子出"。为了推行礼治思想，孔子采取了"正名"的措施。在《论语》中子路和孔子有下面一段对话，"子路曰：'卫君待子为政，子交奚先？'孔子曰：'必也正名乎……名不正则言不顺，言不顺则事不成，事不成则礼乐不兴，礼乐不兴则刑罚不中，刑罚不中则民无所措手足。'"所谓"正名"就是名实相符，体现在礼治制度中的等级名分，"君君、臣臣、夫夫、子子"，天子掌握绝对的权威，诸侯、大夫不得僭越。

　　由此可以看出孔子"礼治"思想的实质：依照嫡庶、长幼、亲疏等关系，确定贵贱、大小、上下的等级区别，形成各种名分。按照名分，确定伦理规范和行为准则，以制定有关社会政治的礼法制度。

三、孔子推行"礼治"

　　孔子生活在天下没有制度规范的世界中，他希望通过"礼治"恢复社会秩序。一旦有了时机，他便下大力气来实现自己的主张。

（一）孔子以礼治国

　　《孔子家语》卷一相鲁第一记载："孔子初仕，为中都宰。制为养生送死之节，长幼异食，强弱异任，男女别途，路无拾遗，器不雕伪。为四寸之棺，五寸之椁，因丘陵为坟，不封、不树。行之一年,而西方之诸侯则焉。定公谓孔子曰:'学子此法以治鲁国,何如?'孔子对曰:'虽天下可乎,何但鲁国而已哉!'于是二年,定公以为司空,乃别五土之性,而物各得其所生之宜,咸得厥所。先时,季氏葬昭公于墓道之南,孔子沟而合诸墓焉。谓季桓子曰:'贬君以彰己罪,非礼也。今合之,所以掩夫子之不臣。'由司空为鲁大司寇,设法而不用,无奸民。"是说,孔子刚做官时,担任中都邑的邑宰。他制定了使老百姓生有保障、死得安葬的制度,提倡按照年纪的长幼吃不同的食物,根据能力的大小承担不同的任务,男女走路各走一边,在道路上遗失的东西没人拾取据为己有,器物不求浮华雕饰。死人装殓,棺木厚四寸、椁木厚五寸,依傍丘陵修墓,不建高大的坟,不在墓地周围种植松柏。这样的制度施行一年之后,西方各诸侯国纷纷效仿。鲁定公对孔子说:"学习您的施政方法来治理鲁国,您看怎么样?"孔子回答说:"就是天下也足以治理好,岂只是治理好鲁国呢!"这样实施了两年,鲁定公任命孔子做了司空。孔子根据土地的性质,把它们分为山林、川泽、丘陵、高地、沼泽五类,各种作物都种植在适宜的环境里,都得到了很好的生长。早先,季平子把鲁昭公葬在鲁国先王陵寝的墓道南面(使昭公不能和先君葬在一起,以泄私愤),孔子做司空后,派人挖沟把昭王的陵墓与先王的陵墓圈连到一起。孔子对季平子的儿子季桓子说:"令尊以此羞辱国君却彰显了自己的罪行,这是破坏礼制的行为。现在把陵墓合到一起,可以掩盖令尊不守臣道的罪名。"之后,孔子又由司空升为鲁国的大司寇,他虽然设立了法律,却派不上用场,因为没有犯法的奸民。

可见,孔子在管理国家事务中,使用"礼治"治理社会还是颇有成效的。

(二)孔子推行礼制邦交

《史记·孔子世家》记载:"定公十年春,及齐平。夏,齐大夫黎鉏言于景公曰:'鲁用孔丘,其势危齐。'乃使使告鲁为好会,会于夹谷。鲁定公且以乘车好往。孔子摄相事,曰:'臣闻有文事者必有武备,有武事者必有文备。古者诸侯出疆,必具官以从。请具左、右司马。'定公曰:'诺。'具左右司马。会齐侯夹谷,为坛位,土阶三等,以会遇之礼相见,揖让而登。献酬之礼毕,齐有司趋而进曰:'请奏四方之乐。'景公曰:'诺。'于是旍、旄、羽、袚、矛、戟、剑、拨鼓噪而至。孔子趋而进,历阶而登,不尽一等,举袂而言曰:'吾两君为好会,夷狄之乐何为于此!请命有司!'有司却之,不去,则左右视晏子与景公。景公心怍,麾而去之。有顷,齐有司趋而进曰:'请奏宫中之乐。'景公曰:'诺。'优倡侏儒为戏而前。孔子趋而进,历阶而登,不尽一等,曰:'匹夫而营惑诸侯者罪当诛!请命有司!'有司加法焉,手足异处。景公惧而动,知义不若,归而大恐,告其群臣曰:'鲁以君子之道辅其君,而子独以夷狄之道教寡人,使得罪于鲁君,为之奈何?'有司进对曰:'君子有过则谢以质,小人有过则谢以文。君若悼之,则谢以质。'于是齐侯乃归所侵鲁之郓、汶阳、龟阴之田以谢过。"

《史记》又记载:"古者三千余篇,及至孔子,去其重,取其可施于礼仪……三百五篇孔子皆弦歌之,以求合《韶》《武》《雅》《颂》之音。礼乐自此可得而述,以备王道,成六艺。"孔子编撰《诗经》的目的在于加强社会的礼乐教化。由此可见,孔子一生致力于推行"礼治",主要在政治、经济、文化、外交、个人和社会各个层面,希望通过"礼治"恢复社会秩序,希望通过"礼治"恢复人民的纯朴,特别是他吸收借鉴了其他学派的思想,在"周礼"的基础上,形成了具有自己独特风格的"礼治"思想。

第二章 "变其俗，革其礼"鲁国风土人情的改良

《史记·鲁周公世家》记载，伯禽对原有的东夷文化"变其俗，革其礼"，以周朝的礼乐德治彻底替代鲁地旧俗。鲁国先为周之典章制度制定者周公的封地，后又封周公之子伯禽于此，鲁文化与周文化本就是同宗同源。

第一节 周公制礼作乐

周公，姓姬，名旦，周文王姬昌的第四子，周武王姬发的同母弟，周成王的叔父。早先被封于周（今陕西岐山北），故称周公或周公旦。西周初年杰出的政治家、军事家，被尊为儒学奠基人，是孔子一生最崇敬的古代圣人之一。周公的功绩主要表现在四个方面。

一、辅佐武王，克商灭殷

商末，纣王无道，沦为独夫民贼。周武王发动战争，经牧野一战，推翻了商纣王的残暴统治，建立了周朝。第二年，武王病重，欲传位于周公，周公泣涕不受。武王死后，乃拥立武王的长子诵即位，是为成王。其时，成王幼弱，"小邦周"刚刚取代"大邦殷"，立足未稳，周公摄政担负起治国安邦的重任。

周公摄政7年，《尚书·大传》说："周公摄政，一年救乱，二年克殷，三年践奄，四年建侯卫，五年营成周，六年制礼作乐，七年致政成王"，基本上概括了摄政期间周公的历史功绩。

二、三年东征，平定天下

武王灭商后，封纣王之子武庚于商朝旧地，让他奉守商祀，统率殷遗民，又在周围地区分封了自己的弟弟管叔、蔡叔、霍叔，使其就近监视，号称"三监"。周公摄政后，管叔等极为不满，武庚串通"三监"发动了声势浩大的叛乱。周公亲拥成王东征，第二年就平定了叛乱。第三年，周公继续讨伐参与叛乱的奄、徐、薄姑等。并秉承武王遗志，在"天下之中"的伊洛盆地营建了成周洛邑。周朝成为继夏、商之后而兴起的中国历史上第三个统一王朝。

三、分封诸侯，兼制天下

实现天下一统后，周公汲取武庚和"三监"叛乱的教训，在全国推行分封制，目的是"选建明德，以蕃屏周"，即选用有明德之人，分封为诸侯，作为周朝的藩屏、侍卫。分封的对象主要是同姓亲戚，也有部分异姓功臣和历代圣王的后裔。《荀子·儒效》篇说：周公"兼制天下，立七十一国，姬姓独居五十三人焉"。无论同姓诸侯，还是异姓诸侯，与周天子都是君臣关系，共同尊奉周天子为天下共主。

四、制礼作乐，敬德保民

周公借鉴夏商二代的礼乐传统，有所选择，有所发展，把夏、商、周三代礼乐文化推向了顶峰。"周道四达，礼乐交通"，是西周盛世的写照。所以孔子由衷地赞叹："周监于二代，郁郁乎文哉，吾从周。"

周公制礼作乐的指导思想是"敬德保民"。"敬德"，是因为"皇天无亲，惟德是辅"，有德才会得到上天的保佑。"保民"，是因为"民之所欲，天必从之"，"保民"实际上就是保社稷、保国家。周公提出"敬德保民"，是夏商以来中国思想从敬鬼神向重人事的转变。

第二节 鲁公"变其俗，革其礼"

西周灭商后，姜子牙封神说，周武王封诸侯国。分封制是西周的政治制度，分封的目的是巩固奴隶主国家政权，分封的对象和做法是把土地和人民分封给王族、功臣和先代的贵族（异姓功臣贵族、同姓王室贵族、先代帝王后代和远氏族部落首领），到各地去做诸侯，建立诸侯国。

一、伯禽受封之鲁

伯禽，生卒年不详，姬姓，名禽，伯是其排行，尊称禽父，周文王姬昌之孙，周公旦长子，周武王姬发之侄，周朝诸侯国鲁国第一任国君。

伯禽在位时期，平定徐戎叛乱，坚持以周礼治国，使鲁国政治经济出现新局面。其辖区北至泰山，南达徐淮，东至黄海，西抵阳谷一带，成为周王朝控制东方的一个重要邦国。

周武王死后，其子周成王继位。当时周公旦受封鲁国，由于周成王年幼继位，于是周公旦便留在都城镐京（今陕西西安）辅佐周成王，而派长子伯禽代替他受封鲁国。周成王则下令将奄国和"殷民六族"赐给伯禽，并送他许多典册文物、宝器仪仗。

伯禽临行前，周公旦告诫伯禽说：我是文王之子、武王之弟、成王之叔父，我在天下也不算卑贱。然而我洗一次头三次握起头发，吃一餐饭三次吐出食物，起来接待士人，也还担心失去天下贤人。你到鲁国后，千万不要因有国土而骄慢于人。

伯禽在鲁国苦心经营三年，才到镐京向父亲周公旦汇报政绩。周公旦说："为什么报政如此缓慢？"伯禽回答说："我在改变当地的风俗，变革当地的礼仪。寻常百姓父母死后也要服丧三年，所以到这时候才来报政。"当初齐太公吕尚受封齐国，齐太公受封五个月后，就向周公旦汇报政绩。周公旦说："为何如此迅速？"齐太公说："我简化其君臣之礼，顺应原来的风俗去做。"当周公旦听到伯禽说出报政迟缓的原因，于是叹息说："唉，鲁国后世要北面为臣事奉齐国！政治不简约不平易，百姓就不会亲近；政治平易近民，百姓必然归附。"

后来，伯禽的伯父管叔鲜、叔父蔡叔度等因不满周公旦摄政，于是挟持商纣王之子武庚发动叛乱，史称"三监之乱"。当时的淮夷、徐戎等也闻风兴兵作乱，前来攻打鲁国。伯禽率军到达费邑抵御叛军，并亲自写作《费誓》，以严明军纪。《费誓》中说：准备好你们的盔甲，不准马虎。不准损坏牛栏马厩。马牛走失，奴隶逃亡，不准越次追逐，得到的应归还原主。不许逾越墙垣而抢劫盗窃。三方远近郊区，置办草料、粮食、筑垒工具，不得缺少。我们甲戌日修筑营垒而征讨徐戎，不得迟到，否则处死！在全体将士努力奋战以及齐军的支援下，不久战事就形成相持局面。三监之乱平定后，齐、鲁、周三支军队经过两年苦战，最终击败叛军，安定鲁国。

伯禽坚持以周礼治国，在位 46 年，鲁国的政治经济都出现新局面。其辖区北至泰山，南达徐淮，东至黄海，西抵阳谷一带，成为周王朝控制东方的一个重要邦国，并享有"礼仪之邦"的美称。

二、"变其俗，革其礼"与鲁国风土人情的改良

（一）"变其俗，革其礼"

《史记·鲁世家》载："鲁公伯禽之初受封之鲁，三年而后报政周公。周公曰：'何迟也？'伯禽曰：'变其俗，革其礼，丧三年然后除之，故迟？'太公亦封于齐，五月而报政周公。周公曰：'何疾也？'曰：'吾简其君臣礼，从其俗为也。'"从此可以看出，鲁国是严格按照"周礼"来变俗、革礼而治理国家的。

《汉书·地理志》载："周公始封，太公问：'何以治鲁？'周公曰：'尊尊而亲亲。'太公曰：'后世浸弱矣。'"鲁国严格执行"周礼""尊尊而亲亲"的任人原则，形成了姬姓贵族世代掌权，异姓遭排斥的局面，如才华出众的孔子、吴起等在鲁国均不受重用。

鲁国向以谨守"周礼"著称，所以在统治思想上是重王道、尚礼义。鲁国向来以尧舜、周公为楷模，以礼乐为本，实行礼治，保存宗法制度，所以使鲁国的宗法关系异常坚固。法治在鲁国行不通，春秋时，少正卯被诛杀，战国时，吴起被挤走，都是明证。

鲁国多丘陵，不靠海，没有沿海鱼盐之利，加上鲁国居平原，土地肥沃，具有发展农业的有利条件。所以，鲁国一向具有重视农业的传统，相比之下，工商业则不甚发达。遍查史料，都没有发现鲁国重视发展工商业的记录，而提倡择瘠处贫，自给自足的记载却随处可见。"择

瘠土而处之","沃土之民不财,逸也;瘠土之民莫不向义,劳也。"(《国语·鲁语》)"宜五谷桑麻六畜,地小人众,数被水旱之害,民好畜藏……好农而重民。"(《史记·货殖列传》)《国语·鲁语下》记载:鲁国的贵族公父文伯之母,在教子时,标榜自给自足,不但不提倡追逐财利,反而主张到贫瘠的地方去培养"善心"。这都是重农思想在鲁国经济发展中居主导地位的结果。

(二) 改良民风民俗

《史记·汉兴以来诸侯王年表》记载:"封伯禽、康叔于鲁、卫,地各四百里,亲亲之义。褒有德也。太公于齐,兼五侯地,尊勤劳也。"建国之始,鲁国就以"褒有德"为其特点,而齐国则是以"尊勤劳"为其特征。班固在记述齐国的情况时说:"初太公治齐,修道术,尊贤智,赏有功。"而记述鲁时则说:"其民有圣人之教化""颇洙泗,其民涉度,幼者扶老而代其任"(《汉书·地理志》)。齐国的特点是尚功利,而鲁国的特点是尚德义。

鲁国"有周公遗风,俗好儒,备于礼"(《史记·货殖列传》)。鲁人好讲习礼乐,尚礼乐是其自古以来的特点。春秋时代,就有"周礼尽在鲁矣"之说。齐国则不同,"民阔达多匿智"(《史记·齐太公世家》),"其俗宽缓阔达,而足智,好议论,地重,难动摇,怯于众斗,勇于持刺,故多劫人者,大国之风也"(《史记·货殖列传》)。到了战国时代,苏秦在谈到齐国临淄的风情时说:"临淄甚富而实,其民无不吹竽、鼓瑟、击筑、弹琴、斗鸡、走狗、六博蹋鞠者。"(《战国策·齐策》)齐人的这种生活方式与鲁人的"俭啬"之风形成了鲜明的对照。齐、鲁在婚俗上也不尽相同。"同姓不婚"是鲁国的一项基本婚俗,不论男婚、女嫁,均不找同姓。鲁昭公因娶了一个千里之外的吴国同姓女子为夫人,就受到了人们的议论和非难。结果,娶时不声张,死时不发讣告(《左传·哀公十二年》)。可见,这种婚俗在鲁国是有很大约束力的。齐国则不同,他们把同姓相婚视若平常。姜姓崔武子娶同姓东郭堰之妹为妻,姜姓庆封娶同姓卢蒲氏之女为妻,这样的事,在鲁国视为耻辱,在齐国则无所谓。可见,齐、鲁在婚俗上是存在很大差异的。

鲁文化则是单一性的文化,它是在鲁国单一农业基础上产生的文化,以儒家思想为宗,排他性特别强。它注重家族宗法制度,提倡"亲亲"孝悌观念,崇尚先王之训,大讲礼乐教化。至于举贤才、尚功利在鲁国则提倡不起来。孔子因为是异姓,又倡举贤才,所以受到排挤。到了战国时代,法家吴起,曾经在鲁国任过职,但很快也被赶走。鲁文化不但具有单一性,而且具有守常性。鲁国一直保持先王之遗风,所谓"周礼尽在鲁矣"就是指此而言的。因此,鲁文化倾向于保守、不主张变革。《论语·先进》载:"鲁人为长府,闵子骞曰:'仍旧贯,如之何?'子曰:'夫人不言,言必有中'。"孔子所赞同的"仍旧贯"是反对"改作"的。由于鲁文化单一性、守常性的特点,所以产生了以孔子、曾子、子思、孟子等为代表的儒家学派,并形成了以《论语》《大学》《中庸》《孟子》为代表作的儒家思想体系。

在道德培养上,鲁国贵族们认为,只有到瘠薄之地去艰苦劳作和过着俭朴的生活,才能培养出"善心"来。否则，就会淫逸忘善。而齐文化则有相反的议论，"仓廪实而知礼节，衣食足而知荣辱"。可见，二者在道德培养方式上的差异。在对科学技术的重视程度和科技的发达程度上，齐鲁两国也存在着较大差别。齐国历来具有重科技的优良传统，科学技术比较发达，如天文学家甘德、邹衍，医学家扁鹊，军事学家孙武、孙膑，逻辑学家公孙成，修辞学家邹奭，方仙道者徐福等，或是齐国人，或长期居住于齐，科学著作《考工记》，医学著作《素问》等均出自齐国。鲁国秉承周礼的传统，对人的修身养性等人文方面的要求比较严格，而对科技的重视则不够，其中的原因是多方面的，但主要恐怕和鲁国的社会环境及经济状况是分不开的。

第三章 "因其俗,简其礼"齐国"变革图强"

齐国是中国2000多年前春秋战国时期最强盛的国家。公元前11世纪,西周初年,周王朝封姜太公于齐地建立齐国,都治营丘。齐国文化是指自姜太公封疆营丘始建齐国(约公元前11世纪)起,至秦始皇消灭田齐王建(公元前221年)止,这一特定历史阶段建立的文化。始于西周初年,形成于春秋时期,到战国时代达到鼎盛时期,是一种地域性强,具有早期东方沿海文明特点的古代文化类型,其内容丰富,影响深远。2680年前,齐国国君齐桓公任用著名的思想家、经济学家管仲为相国,采用他的治国思想,改革经济政策,发展与其他诸侯国的经济交流,短短几十年,齐国就九合诸侯,一匡天下,成为当时经济、军事实力最强的"千乘之国""五霸之首"。

第一节 "因其俗,简其礼"

翻开春秋战国的史册,齐国的影响几乎无处不在。事实上齐国是贯穿整个东周历史的强国,没有哪个国家的影响力能跟齐国相比。论百姓富足程度,齐国是诸国之冠。齐国乃当时春秋五霸之首,战国七雄之一。然而这个大国的出现,并非偶然,是有其文化源头的。

一、齐国文化的源头

齐国的都城临淄,初名为营丘,所以临淄就是营丘。作为周代齐国的故都,汉代齐国的王城,临淄的历史,上与伏羲、神农共始,故为羲农文化的主要发祥地;下比秦京、汉都更盛,故为东方历史文化名城。

临淄地处三代东夷地区的轴心地带。因此,临淄、齐国或齐地,都被称为"夷"。《春秋公羊传·僖公元年》:"夷者何?齐地也。"

作为齐国和齐地的辐辏之地,临淄正是东夷率先开化、建极的中心和源头。伏羲结绳为网,用来渔鱼猎兽,渔猎业由此兴起。神农斫木为耒耜,农业由此兴起。又神农日中立市,招致四方之民,聚集天下之货,使他们交易而归,各足所求,商业贸易由此兴起。所以,齐人初开我们民族生产和生活的端绪,它的自然资源最早得到开发,社会经济也最先得到繁荣,临淄便是这个经济最先繁荣地区的中心。

物质生活的不断改善,引起了对于精神文化的需求。伏羲画八卦,刻文字,并兴推演阴阳等术;神农歌丰年,制琴瑟、更开医药本草等源;后稷"种桑麻,致丝麻",开启制衣蔽体;另外蚩尤造冶,夷羿制箭,修兴舟车,舜作《韶》乐等,都对古代东方文化和华夏文化的发生与发展有着创始垂统的贡献。所以,齐地也是人类文明的肇始之地,临淄则是这个文明肇始之地的中心。

临淄和齐地作为我国早期人类繁衍生息的地方,"巢楼之制"的肇始及诸多考古发掘材料,均可标明这个远源。史传有巢氏兴起于东夷,栖居在齐地的石楼山(石楼山又称"石娄")。构巢筑屋的技术从这里兴起。所以石楼山也称"屋楼山"。从此,人类逐渐脱离了"穴居野处"的时代。

有巢氏生活在考古时代的旧石器早期,也就是地质年代的更新世早期,距今170多万年以前。20世纪50年代以后,临淄区境内的辛店、边河等地曾有更新世晚期的鸵鸟蛋、犀牛角、原始牛下颌骨等化石的考古发现,距今四五十万年之久。1981年春天,发现于今淄博市沂源县境内的猿人化石,也是距今40多万年以前的古人类化石,不晚于北京猿人的化育年代。他们当是东夷、齐地的早期土著。20世纪80年代末到90年代初,在临淄区齐陵镇后李村一带的古文化遗址中发现了距今8000年以前的古陶釜、陶钵等陶器,早于北辛文化近千年,被定为山东地区迄今为止最早的新石器时代考古文化,称为后李文化陶器,或山东古陶。

此外,考古工作者又先后在淄河、乌河两岸,发现古文化遗址近40处,其中包括北辛文化、大汶口文化、龙山文化等多种文化堆积。仅以后李文化遗址为例,其为北辛文化、大汶口文化、龙山文化、岳石文化以及商、周等文化多种层次,而且大多数又是同期文化的典型。根据以上简述,由旧石器时代到新石器时代,临淄的历史可以溯见大概。

齐地东滨大海,北临黄河;淄水、济水、时水交流;南望大野,西近雷夏,泽薮遍布。因此,齐地先民有征服水患的历史传统和贡献。相传尧舜之世,洪水泛滥。炎帝的裔子共工氏起而治水,并且发明了筑堤防洪的方法,为后世所沿用。但是共工氏的治水没有达到最后成功,因而遭到舜的惩罚。共工的裔子四丘伯夷助大禹治水有功,于是复被命为诸侯,并仍被赐为姜氏,使继炎帝神农之祀。这就是周代姜姓齐国之祖。尧又命伯夷"典三礼",兴教化;立五刑,建礼制,以为诸侯之长,封国于吕。伯夷、共工等一脉相承,都是太公吕望的先人。他们同修、熙、大禹等,在炎黄氏族的古史上,写下了治水平土的光辉篇章,树立了齐地先民与自然灾害做斗争的先例。

作为东夷和齐地的土著先民,羲炎氏族开发了这片土地,这片土地养育着他们世代的文化成果。在部落方国时代,今日临淄即一个"城邦"或"城国"。据文献可以考知,继羲炎之后,少昊氏的司寇爽鸠领居之地。虞夏之世有季则,殷商之世有逢伯陵氏,殷末有薄姑氏,也先后领居此地。他们开发了齐地原始资源,创造了齐地的早期文化。而后,太公同样封齐建国于此地。

逢伯陵是继共工、回岳等部族之后而立的商代诸侯，是殷商时代东夷、齐地姜姓氏族的首领。姬周皇妣姜原就是出自逢伯陵氏。所以周人自称"我姬氏出自天鼋"，按"天鼋"就是玄枵，也就是二十八宿中的女、虚、危三宿，统指齐地。

姜原生子名"弃"，能继承神农后稷的事业，死后被奉为"神农"，继称"后稷"。这里的"神农"是尊称能光大农业的人。临淄城南郊有稷山，相传后人为尊崇后稷的功业，而为之立祠在临淄近郊东南山上，因而为山命名为稷山。又相传稷山四周就是当年后稷"列封疆、画畔界、辟土殖谷"的农业"开发区"之一。

姜姓氏族繁衍众盛，分布在东夷各地以及关中、江淮之间，而以齐地和临淄一带为聚居中心。夏代方国申、吕、齐、许等姜姓四岳的裔国，历夏代、殷商而不衰，由此可知，周代齐国原是沿袭夏、商旧封的故国，不是周人初命名、始封建的邦国。因此应当说，姜太公是周代齐国的始祖，是继商代故齐而立的周代齐国的开国君主。

齐国所以称"齐"，古今多说：因为临淄城郊有"天齐渊"而得齐国之名；或说齐通"脐"，引申为中央，因地处"天之中央"而得齐国之名；或说因为齐地最先种植禾麦，以禾麦吐穗的形状而成齐国之名；或说因为齐地人夷羿最先制造弓箭，取箭头的形状而成齐国之名，各有所本。

齐姓源自周代之齐国，在后世的姓氏学考据上，是被普遍采认为"不容置疑"的，譬如《姓纂》一书上指出："炎帝姜姓之后，太公望姜子牙，受封营丘为齐国，氏焉"；《通志氏族略》上也说："太公望封于齐，子孙以国为氏。"

姜太公当初受封的齐国，所拥有的领域包括今山东省青州市以西至济南市历城区、聊城两地之间，以及河北省沧、景诸县，东南至海的一大片地方，跟同一时期的其他诸侯比较起来，算得上一个幅员广大，而又地位尊贵崇高的大国。当时齐国的国都设于营丘，亦即现在山东省的临淄区，姜太公的后裔从3100多年以前就繁衍于此，则后世我国的齐姓人士，当然也是发源于这个地方了。

二、齐太公因俗简礼

西周初定，大封诸侯。太公吕尚为齐国之君。他治理齐国，仅用五个月就大体就绪。周公问其缘故，太公回答："吾简其君臣礼，从其俗为也。"鲁公伯禽治理鲁国，用了三年才初见成效。周公问其缘故，伯禽回答："变其俗，革其礼，丧三年然后除之，故迟。"周公仰天叹道："呜呼！鲁后世其北面事齐矣！"（《史记·鲁周公世家》）

（一）沿袭当地民风习俗，不照搬西周之礼

太公没有采用鲁公"变其俗，革其礼"的治国方针，而是"因其俗，简其礼"，不照搬西周之礼，尽可能保留和沿用当地民俗习惯，以稳定开国初期的政治局势。这就形成了齐人不甚讲求周礼的传统。其原因有二：一是太公以异姓功臣而封侯，"先天不足"，故宗法血缘链条疏松；二是大体沿用齐地的风俗习惯。正因为齐人不甚讲求周礼，故后世曾"弃太公之法而观社"；齐桓公死时"以人殉葬"；管仲"不知礼"（《论语·八佾》）。鲁人常常以"非先王之训"（《国语·鲁语》）批评之。

（二）因地制宜，发展多种经济

齐国领地"自泰山属之琅邪，北被于海，膏壤二千里"，具有发展农、渔、盐诸业的得天独存的自然条件。太公治齐，因地制宜，"设轻重鱼盐之利""通商工之业，便鱼盐之利"。（《史记·齐太公世家》）故农、渔、盐、商诸业发达。后人承其绪，至桓公时有盐官、铁官操其业。"宫中七市，女官七百"，市场繁多，交易频仍（《战国策·东周》）。故齐人讲"利"，"相语以利"，"以其所有，易其所无"（《国语·齐语》），未有轻商贱贾的观念。

（三）重兵革，讲谋略，富国强兵

齐太公初到齐地营丘，莱夷即来伐，与之争营丘。后又有"北戎伐齐""翟人侵齐"。齐人不得不以战争求生存。故形成重兵革、讲谋略的传统。"其事多兵权与奇计，故后世之言兵及周之阴权，皆宗太公为本谋。"而齐国之民"阔达而多匿智，其天性也"（《史记·齐太公世家》）。及至管仲相桓公，令重罪以甲赎，轻罪以盾赎，"甲兵大足""兵车之会三，乘车之会六，九合诸侯，一匡天下"（《国语·齐语》）。使齐国为春秋第一霸主。

周礼的薄弱和重视兵战的必然结果是重法和尚贤。桓公主盟葵丘之会，其誓命有"尊贤育才""士无世官"（《孟子·告子下》）。管仲治齐，令"匹夫有善，可得而举"，有司知而不举，有"蔽贤"之罪（《国语·齐语》）。此皆法家思想之肇端也。

第二节 齐国变革图强

春秋时代是周王室逐渐衰微的时代，也是各路诸侯争强斗胜、竞相称霸的时代。在众多的称霸诸侯之中，齐国是最早且最有力者。

一、齐国图强称霸的时代背景

齐国的霸业，可以从齐僖公说起。《史记·齐太公世家》记："僖公九年，鲁隐公初立。"齐僖公是齐国进入春秋时代的第一代国君。当时，齐鲁两国力量大致相当，齐国还略逊于鲁

国。为了壮大自己的势力，僖公采取了与郑国联合的策略。这是因为，郑国在春秋初年是一个较为强盛的国家。郑国的始封国君郑桓公，是周厉王的少子、周宣王的兄弟。周王室衰微之后还非常依靠郑国，郑武公、郑庄公连续做周平王的卿士，挟天子以令诸侯，实际控制了周王室的大权。《左传·隐公三年》载："冬，齐、郑盟于石门，寻庐之盟也。"石门、庐，都在今山东济南长清，齐、郑石门之盟的目的就是重温当年庐之盟的盟约。结盟之后，齐国曾经帮助郑国解除了宋国、卫国的威胁，郑国为了答谢齐国，也把齐僖公引荐给周天子。就是这样，齐国的势力和影响越来越大，《国语·郑语》说"齐庄、僖于是小伯"。"小伯"也就是"小霸"，说明齐国在僖公时已经成了具有一定名气的霸主。因此之势，齐僖公又驱逐了已有宿怨的邻国纪国（《史记·齐太公世家》："哀公时，纪侯谮之周，周烹哀公而立其弟静，是为胡公。"），纪国尽管百般周旋也无济于事，终于在齐僖公死后，齐襄公之时向别处迁徙，这样，齐国又吞并了东部原属于纪国的地盘，在山东半岛发展成了一个泱泱大国。

然而，齐襄公是一个昏庸残暴的国君，对外结怨于诸侯，对内欺凌于臣子，搞得齐国非常混乱，他也很快在混乱中被杀。在齐襄公当政的时候，他的几个弟弟因害怕祸及自身纷纷出逃避难。他的次弟公子纠因母亲是鲁国人，便在管仲、召忽等的保护下逃至鲁国；他的另一个弟弟公子小白，由鲍叔牙保护着逃到莒国。当他们得知齐襄公被杀的消息后，都想回国继承君位。公子纠在鲁国国君鲁庄公的支持下，与齐国大夫相盟，由鲁国出兵伐齐，并护送公子纠回国，还派管仲带兵去截断公子小白从莒国通往齐国的归路。管仲果然在公子小白的归路上与小白相遇，一箭射中了小白的带钩。小白知道公子纠的计谋，于是假装被射死而应声倒地。这样，公子纠以为小白已死，自己可以从容地赶往齐国了。不料，当公子纠赶到齐国都城的时候，公子小白却早已抄近路日夜兼程地提前到达，并在齐国执政大夫高氏、国氏等的支持下立为国君，这就是齐桓公。

齐桓公是齐国历史上最有作为的国君，他的最突出特点就是选贤任能、从谏如流。首先，他听从了鲍叔牙的劝告，不记射中带钩之仇，任用管仲为相，就是最好的例证。《韩非子·难一》载："桓公解管仲之缚而相之。管仲曰：'臣有宠矣，然而臣卑。'公曰：'使子立高、国之上。'管仲曰：'臣贵矣，然而臣贫。'公曰：'使子有三归之家。'管仲曰：'臣富矣，然而臣疏。'于是立以为仲父。"接下去韩非子评论道："管仲以贱为不可以治国，故请高、国之上；以贫为不可以治富，故请三归；以疏为不可以治亲，故处仲父。管仲非贪，以便治也。"这里对管仲的评价也许有所不当，但是却说出了齐桓公为了治理好国家而不惜代价任用管仲的可贵之处。在同一篇里，韩非子还记下了齐桓公任用一个比较一般的人物的另一件事："齐桓公时，有处士曰小臣稷，桓公三往而弗得见。桓公曰：'吾闻布衣之士不轻爵禄，无以易万乘之主；万乘之主不好仁义，亦无以下布衣之士。'于是五往乃得见之。"

齐桓公不仅善于任用本国的贤能，对于其他诸侯国愿意效力于齐的人同样也非常看重。《吕氏春秋·举难》就有这样的记载：宁戚欲干齐桓公，穷困无以自进，于是为商旅将任车以至齐，暮宿于郭门之外。桓公郊迎客，夜开门，辟任车，爝火甚盛，从者甚众。宁戚饭牛居车下,望桓公而悲,击牛角急歌。桓公闻之,抚其仆之手曰:"异哉!之歌者非常之人也。"命后车载之。桓公反,至,从者以请。桓公赐之衣冠,将见之。宁戚见,说桓公以治境内;明日复见,说桓公以为天下。桓公大说,将任之。群臣争之曰:"客,卫人也,卫之去齐不远,君不如使人问之而故贤者也,用之未晚也。"桓公曰:"不然,问之患其有小恶,以人之小恶,亡人之大美,此人主之所以失天下也。"齐桓公就是这样任用了宁戚,宁戚后来成了齐桓公手下一个很有作为的臣子。

《吕氏春秋·勿耕》还记载了齐桓公在用人方面向管仲征求意见的一件事,管仲"复于桓公曰:'垦田大邑,辟土艺粟,尽地力之利,臣不若宁戚,请置以为大田;登降辞让,进退闲习,臣不若隰朋,请置以为大行;蚤入晏出,犯君颜色,进谏必忠,不避死亡,不重富贵,臣不如东郭牙,请置以为大谏臣;平原广城,车不结轨,士不旋踵,鼓之三军将士视死如归,臣不若王子城父,请置以为大司马;决狱折中,不杀不辜,不诬无罪,臣不若弦章,请置以为大理;君若欲治国强兵,则五子者足矣;君欲霸王,则夷吾在此。'桓公曰:'善。'令五子皆任其事,以受令于管子。"从以上所引种种事例可知,齐桓公在举贤任能、知人善任方面,不仅有自己独到深刻的体察和认识,而且做得非常到位、非常周延,从而为齐国招揽了大批人才,上上下下都可谓人才济济。正是靠着这些有志、有识、有能、有力的人才,发掘出了齐国的优势,"十年,九合诸侯,一匡天下",成为春秋一霸。

二、齐国成就霸业的历史过程

分析齐桓公所成就的霸业,大致可以从这样几个方面予以说明:

一是兴灭继绝、尊王攘夷。齐桓公在位的时候,正是周王室衰微的时候,尤其是平王东迁以后,甚至可谓一蹶难振。这给了周边戎狄以可乘之机,他们不仅威胁周王室,而且侵略诸侯国,造成许多麻烦。在这样的情势之下,周王室和中原诸国都希望有一个霸主出现,成为他们的靠山和支柱,为他们解除祸患。齐桓公的霸业可以说正是适应了这样的社会需要。齐国日益强盛,并且在平定了后方的莱、莒、徐夷等之后,便开始了兴灭继绝、尊王攘夷的事业。齐桓公二十三年(公元前663年),山戎伐燕,燕告急于齐,桓公遂率兵相救,将山戎驱逐至孤竹(今辽宁朝阳)以北。燕庄公感谢齐桓公,齐桓公并未以霸主自居,而是以礼相待,并奉劝燕庄公修好政治、纳贡周室,赢得了燕国和其他诸侯国的信任。

齐桓公二十四年(公元前662年),狄人伐邢,齐桓公发动宋国、曹国一起相救,赶走了狄人的军队,把逃亡在外的邢国国君迎接到齐国,在夷仪(属于邢国,今山东聊城)为邢国筑好了都城,把邢国的国君迁到这里。齐桓公二十五年(公元前661年),狄人伐卫,当时的国君卫懿公十分昏庸无能,耽于玩乐,国人弃之,结果被狄人所杀;他的儿子卫戴公继位后几无立足之地,齐桓公于是派公子无亏率领车三百乘、甲士三千,为卫戍曹,还送给卫国大批物资;卫戴公不久死去,齐桓公又帮助卫国立卫文公为国君,派军队为之筑城,封于楚丘(今河南滑县)。此外,在这一时期,齐桓公还帮助鲁国平定了庆父之乱,也显示了齐国的霸主地位。庆父是鲁国的重臣，长期握有兵权，横行跋扈。

鲁庄公三十二年（公元前662年）庄公死，传位给儿子般，庆父随即弑般立庄公的另一个儿子开，是为鲁闵公。第二年，庆父又伙同鲁庄公夫人哀姜弑闵公，造成了国无君主的混乱局面。齐桓公派高敬仲迎回了逃亡在陈的鲁庄公之子申，立为鲁僖公，并杀死了哀姜、逼杀了庆父，稳定了鲁国的局势。

二是联军拒楚、盟于召陵。楚国是春秋初期在江汉流域兴起的一个大国，随着势力的逐渐强盛，不断蚕食北方诸国，形成了对中原地区的巨大威胁。至楚成王时，他把进攻北方的矛头集中指向了郑国。已经威服了北方诸国的齐桓公对此看得非常清楚，认为时机已到，需要遏制楚国北进的势头了。齐桓公二十年（公元前666年），楚伐郑，桓公集齐、鲁、宋军相救；二十四年（前662年），"齐侯为楚伐郑之故请会于诸侯"（《左传·庄公三十三年》）；二十七年（前659年），"秋，楚人伐郑，郑即齐故也；盟于荦，谋救郑也"（《左传·僖公元年》）。这些史实说明，齐、楚之间的正面冲突已经是在所难免。

到了公元前656年，在齐国的反复运作之下，一个由齐、鲁、宋、卫、郑、许、陈、曹八国军队组成的伐楚联军终于形成，并在齐桓公的亲自率领之下，开始对楚国采取军事行动。关于此，《左传·僖公四年》有比较详尽的记载：四年春，齐侯以诸侯之师侵蔡。蔡溃，遂伐楚。楚子使与师言曰："君处北海，寡人处南海，唯是风马牛不相及也。不虞君之涉吾地也，何故？"管仲对曰："昔召康公命我先君大公曰：'五侯九伯，女实征之，以夹辅周室。'赐我先君履：东至于海，西至于河，南至于穆陵，北至于无棣。尔贡包茅不入，王祭不供，无以缩酒，寡人是征；昭王南征而不复，寡人是问。"对曰："贡之不入，寡君之罪也，敢不供给？昭王之不复，君其问诸水滨。"师进，次于陉。夏，楚子使屈完如师。师退，次于召陵。齐侯陈诸侯之师，与屈完乘而观之。齐侯曰："岂不榖是为？先君之好是继。与不榖同好，如何？"对曰："君惠，微福于弊邑之社稷，辱收寡君，寡君之愿也。"齐侯曰："以此众战，谁能御之？以此攻城，何城不克？"对曰："君若以德绥诸侯，谁敢不服？君若以力，楚国方城以为城、汉水以为池；虽众，无所用之。"屈完及诸侯盟。从这一记载可知，齐桓公的这一次行动并未达到预期的目的，因为双方的力量大致相当，谁也难以战胜对方，最后只好互有妥协，这就是历史上有名的"召陵之盟"。尽管如此，毕竟也使楚国吞并北方的野心有所收敛，有利于齐国势力的进一步扩张。

三是九合诸侯、一匡天下。根据《左传》的记载，齐桓公在他在位的43年里，共召集诸侯会盟15次。除上文中已经提到的之外，重要的还有：公元前681年，因宋国发生内乱，长万弑宋闵公，齐桓公会盟诸侯于北杏（齐地，在今山东东阿），并约陈、曹伐宋。这是桓公召集会盟的开始。公元前680年，因宋人不服从周王室，请求出兵伐宋，齐桓公召集宋、卫、郑等国与周王室的单伯会于鄄（今山东鄄城）。公元前678年，为解决郑、宋两国之间的冲突，齐桓公召集鲁、宋、陈、卫、郑、滕等国，会于幽（今不知何地），这次会盟，各诸侯国也公认了齐国的霸主地位。公元前657年，齐桓公召集宋公、江人、黄人盟于阳谷（今山东阳谷），谋伐楚。会后，又与鲁国结盟。次年，八国军队联合伐楚。公元前655年，因周惠王欲废长立少，不合礼制，齐桓公召集鲁、宋、陈、卫、郑、许、曹等国诸侯，与周王室世子郑会于首止（今河南睢县），以图保住郑的太子地位。公元前652年，因周惠王崩，为使太子郑继位（是为周襄王），齐桓公召集鲁、宋、卫、许、曹、陈等国，与周王室使臣会盟于洮（今山东鄄城），确定周襄王即位之后再为周惠王发丧。由齐桓公已经可以掌握周王室事，足见其霸主地位已非同一般。公元前651年，因周襄王派宰孔周公赐齐侯胙（祭祀用的肉脯，一般只赐予同姓），齐桓公与其他诸侯会于葵丘。这是周襄王即位之后的第一次会盟，标志着齐国的霸主地位得到了周王室的认同，达到了顶峰。公元前647年，因淮夷经常侵扰杞国，齐桓公召集鲁、陈、卫、郑、许、曹等国会盟于咸（今属河南濮阳），谋伐淮夷。

公元前645年，因楚伐徐，齐桓公召集鲁、宋、陈、郑、邢、曹等国，会盟于牡丘（今山东聊城），谋救徐。齐桓公能够屡次地召集会盟，无疑说明了齐国力量的不断加强、势力的不断扩大。关于此，《国语·齐语》曾有概括的记载：齐桓公"即位数年，东南多有淫乱者，莱、莒、徐夷、吴、越，一战帅服三十一国。遂南征伐楚，济汝，逾方城，望汶山，使贡丝于周而反，荆州诸侯莫敢不来服。遂北伐山戎，刜令支，斩孤竹而南归，海滨诸侯莫敢不来服。与诸侯饰牲为载，以约誓于上下庶神，与诸侯勠力同心。西征攘白狄之地，至于西河，方舟设泭，乘桴济河，至于石枕。悬车束马，逾太行与辟耳之溪拘夏，西服流沙、西吴，南城于周，反胙于降，岳滨诸侯莫敢不来服。而大朝诸侯于阳谷，兵车之属六，乘车之会三，诸侯甲不解累，兵不解翳，弢无弓，服无矢，隐武事，行文道，帅诸侯而朝天子"。故多种史籍里都说齐桓公"九合诸侯，一匡天下"。

三、管仲改革，齐桓公称霸

在齐桓公称霸天下的过程之中，齐相管仲所起的作用是巨大的，尤其是管仲改革，可以说为齐国的强大、齐桓公的霸业奠定了雄厚的基础。

《史记·管晏列传》云："管仲夷吾者，颍上人也，少时常与鲍叔牙游。鲍叔牙知其贤。管仲贫困，鲍叔终善与之，不以为言。已而鲍叔事齐公子小白，管仲事公子纠。及小白立为桓公，公子纠死，管仲囚焉。鲍叔遂进管仲。管仲既用，任政于齐，齐桓公以霸。九合诸侯，一匡天下，管仲之谋也。"又云："管仲既任政齐相，以区区之齐在海滨通货积财，富国强兵，与俗同好恶。故其称曰：'仓廪实而知礼节，衣食足而知荣辱，上服度则六亲固。四维不张，国乃灭亡。下令如流水之原，令顺民心。'故论卑而易行。俗之所欲，因而予之；俗之所否，因而去之。其为政也，善因祸而为福，转败而为功。"

《国语·齐语》和《管子·小匡》都记载了齐桓公在即位之初任用管仲之后，曾经就治理国家的问题进行请教，并谈到了自己的某些困惑，他说：过去我的先君襄公修筑高台以表示自己的地位很高，整日沉湎于声色犬马之中，不理国政，只知道喜欢美女，不懂得尊重贤能，食必粱肉，衣必文绣，搞得国家凋敝不堪。面对着这样破败的局面，齐桓公提出的问题是：

"恐宗庙之不扫除，社稷之不血食。敢问为之若何？"对此，管仲的回答是这样的："昔吾先王，周召王、穆王，世法文武远绩以成名，合群叟，比校民之有道者，设象以为民纪，式美以相应，比缀以书，原本穷末，劝之以庆赏，纠之以刑罚，班序颠毛，以为民纪统。"管仲的这段话，也许可以看作他对改革的初步设想，里面谈到的意思可以说涉及经济、政治、军事，内政、外交等社会生活的各个方面、各个层次。

根据文献提供的资料，可以把管仲改革的主要内容，大致归纳如下：

（一）君霸王，定社稷

管仲改革，首先确立了一个大目标，就是辅佐齐桓公称霸天下。而这一点，齐桓公本人在一开始却是没有意识到的，所以管仲推行改革，第一步就是说服桓公接受这一目标。请看《管子·大匡》的记载："桓公二年践位，召管仲，管仲至。公问曰：'社稷可定乎？'管仲对曰：'君霸王，社稷定；君不霸王，社稷不定。'公曰：'吾不敢至于此其大也，定社稷而已。'管仲又请，君曰：'不能。'管仲辞于君曰：'君免臣于死，臣之幸也。然臣之不死纠也，为欲定社稷也。社稷不定，臣禄齐国之政而不死纠也，臣不敢。'乃走出。至门，公召管仲，管仲反。公汗已出，曰：'勿已，其勉霸乎。'管仲再拜稽首而起曰：'今日君成霸，臣贪承命趋立于相位。'乃令五官行事。"在管仲看来，如果仅仅把"社稷可定"当作治理国家的目标，这在诸侯纷争的春秋时代已经是不可能的了，因此必须把目标确定在"君霸王"上。管仲能够从天下大势出发确定齐国改革的目标，其立足点无疑是高远的，非常有见地的，也是符合历史潮流的。

（二）定民之居，成民之事

管仲认为，称霸天下当然要靠军事力量的强大，但强兵却仅仅是关键而不是根本，根本在"民"。即所谓"与其厚于兵，不如厚于人"（《管子·大匡》）。据此，他提出了"定民之居""成民之事"的办法。《管子·小匡》："桓公曰：'定民之居，成民之事，奈何？'管子对曰：'士农工商四民者，国之石民也。不可使杂处，杂处则其言咙、其事乱，是故圣王之处士必于闲燕，处农必就田野，处工必就官府，处商必就市井。'"这就是说，士农工商四民的聚居地要有所区分，而且要相对稳定。具体说来，则是"三其国""五其鄙"。春秋时，称侯国的都城为"国"，都城以外的地方则是"鄙野"，简称"鄙"。"三其国"是："制国以为二十一乡：商工之乡六，士农之乡十五。公帅十一乡，高子帅五乡，国子帅五乡，三国故为三军。公立三官之臣：市立三乡，工立三族，泽立三虞，山立三衡。制五家为轨，轨有长；十轨为里，里有司；四里为连，连有长；十连为乡，乡有良人；三乡一帅。""五其鄙"是："制五家为轨，轨有长；六轨为邑，邑有司；十邑为率，率有长；十率为乡，乡有良人；三乡为属，属有帅；五属一大夫。武政听属，文政听乡，各保而听，勿有淫佚者。"实行这种"定民之居"的办法，显然有利于管理，有利于分工，有利于同业内部的互相影响、互相学习，而且有利于兵民之间的转换。

(三) 相地衰征、关市不征

"成民之事",从根本上说依赖于发展经济,除了管理的因素之外,这也需要相关的政策。在这一方面,管仲制定的政策突出有成效者,主要是"相地而衰征"和"关市几而不征"。《国语·齐语》:"桓公曰:'五鄙若何?'管子对曰:'相地而衰征,则民不移;政不旅旧,则民不偷;山泽各致其时,则民不苟;陆、阜、陵、墐、井、田、畴均,则民不憾;无夺民时,则百姓富;牺牲不略,则牛羊遂。'"其中的"相地而衰征",是指根据土质的好坏美恶,也就是区分"陆、阜、陵、墐、井、田、畴"的不同情况,从而确定对土地征收赋税的多少。《管子·大匡》中还讲到了具体的征收办法:"案田而税,二岁而税一。上年十取三,中年十取二,下年十取一,岁饥不税。"这里不仅考虑到了土地的情况,而且考虑到了年景,当然比不分青红皂白征收同样的赋税要合理得多,要更便于调动劳动者的积极性。如果说"相地而衰征"是对内的经济政策的话,那么,"关市几而不征"则主要是对外的经济政策。故《齐语》中这样说:"通齐国之鱼盐于东莱,使关市几而不征,以为诸侯之利,诸侯称广焉。"这里即说,对于来往的货物,无论是几经周转,都免征关税和市税。这无疑会刺激流通,大大有利于齐国人民的富裕和经济的发展与繁荣。

(四) 三选上记、举贤任能

在用人方面,管仲继承了太公望"尊贤尚功"的路线,所实行的主要是三选制和上记制。所谓"三选制",是由地方推荐优秀官员,召集到朝廷,然后由齐桓公亲自与他们交谈,了解情况,进行考察,从而确定是否委以重任。这种制度的实行不受时间限制,地方可以随时用书面形式向朝廷推荐官员,故也称"书伐制"。《国语·齐语》云:"桓公令官长期而书伐,以告且选,选其官之贤者而复用之……桓公召而与之语,訾相其质,足以比成事,诚可立而授之。设之以国家之患而不疚,退问之其乡,以观其所能无大厉,升以为上卿之赞。谓之三选。"韦昭注:"三选,乡长所进,官长所选,公所訾相。"所谓"上记制",是每年正月由齐桓公亲自听问,令五属大夫汇报工作、推荐人才。比之"三选","上记"的时间是固定的。《齐语》:"正月之朝,五属大夫复事。桓公择是寡功者而谪之,曰:'制地分民如一,何故独寡功?教不善则政不治,一再则宥,三则不赦。'桓公又亲问焉,曰:'于子之属,有居处为义好学、慈孝于父母、聪慧质仁、发闻于乡里者,有则以告。有而不以告,谓之蔽明,其罪五。'有司已于事而竣。桓公又问焉,曰:'于子之属,有拳勇股肱之力秀出于众者,有则以告。有而不以告,谓之蔽贤,其罪五。'有司已于事而竣。桓公又问焉,曰:'于子之属,有不慈孝于父母、不长悌于乡里、骄躁淫暴、不用上令者,有则以告。有而不以告,谓之下比,其罪五。'有司已于事而竣。五属大夫于是退而修属,属退而修县,县退而修乡,乡退而修卒,卒退而修邑,邑退而修家。是故匹夫有善,可得而举也;匹夫有不善,可得而诛也。政既成矣,以守则固,以征则强。"

（五）反其侵地、四邻大亲

在对外政策方面，管仲主张改变过去那种以邻为壑的做法，改善关系，修好邻邦，以巩固齐国的地位。其具体做法主要就是返还过去侵占的邻国领地，宽容大度，取信于邻。《国语·齐语》："桓公曰：'吾欲南伐，何主？'管子对曰：'以鲁为主，反其侵地棠、潜，使海于有蔽，渠弭于有渚，环山于有牢。'桓公曰：'吾欲西伐，何主？'管子对曰：'以卫为主，反其侵地台、原、姑与漆里，使海于有蔽，渠弭于有渚，环山于有牢。'桓公曰：'吾欲北伐，何主？'管子对曰：'以燕为主，反其侵地柴夫、吠狗，使海于有蔽，渠弭于有渚，环山于有牢。'四邻大亲。既反侵地，正封疆，地南至于岱阴，西至于济，北至于河，东至于纪随，有革车八百乘。择天下之甚淫乱者而先征之。"

孔子对齐文化的重要代表人物管仲和晏婴推崇备至，对管仲以仁人许之。《论语·宪问》载：孔子的学生子路、子贡对管仲不死于公子纠之难事，不以为然，问孔子曰：管仲"未仁乎？"孔子极带感情地坚定回答说："桓公九合诸侯，不以兵车，管仲之力也！如其仁！如其仁！"对晏婴则认为："晏平仲善与人交，久而敬之。"（《论语·公冶长》）可见，他对管、晏代表的齐文化是重视的、虚心学习和吸取的。

第四章 "因其俗,从其欲"齐国适宜的经济政策

公元前1045年,姜太公封齐建国,三策治齐。他因俗简礼,尊贤尚功,通工商之业,便鱼盐之利,很快使齐国成为东方大国。齐文化崇尚变革图新。变革就是改革、创新的意思。古人早就说过"穷则变,变则通,通则久"的道理,《管子·正世》中就有"不慕古,不留今,与时变,与俗化"的观点。这种主张根据实际变革的精神,有与时俱进的意思,在齐文化中有着突出的体现。

第一节 因俗从欲发展农工商经济

我国历史上的夏商周时期,是齐鲁文化形成的关键时期。这一时期,不仅为齐鲁文化的形成提供了必需的文化背景,更提供了必需的文化动因。所谓"殷因于夏礼,所损益可知也;周因于殷礼,所损益可知也;其或继周者,虽百世可知也",就是如此。周朝的统治者的确是比较到位地总结了夏商两代的经验教训,利用国势强大的有利时机,采取了相宜的国策,这就是周初的"封土建侯",亦即封建制。值得关注的是,有鉴于夏商两代的教训,周朝的封建制还是相当开明的,中央除了掌握"礼乐征伐"的大权之外,允许各诸侯国在治国、行政、风俗习惯等方面有较大的自由,包括夏商各部族的后代可以保持原来的信仰、礼俗,乃至政治习惯。可以说,正是由于采取了这样宽松的基本国策,这就为西周初期长期的社会稳定发展创造了很好的环境和空间,也为各个地域形成具有各自特点的文化创造了很好的条件。

一、因俗简礼发展工商经济

姜太公在受封于齐之后,在齐国推行"尊贤尚功"的基本国策。与"尊贤尚功"相联系,太公望还实行了"因俗简礼"的方针。《史记·齐太公世家》云:"太公至国,修政,因其俗,简其礼,通商工之业,便鱼盐之利。"看来这是从当地"商工""鱼盐"的实际情况出发的,顺应民心民情,解决人民现实生活问题。齐地原属东夷,当地人很多以商工鱼盐为业,与西部以农业为主有所不同,随之,在礼俗方面也有较大的差异,不如西部人那样看重礼数,这样,

"因其俗，从其欲"就是十分必要的了。果然，由于这项政策对路，齐国很快发展起来。《史记·齐太公世家》上也说："而人民多归齐，齐为大国。及周成王少时，管蔡作乱，淮夷畔周，乃使召康公命太公曰：'东至海，西至河，南至穆陵，北至无棣，五侯九伯，实得征之。'齐由此得征伐，为大国，都营丘。"这说明"尊贤尚功""因俗简礼"的治国之策是取得了较为显著的成效的。

齐国历史上有记载的就有三次大的变革运动，即西周初期的姜太公变革、春秋中期的桓公管仲变革、战国时期的齐威王变革。齐国的每一次变革都使齐国焕发出朝气蓬勃的活力。

太公初治齐，实行"修道术，尊贤智，赏有功"（《汉书·地理志》）。管仲辅霸，提倡富国强兵，任霸用法，为后代法家之先导；晏婴相齐，则力倡节俭，任贤爱民，省刑降礼，儒、墨思想兼得。都表现了"与时变，与俗化"的多变性。战国之世，经稷下争鸣，各种思想纷纷登上齐国的文化舞台，全面呈现出兼容并蓄的特色。齐文化以"道"为宗，主张顺应自然，"为之于未有，治之于未乱"，在政治上，采取的手段是因势利导，最终目的还是到达"无不为"。老子所理想的是"小国寡民"的世界，没有战乱，没有争夺，人们甘食美服，安居乐俗。

在道家思想的引导下，齐国政治经济发展分三个阶段步步昌盛起来：一是开国齐国之初，姜太公因地制宜，采取"通商工之业，便鱼盐之利"的工商立国政策。从而确定了齐国重工商的主旋律。二是管桓时期，随着国土的开拓，国力的强盛，农业由原来立国之初的次要位置一跃成为国民经济的主要部门。管仲实行"四民分业"时，即把农业摆在首要的位置，同时亦重工商，"设轻重鱼盐之利"。齐国经济迅速发展，国力日渐强盛，齐桓公遂成为春秋五霸之首。三是晏景时期，由重农思想发展为"农本"思想。对于工商业，实行"禁末"和"抑商"。"禁末"是控制、禁止"雕文刻镂"之类的奢侈品生产，而不是对一般手工业的控制与禁止；"抑商"是抑制、打击扰乱正常市场经济、祸国殃民的富商大贾囤积居奇、牟取暴利的行为。再就是薄赋敛、省刑罚、宽政惠民，缓和了当时齐国国内不断激化、日益尖锐的社会矛盾，维护国家百姓的安定生活，产生了积极社会意义，使齐都城临淄为远近闻名的大都会。

二、齐国的经济自然条件

齐鲁之地虽然很早就得以开发，但限于地处丘陵，沙质土壤，农业难以发展起来，而以桑麻、鱼盐见长。这便有了齐地"膏壤千里，宜桑麻，人民多文采布帛鱼盐"，及鲁地"颇有桑麻之业"之说。至西汉司马迁时，齐鲁已出现经营千亩桑麻的专业户。另外，齐鲁地处交通要道，为商贾必经之地，即"吾国（齐国）者衢处之国也，远秸之所道，游客蓄商之所道，财物之所遭"。这样的地理环境就为工商业的发展提供了便利条件。齐国建国之初，"人民寡"。为弥补农业"少五谷"的不足，需因地制宜，扩大商品生产的规模。地广人稀的"国情"，对扩大桑麻等经济作物种植面积是比较有利的。

同齐国相比，鲁国封土面积较小。随着人口的繁衍增殖，至西汉时，在洙、泗冲积平原上，已出现"地小人众"的窘境。人们为了生存，除大力发展农业生产外，只得以经营工商业作为出路。于是就有了司马迁在《史记·货殖列传》中所记的邹、鲁"好贾趋利,甚于周人"的经商习俗。先秦时期,齐国统治者多实行较为宽松的工商管理政策,这样就为工商业的迅速发展提供了有力保障。

《史记·齐太公世家》等记载,吕尚被封为齐侯,在治国时利用山东半岛自然资源的优势,劝女工,极技巧,通鱼盐,以至"齐冠带衣履天下,海岱之间敛袂而往朝焉"。齐桓公时,为鼓励贸易,招徕外商,采取了"毋忘宾旅"的优惠政策。即在公元前651年,齐桓公与诸侯在葵丘会盟,约定诸侯国之间的贸易,都要为商贾提供食宿方便。齐国为外来商人提供宾旅和货栈交易的场所。对外商货车一乘的提供本人伙食,三乘的兼供给饲料,五乘的并供给厮养人。这样"天下之商贾归齐若流水"。

管仲相齐,整顿士、农、工、商的户籍,加强了对工商业的控制和管理。另外还实行"官山海"的政策,对山海之利(主要是盐铁)实行国家控制,以照顾各方利益。如民营盐铁生产由国家征收实物税,并统一收购销售,实行专卖,寓税于价,增加了国家的财政收入。如此就增强了国家的综合实力,使"甲兵大足",从而为齐国"一匡天下""九合诸侯",奠定了雄厚的基础。晏婴为齐相时,为巩固统治,采取了工商不变,即工商业坚守其业,搞好商品生产和流通的工商管理政策,促进了工商业的发展。直至战国,齐国重视发展工商业的传统,使其工商业仍旧十分发达。

第二节 齐国适宜的经济政策

先秦时期,齐国的商品经济在全国一直居于领先地位。这种局面的形成,既与齐国的地理环境、人口因素有关,又同其适宜的工商管理政策紧密相连。

一、齐国的经济政策

齐国的经济、政治方针造就了独特的齐文化。《汉书·地理志》记述齐地民俗云:初太公治齐,修道术,尊贤智,赏有功,故至今其土多好经术,矜功名,舒缓阔达而足智。其失夸奢朋党,言与行缪,虚诈不情,急之则离散,缓之则放纵。"吾国(齐)者衢处之国也,远秸之所道,游客蓄商之所道,财物之所遵。"这样的地理环境就为工商业的发展提供了便利条件。齐国建国之初,"人民寡"。为弥补农业"少五谷"的不足,需因地制宜,扩大商品生产的规模。地广人稀的"国情",对扩大桑麻等经济作物种植面积是比较有利的。

齐国濒海,那时营丘往北不远便是滩平水浅、汪洋一片的渤海,海中鱼、贝繁多。海水可以煮盐,发明煮海水为盐的夙沙氏就是山东半岛上的一个古老的部族。齐国开国之君姜尚因地制宜,把致富的希望寄托在大海上,大力发展渔业、盐业。对脚下那片盐碱地,则大量栽种桑树。桑树的一个特点,是对土壤的适应性强,盐碱地上也可以生长。种桑是为了养蚕,发展丝织业。此外,种桑还可以起到改良土壤的作用。大力发展渔、盐、纺织,同列国诸侯贸易，赚取利润。齐国的经济方针，是以工商立国。先秦时期，齐统治者多实行较为宽松的工商管理政策，这样就为工商业的迅速发展提供了有力保障。

齐鲁商品经济的发展与繁荣主要表现在商品种类的众多、货币的通行、城市商业的繁荣及众多商贾的出现等方面。齐鲁自然资源比较丰富，出产的鱼、盐、漆、布、帛等，丰富了商业市场的花色品种。至战国时，列国间贩运商业的发展，使各地特产如北方的"走马吠犬"、南方的"羽翮齿革"、西方的"皮革文旄"等，都能在齐鲁市场上买到。商品的交换促进了货币的发展。春秋战国时，齐国的刀币已成为一种"国际"性货币，流通于齐、燕、赵等国。齐献公时（公元前859年），临淄被立为齐国国都，历时636年。经过数百年的经营，城市规模宏大。统治者对工商业较为重视，促进了城市工商业的发展与繁荣。如管仲为使外来商人到临淄经商，大搞旅邸设施，甚至在临淄设"女闾三百"，以招徕商人。到战国时，临淄已成为一个工商业集中的大都市。城中居民达7万户，经营商业、贩运业的有6000户之多，皆殷实富有。

《史记·苏秦列传》载苏秦在齐宣王面前称："临淄之途，车毂击，人肩摩，连衽成帷，举袂成幕，挥汗如雨。"时人称其"人众殷富，巨于长安"。王莽时称临淄为东市，成为与长安、洛阳、邯郸、宛、成都等齐名的大都市。伴随着商品经济的发展，齐鲁经商之人不断增加，出现了不同类型的商人。其中，既有众多从事一些"坐列贩卖"之类小本生意的中小商人，也不乏为史书有所记叙的大商人。如《史记·货殖列传》等中就载有经营盐业的大商贾鲁人猗顿；"逐鱼盐商贾之利"的齐人刁间；"富至巨万"，经营铁业，兼营贳贷业、贩运业的曹邴氏等。

另外，特别值得一提的是，有些商人曾以经商致富，并参政为官，由此就使经商活动获得了"端木生涯"和"陶朱事业"的称誉。端木，复姓，名赐，字子贡，春秋时卫国人，孔子的弟子。在出仕入孔门之前，是个大商人。曾相鲁、卫两国，后经商于曹、鲁之间。善于预测市场行情，孔子称他"臆则屡中"；后人说他"好废举，与时转货赀"。由于他善于经营，故经商致富。后世便称经商为端木生涯。越国大夫范蠡弃官后，"游于江湖"，到齐国经商，后"之陶为朱公"，经商"三致千金"。后世就把经营商业称为陶朱事业。

工商管理政策是统治阶级出于一定的目的，对工商经济进行调控的行动指南，为商业文化的一个重要组成部分。战国时期齐国推行较为放任的工商管理政策，这在相当程度上促进了商品经济的发展。临淄城7万户，"挥汗成雨""举袂成幕"的盛况，当与这种工商管理政策有一定的联系。不过，在当时的历史条件下，私营工商业不加限制地放任发展，就会促使富商大贾大量地分割封建国家和百姓的财富，减少国家的财政收入；同时，其对农民的疯狂盘剥，严重地损害了新兴封建政治的统治基础；另外，经营商业较好的收益，还会诱使农民弃农经商，影响农业经济的正常发展。这些都对兼并战争极为不利。

如果说战国以前的工商管理政策使齐国逐渐走向富强的话，那么，战国时期的工商管理政策，则极大地削弱了齐国的综合国力。与之相反，秦国推行商鞅制定的抑工商政策，即大力发展农业经济，在国家的干预下，有限度地发展商品经济。虽然这种工商管理政策有一定的消极作用，却增强了秦国的综合国力，促使"秦国以富强，其后卒并六国而成帝业"。战国时期齐、秦两国号称东、西二帝，原本都有统一全国的实力。但不同工商管理政策的采用，加之其他因素，便造成了齐衰秦强的局面。这从一个侧面说明商业文化对历史发展进程的重大作用与影响。

战国秦汉时期是齐鲁商人形成经营之道的一个重要时期。他们在长期的商业经营活动中，在继承前人，特别是春秋时期自由商人较为丰富的经商经验的基础上，逐渐形成了一套主要包括预测分析、经营谋略、业务作风等较为完善的经营之道。这些行之有效的经营方法，不仅为"当世"和后世的人们从事商业经营活动提供了参考与指导，还为我国古代商业经营管理理论的初步形成奠定了基础。同时，也构成我国古代商业文化的一个重要组成部分。前面提到的子贡就是一个有较强预测分析能力的商人。范蠡在这方面则表现得更为出色。他不仅预见到市场上商品"贵上极则反贱，贱下极则反贵"的变化趋势，使自己处于有利的位置，还预见到"居天下之中，诸侯四通，货物所交易"的定陶，为经商的好去处。故到此经营，取得了"十九年之中三致千金"的经济效益。商人为取得经营的成功，还需对经营的商品和在经营中形成的各种关系采取一定的计谋策略，予以妥善处理。要关注商品的质量，储藏好货物，即"务完物"，使商品在市场上具有较强的竞争力。

另外，还要针对不同商品的自然属性，加以适当管护，如对易"腐败而食之物勿留"，以免造成损失。对商业经营活动内部关系，要以"能择人"的方式予以解决。良好的业务作风是商业经营活动的保障。其中，吃苦耐劳的精神、热情周到的服务，为商人走向成功铺平了道路。而善于处理主仆关系，会充分调动部下的积极性，上下精诚一致获得经营的成功。刁间就喜欢在商业经营活动中使用奴虏，并大大提高他们的待遇，以致出现了宁做刁氏奴，不为自由民的怪现象。由此，刁间积聚起"数千万"的商业资本。

社会经济，特别是商品经济的发展与繁荣，必会在思想领域有所反映，促使各种经济思想的产生。先秦秦汉时期，齐鲁商品经济的较高发展水平，为经济思想的产生提供了可能，战国诸子百家竞相著书立说，就把这种可能转化为现实。无论是儒家贱利贵义的义利思想、足食足兵的富国思想、轻薄税敛的赋税思想、黜奢崇俭的奢俭思想，还是洋洋洒洒十万言的经济学巨著——《管子》，都为我国古代经济思想的构建做出了重大贡献。对我国经济思想以至我国古代经济本身的发展，起着深远的影响。总之，内涵丰富的齐国商业文化，是中国古代经济文化中的一份宝贵遗产。

二、齐国的经济改革

齐国的经济发展大体可分为西周、春秋和战国三个不同阶段。在第一阶段，姜太公因地制宜，采取"通商工之业，便鱼盐之利"的工商立国政策。从而确定了齐国重工商的主旋律。在第二阶段，随着国土的开拓，国力的强盛，农业由原来立国之初的次要位置一跃成为国民经济的主要部门。管仲实行"四民分业"时，即把农业摆在首要的位置，同时亦重工商，"设轻重鱼盐之利"（《史记·齐太公世家》）。农、工、商业并重的结果，使齐国经济迅速发展，国力日渐强盛，齐桓公遂成为春秋五霸之首。在第三阶段，由重农思想发展为"农本"思想。对于工商业，出现了"禁末"和"抑商"两个分支。"禁末"是控制、禁止"雕文刻镂"之类的奢侈品生产，而不是对一般手工业的控制与禁止；"抑商"是抑制、打击扰乱正常市场经济、祸国殃民的富商大贾囤积居奇、牟取暴利的行为。辩证地看，此不但不是对重工商思想的削弱，反而是对重工商思想的完善和发展。这一时期，齐国的商品经济已有相当发展，其都城临淄为远近闻名的大都会。

姜太公作为两代"帝师"，是位深谋远虑的政治家、战略家，能从实际出发、因势利导，提出切实有效的战略方针。其才能在齐国的建国之策中得到重要体现。姜太公建国之初，针对齐国"地泻卤，少五谷而人民寡"（《汉书·地理志》）的基本国情，"通商工之业，便鱼盐之利"（《史记·齐太公世家》）。在盐碱地制约国家农业发展的情况下，大力发展工商业，发展经济这种务实的政策在姜太公时代就立竿见影，初见成效："人民多归齐。齐为大国。"（《史记·齐太公世家》）在人事任用上"尊贤尚功"，把才能作为人才选拔的唯一依据。齐桓公时，任管仲为相，坚持姜太公实用主义的立国之策，历时四十年就使齐国成为春秋第一霸主。

齐桓公之所以成功在于他执行了一套比姜太公更具有功利色彩的实用主义政策。在管仲治下，不仅继承了太公的"因其俗"，更进一步"从其欲"。《管子·牧民》提出："民恶忧劳，我佚乐之；民恶贫贱，我富贵之；民恶危坠，我存安之；民恶灭绝，我生育之。能佚乐之，则民为之忧劳；能富贵之，则民为之贫贱；能存安之，则民为之危坠；能生育之，则民为之灭绝。"这种以民为本、顺乎人性的务实主义文化，取得了巨大效果。不仅如此，齐国通过对农、工、商的专业化分工，稳定了专业队伍，提高了专业技能，提高了劳动生产率，与当今的经济学观点高度契合。齐国的实用主义文化一脉相承，齐景公时代，晏婴对周礼采取工具主义即实用主义的态度，对齐国有用者，取之，不利者，弃之。而田氏代齐的过程中，田氏采用大斗放粮、小斗收租的办法收买人心，可谓深谙《管子·牧民》之术，把齐文化的实用主义发挥得淋漓尽致。

第三节　齐国发展经济的启示

让人们富裕是保持社会稳定、赢得民心和增强国力的基础和重要保障。齐鲁文化中具有丰富的民本思想。西周分封，首封齐鲁，受封于鲁的周公旦，最早提出"以德配天""敬德保民"思想；孔子继承三代特别是周朝尚德的思想，建立了以"仁"为核心的思想体系。孟子说："诸侯之宝三，土地、人民、政事。"认为人民是当政者最可宝贵的，是天下国家的根本。齐国的姜太公也有丰富的民本思想，提出"爱民""富民"；管仲充分认识到民众力量的强大和可怕，明确提出统治者要有"以百姓为天"的"以人为本"思想。

一、姜子牙的富民政策

姜子牙在开创齐国之初,就强调:"天有时,地有利,能与人共之者,仁也。仁之所在,天下归之。免人之死,解人之难,救人之患,济人之急者,德也。德之所在,天下归之。与人同忧同乐,同好同恶者,义也。义之所在,天下归之。凡人恶死而乐生,好得而归利。能生利者,道也。道之所在,天下归之。"(《六韬·文韬·文师》)意思是说,当政者与人民共享财产,这样天下人就会前来归顺。当政者与百姓同好恶、同忧乐,或者说民之所好好之,民之所恶恶之,以百姓之心为心,天下就人心所向。人民都喜欢德和利,坚持正道,于民有利,就能使人民万众归心。

姜子牙的论述清楚地认识到民众在国家治理中的重要作用和地位,也明确指出了如果能从"仁""义""德""道"四个方面给人民以利益,让他们的生活好一些,那么民众就会归附。他在辅佐文王时,就提出了"爱民"的治国方略。他说:"利尔勿害,成而勿败,生而勿杀,与而勿夺,乐而勿苦,喜而无怒。"(《六韬·文韬·国务》)意思是说,要给百姓实惠而不要伤害百姓,要成就百姓而不要败坏百姓,要让百姓休养生息而不要杀害百姓,要多给予百姓而不要掠夺百姓,要给百姓快乐而不要使他们痛苦,要让百姓喜而不要让他们怒。这样老百姓就能富裕,生活就稳定。

那么,怎么做到这些呢?太公说:"民不失务则利之,农不失时则成之,省刑罚则生之,薄赋敛则与之,俭宫室台榭则乐之,吏清不苛扰则喜之。民失其务则害之,农失其时则败之,无罪而罚则杀之,重赋敛则夺之,多营宫室台榭以疲民力则苦之,吏浊苛扰则怒之。故善为国者,驭民如父母之爱子,如兄之爱弟,见其饥寒则为之忧,见其劳苦则为之悲,赏罚如加诸身,赋敛如取己物,此爱民之道也。"(《六韬·文韬·国务》)让民众各从其业,百姓不失去工作,就能得到利益;不违农时,就是成就百姓;减少刑罚,就是保护百姓;降低赋税,就是给予百姓实惠;少修宫室楼台,百姓就会快乐;吏治清明,减少烦扰,百姓就会欣喜。反之,让百姓失去工作,百姓就会受到损害;耕作违背农时,就是败坏百姓;没有罪却要惩罚,就是虐杀百姓;加重赋税,就是盘剥百姓;征役民力,大造宫殿,就会使百姓疲惫受苦;吏治不清,烦扰百姓,就会使他们愤怒。治理天下就要把老百姓的生死苦乐放在心上,急群众之所急,想群众之所想,解群众之所难,满足民众的利益愿望,群众才会拥戴。

太公封齐后,制定了以"富民"为核心的经济发展方针,并且进行了成功的探索。一方面,他主张大力发展农业、工业和商业,把"大农、大工、大商"看成国家的三大法宝,认为发展这三种产业,必然会使百姓生活富裕、财货丰足,国家安定繁荣。他指出:"农一其乡则谷足,工一其乡则器足,商一其乡则货足。三宝各安其处,民乃不虑。无乱其乡,无乱其族。臣无富于君,都无大于国。六守长则君昌,三宝完则国安。"(《六韬·文韬·六守》)

另一方面,姜太公为了保障民众生活,还采取了一些配套措施。首先,他采取了"因其俗,简其礼"的国策,对齐地百姓习以为常的风俗习惯和礼节给予尊重和保留,使他们能够延续自己的文化传统。其次,在经济发展上,根据齐地近海、不宜农桑的特殊自然环境,因地制宜,提出"通商工之业,便鱼盐之利"的经济发展方针。这样的经济政策,既有利于利用齐地丰富的自然资源发展商工和农业,也符合齐国百姓生产和生活的实际,因此得到了民众的大力支持和拥护,稳定了社会,巩固了政权,人民生活水平也得到了大幅提高。

姜太公的治国方针和经济政策,不仅关系到国家政权的稳定和发展,对安定民众的生活也至关重要。这些明确的治国方略和适宜的经济政策,为齐国的政治、经济、军事、外交的发展奠定了雄厚的思想和物质基础,为齐国在战国七雄时期称霸夺得有利地位和得天独厚的条件。

二、管仲"以人为本"的经济思想

在齐国,继姜太公之后,管子进一步认识了民众力量的强大,明确提出了"以人为本"的"利民""富民""惠民"经济思想。

《管子·霸言》中提出:"夫霸王之所始也,以人为本。本理则国固,本乱则国危。"管子提出"以人为本"的思想,认为人是国家富强的根本,以人为本就是以民为本,要治理好国家不仅要满足人民的需要,使民富足,还有对民施以教化。《管子·五辅》中记载:"得人之道,莫如利之;利之之道,莫如教之以政。"如果统治者能根据实际情况对民众施以教化,就能够使"田畴垦而国邑实,朝廷闲而官府治,公法行而私曲止,仓廪实而囹圄空,贤人进而奸民退……上下和同而有礼义,故处安而动威,战胜而守固"。这样,才能长远地保护民众利益。

管子强调,治国兴邦仅仅有爱民之心是远远不够的,必须有与之相配套的爱民措施,也就是利民。利民要求执政者切实为民众着想,满足人民群众的物资利益需求。他在《管子·版法解》中还指出:"凡众者,爱之则亲,利之则至。是故明君设利以致之,明爱以亲之。徒利而不爱,则众至而不亲;徒爱而不利,则众亲而不至。"对于民众来说,谁爱护他们,他们就会亲近谁;谁为他们谋利,他们就拥护谁。因此,英明的执政者不仅会给民众利益,以获得民众的支持,还会爱护他们,使他们愿意亲近自己。爱民与利民相结合,才能取得良好效果,才能使利民措施着眼全局,真正实现执政为民。

《管子·治国》篇说:"凡治国之道,必先富民。民富则易治,民贫则难治也……民富则安乡重家,安乡重家则敬上畏罪,敬上畏罪则易治也。民贫则危乡轻家,危乡轻家则敢凌上犯禁,凌上犯禁则难治也。故治国常富,而乱国常贫。是以善为国者,必先富民,然后治之。"这里把"民富"和"民贫"作为衡量国家治理是否得当的标准。要治理好一个国家,实现长治久安,"富民"是第一要务,富民和国治在治国过程中具有明确的因果关系。富民是手段,国治是目的,只有富民才能实现国家的大治。"仓廪实则知礼节,衣食足则知荣辱",鲜明地体现了管子的富民主张。怎样富民,管子又提出,"田野充则民财足",就是发展生产,多种经营。《管子·乘马数》还说:"若岁凶旱水泆,民失本,则修宫室台榭,以前无狗后无彘者为庸。故修宫室台榭,非丽其乐也,以平国策也。"意思是说,政府可以采取以工代赈的办法,帮助百姓克服灾荒带来的困难。

三、齐文化经济思想的现代启示

以姜子牙、管子为代表的齐文化,对如何重民、爱民、教民、惠民、利民等问题,都做了比较系统的讨论和说明,对我们当前的新农村建设和推动经济社会发展具有很大的启发意义。传统的民本思想,本质上是通过施民以恩惠来赢得民心,使百姓拥护统治,避免因生计所迫,走投无路,其目的是维护统治的稳固及社会的稳定,所以"为民"只是手段,巩固统治才是目的。这与我们党执政为民、人民当家作主的治国理念是根本不同的。放到今天以人为本的发展观念,实施因地制宜的区域规划、特色发展,实现共同富裕,具有极大借鉴作用。我们对这些民本思想的积极意义取其精华,去其糟粕,可以创造性地进行转化,为我们当前的乡村振兴战略服务。

第一,齐、鲁文化的民本思想,对我们今天坚持以人为本推进乡村经济社会发展具有重大启示意义。坚持以人为本的立场,是实施乡村振兴战略为了谁,依靠谁的根本问题。全面建成小康社会之后,我国要向实现共同富裕的远景目标而奋斗,乡村振兴将是全体人民实现共同富裕的必然要求。实施乡村振兴战略有助于巩固拓展脱贫攻坚成果、提高农业农村的现代化水平,以缓解我国城乡发展不平衡问题,从而扎实推进共同富裕建设。但实施乡村振兴战略面临城乡要素市场壁垒、落后的农村生产配套条件,以及农村民生保障短板等挑战。为了解决这些挑战,我国应该加快城乡要素市场化的改革进程、加强产业融合的集约型村庄建设,坚持改善农村民生、保障农村的公共服务供给。

共同富裕是社会主义的本质要求,从经济发展的维度理解,共同富裕不仅要求整体经济达到一个较高水平,还要求不同群体间的差距得到合理控制与缩小。2019年我国人均国民收入为10410美元,根据世界银行的划分标准,我国已经成为一个中等偏上的中高收入国家。但从我国城乡发展整体情势上看,城乡差距还是较大的。虽然近年来城乡差距有不断缩小的趋势,但是我国城乡区域之间、产业之间的发展不平衡现象仍然十分突出,城乡居民收入差距长期处于高位,农村长期落后于城市的发展格局没有明显变化。在这样的城乡二元体系中,缩小城乡差距将对未来实现共同富裕起着重要的决定作用。党的十九大报告提出,在未来30年时间里,我国要为实现全体人民共同富裕的目标而奋斗,在这样的大背景下,实施乡村振兴,缩小城乡差距,对促进城乡人民共同富裕显然也具有重要意义。

山东作为全国粮食大省,从农业农村整体发展布局上来看,农业现代化水平低会导致农业生产率偏低,农产品不具备国际竞争力,威胁到国家的粮食安全。我国农业农村的发展仍然存在结构性问题,缺乏现代化农业的生产方式,仍然有较多的劳动力在从事小规模的农业经营,农业劳动的收益偏低。农业发展不充分的现象不利于农民的稳定增收,更不利于农产品国际竞争力的提高;农产品市场对政府财政补贴的依赖日益严重。乡村振兴,"产业兴旺"

是重点,实施乡村振兴战略,推动我省乡村经济社会全面发展,对农村地区、农村产业、农民生活的可持续发展都具有重要意义。十九大报告指出,当前我国社会的主要矛盾已经转变为人民日益增长的美好生活需要和不平衡、不充分发展之间的矛盾。城乡差距是我国发展最大的不平衡现象。农村居民收入偏低,农村家庭对教育、人力资本投入的不足,以及基本公共服务的城乡差别对缩小城乡差距都造成了较大挑战,不利于我国实现共同富裕的目标。在这样的背景之下,实施乡村振兴战略,缓解我国长期的城乡发展不平衡问题,对我国中长期扎实推进共同富裕、在本世纪中叶实现共同富裕的目标来说都将发挥重要作用。

齐、鲁文化的民本思想坚持尊重人民、关爱人民的立场,直到今天仍然具有进步意义,对于乡村振兴因地制宜发展多种经济,教育和引导人民发展特色乡村经济,追求共同致富具有重要的借鉴作用。虽然这些民本思想与我们党提出的"以人为本"观念有根本性区别,但它把以人为本看作巩固统治、实现国家富强的根本,其中对人的作用、价值的重视和肯定,对我们深入理解党"以人为本"的执政理念很有帮助。我们促进乡村振兴,从人民群众的根本利益出发谋发展、促发展,不断满足人民群众日益增长的美好生活的需求,切实保障人民群众的经济、政治、文化和生态权益,让发展的成果惠及全体人民。特别是齐、鲁文化包含的对民众进行道德教化的内容,对于我们今天全面建成小康社会、全面理解实现中华民族伟大复兴中国梦的内涵,推进中国特色社会主义先进文化建设,培育和践行社会主义核心价值观以及建设社会主义道德体系,实现社会和人的全面发展,都具有重要意义。

第二,齐、鲁文化的民本思想,对于我们乡村基层治理坚持群众路线、坚持为人民服务的宗旨、坚持执政为民的理念具有重要启发意义。齐、鲁文化强调执政者一定要重民、爱民、利民、富民的民本思想,与我们党的宗旨和信念是契合的,对我们今天建设有中国特色的社会主义现代化强国,贯彻落实科学发展观也具有极其重要的启示作用。我们党始终代表中国先进生产力的发展要求,代表中国先进文化的前进方向,代表中国最广大人民的根本利益。代表人民的根本利益,就是要以人民的利益为出发点和归宿。这就要求我们必须做到立党为公、执政为民。全面认识齐、鲁文化民本思想的积极意义和历史局限性,可以更好地推进乡村建设,实现富民、强村、富镇、富国战略实施。

其一,加强经济社会建设,不断提高人民群众的物质生活水平。这就要求在以人为本发展理念的指导下,大力发展地方经济,实现区域经济的转型升级,增加地方收入,增加人民收入,使地方生产活起来,使人民富起来。与此同时,兼顾社会公平,缩小城乡、阶层差距,防止贫富两极分化,关注弱势群体,保护弱势群体的利益,建立和完善社会保障体系和制度。其二,在执政观念、治国方式等方面进行系统改革,在制度上确保人民真正当家作主的政治权利。为保障人民当家作主,应吸收传统重民思想无制度保障的教训,坚持和完善人民民主专政制度、人民代表大会制度等社会主义基本政治制度。其三,要加强思想道德建设,提高执政者的道德修养,重视执政者的榜样表率作用。如果基层自治或执政者腐败堕落、失德失礼,必然会导致社会风气的败坏。

因此，应该加强各级领导干部特别是基层干部的思想道德建设，使他们能够树立正确的世界观、价值观、人生观和权力观，转变执政理念，消除权力本位意识和特权思想，树立全心全意为人民服务的"公仆"意识。要针对党内的腐败现象和不正之风，加强反腐力度，坚持立党为公、执政为民、清正廉洁、勤政勤为，保持党的先进性和纯洁性，为全社会树立起模范带头作用。

第三，以齐鲁文化推动齐鲁大地乡村经济发展，以儒家文化为核心的中国传统文化、齐鲁文化经过几千年的发展，博大精深、内涵丰富，这些产生于传统农业社会的文化，在历史发展的不同阶段其内容也不断进步发展。从文化自身发展规律来看，一种文化能够生存、能够保持持久的生命力，其必须与社会发展进步的方向一致，否则，就会被社会所淘汰。从推动经济增长和经济发展的角度来看，只有能够推动经济发展的文化，才具有长久的生命力，也才能被广泛接受。中国改革开放以来所取得的成就，创造出的"中国奇迹"，是中国文化自信的基础；东亚和东南亚的许多国家和地区在20世纪60年代到80年代所创造的"东亚奇迹"，推翻了韦伯的儒家文化不利于现代资本主义发展的判断，为儒家文化、齐鲁文化、中国文化国际地位的提升奠定了现实基础。

第五章 "尊贤尚功"与乡村"治理有效"

姜太公封齐后,从其制定的齐国发展的基本方针看,其政策核心在于"富民"。关于如何才能富民,他进行了成功的探索。一方面,他主张大力发展农业、工业和商业,把"大农、大工、大商"看成国家的三大法宝,认为发展这三种产业,必然会使百姓生活富裕,财货丰足,国家就会安定繁荣。另一方面,姜太公在用人上,采取了"尊贤尚功"的方针,国家推举任用有才能的人,根据他们的功绩来评价使用他们。在这种任人唯贤的开放政策下,许多有识之士被齐国招纳,为齐国的发展做出了极大的贡献。

第一节 "尊贤尚功"与选贤任能

回顾五千多年的华夏文明史,中华民族自古以来就有重视人才的优良传统。姜太公在政治上推行"尊贤尚功"的政策。就是选拔有才能的人做官,吸收大批当地东夷土著中的人才加入到齐国统治阶层。齐、鲁文化作为中华文化的重要组成部分,有着丰富的民本思想和独特的用人智慧,这些宝贵的思想智慧为历代政治家思想家所重视,不仅对后世治国方针、价值观念、人文精神产生了深刻影响,而且对今天的人才选拔任用,依然有着较大的参考价值。

一、姜太公"尊贤尚功"

《吕氏春秋》记载:吕太公望封于齐,周公旦封于鲁,二君者甚相善也。相谓曰:"何以治国?"太公望曰:"尊贤尚功。"周公旦曰:"亲亲上恩。"太公望曰:"鲁自此削也。"周公旦曰:"鲁虽削,有齐者亦必非吕氏也。"其后,齐日以大,至于霸,二十四世而田成子有齐国。鲁日以削,三十四世而亡(《吕氏春秋·长见》)。

这段文字,对比了姜太公建齐和周公旦建鲁用人方略的不同:太公选用人才的首要标准是贤能和功绩;而周公选用人才的首要标准则是血缘。后来齐国因"尊贤尚功"日益强盛,至齐桓公时称霸中原,鲁国却日渐衰弱,至鲁顷公时为楚所灭。姜太公"尊贤尚功"的人才政策在齐国的发展壮大中起到了至关重要的作用。那么,这一用人方略究竟是如何实施的呢？对此，姜太公在《六韬》中做了详尽的论述。

选拔人才首先要明确人才的具体标准是什么？即具备何种品质才能称为人才？在《六韬·文韬·六守》篇中，太公提出了鉴别人才的六个标准，即"六守"："一曰仁，二曰义，三曰忠，四曰信，五曰勇，六曰谋，是谓六守……富之而观其无犯，贵之而观其无骄，付之而观其无专，使之而观其无隐，危之而观其无恐，事之而观其无穷。富之而不犯者，仁也。贵之而不骄者，义也。付之而不专者，忠也。使之而不隐者，信也。危之而不恐者，勇也。事之而不穷者，谋也。"

太公认为，仁、义、忠、信、勇、谋是人才需要具备的六种品质，也就是选用人才时应遵循的六个标准。在他看来，富有时仍不违法犯罪才能算是"仁"，尊贵时不骄纵才算是真正的"义"，托付大任时不逃避才算是"忠"，行事时毫无欺瞒才算是真正的"信"，临危不惧才算是"勇"，遇到如何事情都不会束手无策才算是真正的"谋"。怎样判断一个人是否具有这样的品质呢？

对此，太公提出了"八征"之法，说"知之有八征：一曰问之以言，以观其辞；二曰穷之以辞，以观其变；三曰与之间谋，以观其诚；四曰明白显问，以观其德；五曰使之以财，以观其廉；六曰试之以色，以观其贞；七曰告之以难，以观其勇；八曰醉之以酒，以观其态。八征皆备，则贤、不肖别也"。

"八征"之法是识别一个人是否为贤人的八种方法，主要包括八个方面：一是直接提出问题，看他如何作答；二是追根究底，看他如何应变；三是暗中观察他，看他是否真诚；四是明知故问，以此考察他的德行；五是用金钱贿赂他，看他是否廉洁；六是用美色考验他，看他是否忠贞；七是将困难呈现给他，看他是否勇敢；八是用酒灌醉他，看他是否保持常态。如果能经受这八种考验，那么就可以称为德才兼备的贤能之士。

除了根据人品和德行来判断一个人是否贤能，还可以从反面来观察他是否有与贤者不相符的行为，以此来判定他是否贤能。《六韬·龙韬·论将》说："所谓十过者，有勇而轻死者，有急而心速者，有贪而好利者，有仁而不忍人者，有智而心怯者，有信而喜信人者，有廉洁而不爱人者，有智而心缓者，有刚毅而自用者，有懦弱而喜任人者。"这"十过"是作为人才不应该犯的十种过错，勇敢却轻于赴死，急躁却急于求成，贪婪而好谋私利，仁慈而姑息小人，机智却胆小，诚信却轻信他人，廉洁却无爱人之心，足智多谋却优柔寡断，坚毅却刚愎自用，懦弱却依赖他人。十过犯其一者，可以考虑试用；十过多有犯者，应谨慎选用或不予任用；十过皆犯者，则绝不可用。

如何才能做到人尽其才呢？那就是与人才共同分享利益。这是领导者调动人才积极性的基础。有了共同的感情基础，人才受到尊重，才会施展自己的才华。要使人才尽其所能，除了共同的感情基础和事业追求，还需要一套完备的人才管理机制。太公从名实、待遇、赏罚等方面做了制度设计。《六韬·文韬·举贤》曰："将相分职，而各以官名举人，按名督实。选才考能，令实当其名，名当其实，则得举贤之道矣。"从这里可以看出，太公主张选拔人才应当按照其所具备的才能给予相应的职位,以达到名实相副的效果。就赏罚而言,太公认为,赏罚是治国理政必不可少的重要手段,强调"凡用赏者贵信,用罚者贵必"。奖赏贵在讲信用,该赏的一定赏,这叫"信赏";处罚贵在言出必行,该处罚的绝不姑息,这叫"必罚"。遵循"信赏必罚"的原则,一定要按照事前制定的标准执行,才能收到赏一劝百、罚一儆尤的效果。

姜太公"尊贤尚功"的"贤者"是仁、义、忠、信、勇、谋等六种品质的人才,"功"就是功业、功德。齐国后世君主也多沿用"尊贤尚功"的用人策略,广招天下贤能,强国称霸,齐国终成泱泱大国。

二、管仲"选贤任能"

齐桓公时,管仲为相,管仲继承发展了太公思想,坚持实用主义的立国之策。不仅继承了太公的"因其俗",更进一步"从其欲",进行了一系列改革,在用人制度上,管仲坚持"选贤任能",大胆起用德才兼备之人,打破了任人唯亲的社会樊篱。

(一)"选贤与能"

"选贤与能"出自《礼记·礼运》:"大道之行也,天下为公,选贤与能,讲信修睦。""与"通"举","选贤与能"亦作"选贤举能",即选举贤能之人。

中国自上古时期便已经开始了选贤的实践。夏商周三代之前,帝位继承实行禅让制,推选继承人的过程就是在选贤举能。《史记》记载,尧帝在他在位七十年时,希望从四方的诸侯中选出继任者,但大家都以德行浅陋而推辞。尧帝则命大家举荐贤德之人,不论其出身高贵贫寒。大家都一致推举了舜。舜当时地位低微,但德行高尚,是一位至孝之子。他的父亲不遵德义,母亲不讲忠信,弟弟狂傲无理,但是舜都能用孝顺友爱之心与他们和睦共处,使他们上进,而不至于发展到奸恶的程度。舜被举荐出来之后,尧帝没有立刻让位,而是对他经过了细致的考察。尧将自己的两个女儿嫁给舜,以此来考察他齐家的能力;让自己的九个儿子和舜交朋友,观察他为人处世的能力。结果,尧的两个女儿不敢以骄慢自居,九个儿子都更加忠厚谨敬。尧又命舜处理政务,考察其教化百姓、统领百官、政事、外交、祭祀等能力。最后,又考察舜的生存能力,在山林川泽中遇到暴风雷雨,舜从不迷失方向。三年的考察,可谓历试诸难。在舜的带领下,民皆德化、百事振兴、诸侯和睦、风调雨顺。舜以优异的政绩在民众中赢得了广泛的信任和拥戴。尧这才将帝位禅让给了舜。

党的十九大报告明确指出,"人才是实现民族振兴、赢得国际竞争主动的战略资源。要坚持党管人才原则,聚天下英才而用之,加快建设人才强国。要实行更加积极、更加开放、更加有效的人才政策,以识才的慧眼、爱才的诚意、用才的胆识、容才的雅量、聚才的良方,把党内和党外、国内和国外各方面优秀人才集聚到党和人民的伟大奋斗中来"。中国的历史是一部圣贤文化传承的历史,中国的传统政治也被称为圣贤政治。圣贤政治的一个突出特征就是"选贤举能""任人唯贤"。自上古起,中国人就开始了选贤举能的实践,而且从未中断贤能治国的探索，这些选贤任能的理论和实践使中国历代涌现出大批优秀人才，成就了一个又一个太平盛世，推动了中华文明的传承和发展，为上下五千年的辉煌做出了不可磨灭的贡献。这些选贤任能的理论和实践，至今仍然深具借鉴意义。

（二）任贤的重要性

"得贤者则安昌，失之者则危亡"是不变的历史规律。一个国家的臣子，上承君主，下接百姓，是国家运转的枢纽。枢纽运转不畅，甚至失去了枢纽，那么上政不能下达，下情不能上启，内政无人主持，外交不能落实。即使典籍中详细记载有古圣贤王的治国方略，但如果没有贤德之人来推行，国家政事也依然得不到治理。因此，治国理政中的首要之事是选贤任能。

任贤的道理显而易见，但囿于制度的局限及为政者的好恶等因素影响，任人唯贤往往会被任人唯亲、任人唯利取代。《墨子》中对此有一生动比喻：王公贵族们对于修理坏弓、医治病马、剪裁衣料、屠宰牛羊，尚知道选用良匠、兽医、裁缝和屠夫，纵然自己有骨肉至亲，也不会让他们来做，就是唯恐任人不当损坏了财物。然而，当治理国家时，他们却不假思索地任人唯亲，任人唯利，甚至以貌取人。可见，这些王公大人对国家的热爱和重视还不及这些财物，这就是在小事上明白要选贤任能，在大事上却不明白啊。其实，这种现象无论在古代还是当代，都屡见不鲜。

管仲，作为成就齐桓公春秋霸业的一代名相，在《立政》中提出："君之所审者三：一曰德不当其位，二曰功不当其禄，三曰能不当其官。此三本者，治乱之原也，故国有德义未明于朝者，则不可加以尊位；功力未见于国者，则不可授予重禄；临事不信于民者，则不可使任大官。"在他看来，任用一个人一定要考察其德行、政绩和能力，赋予他的地位与权力必须与其德行相称；给予他的报酬待遇必须与其功绩相称；授予他的官职和头衔必须与其能力相称。此"三本"就是管仲倡导的用人三项基本尺度。这样选贤任能的人才观，在今天，同样具有重要的参考价值。

"得人者兴，失人者崩"，人才对于组织的重要，已毋庸置疑，但如何选贤任能，却是一门至深的学问。人对了，事就对了，而人错了，则会带来大麻烦，尤其是高位与关键核心岗位。

第二节 乡村"治理有效"

乡村社会治理是国家治理的重要一部分，推进乡村振兴必须切实推进乡村治理，只有乡村治理能力得到提升，乡村振兴才能说"有了效果"。推进乡村治理能力提升，关键是要健全现代乡村治理体系，只有治理体系得到完善，治理能力和治理成效才会体现出来。

基层群众自治制度是我国的一项基本政治制度，是社会主义民主政治建设的基础和重要组成部分。基层群众自治制度是党领导人民群众在城乡社区治理、基层公共事务和公益事业中依法自我管理、自我服务、自我教育、自我监督，推动基层直接民主的新创造、新实践。城市的居民委员会协调会制度、听证会制度、评议会制度、居民来访制度、居委会报告制度等，农村的村民委员会选举、村民会议和代表会议、村民民主管理和民主监督等方式方法，充分保障基层群众享有更多、更切实的民主权利。

一、坚持在发展中改善民生

坚持在发展中改善民生是党中央十分关心的问题。习近平总书记强调，抓民生就是在抓发展。持续不断增进民生福祉，能够有效解决广大人民群众后顾之忧，这样既能调动人民发展生产的积极性，又可以提升社会消费预期，扩大内需，催生新的经济增长点，实现民生与发展的有效对接、良性循环、相得益彰（《习近平关于社会主义社会建设论述摘编》，中央文献出版社2017年版，第13页）。在发展中改善民生，就是要根据经济发展和财力状况逐步提高人民生活水平，让群众得到看得见、摸得着的实惠。改善民生不能脱离国情，要从解决好人民群众普遍关心的突出问题入手，想群众之所想、急群众之所急、解群众之所困，做好普惠性、基础性、兜底性民生建设，一件事情接着一件事情办，一年接着一年干，锲而不舍向前走，在事关基本民生的关键领域持续取得新进展。

在发展中保障和改善民生，就是要多谋民生之利、多解民生之忧，在发展中补齐民生短板、促进社会公平正义，抓住人民最关心最直接最现实的利益问题，在幼有所育、学有所教、劳有所得、病有所医、老有所养、住有所居、弱有所扶等方面不断取得新进展，不断满足人民日益增长的美好生活需要。

第一，建设高质量教育体系。百年大计，教育为本，乡村振兴，也是如此。建设教育强国是民族复兴的基础工程。优先发展教育事业，统筹城乡教育一体发展，办好人民满意的教育，是乡村振兴战略中的重中之重。全面贯彻党的教育方针，落实立德树人根本任务，发展素质教育，推进教育公平，培养德智体美劳全面发展的社会主义建设者和接班人，造就数以万亿计的乡村建设人才，是社会主义新农村建设的强大生力军。

《中共中央、国务院关于实施乡村振兴战略的意见》强调，优先发展农村教育事业，高度重视发展农村义务教育，推动建立以城带乡、整体推进、城乡一体、均衡发展的义务教育发展机制，把农村需要的人群纳入特殊教育体系。党的十九大提出，新时代社会主要矛盾的转化，即我国社会主要矛盾已经转化为人民日益增长的美好生活需要和不平衡不充分的发展之间的矛盾。城乡发展的巨大差距，正是经济社会发展不平衡的体现。相较城市而言，乡村的各个领域均存在着发展不充分的现实问题。在教育领域，城乡差别巨大。特别是乡村教育日渐凋零，生源大量外流，师资队伍不强，教育质量不高。这一系列问题需要政策的支持、改革的推进。

"百年大计，教育为本。"教育是最大的民生。乡村经济社会发展的核心要素是人，是乡村劳动力的整体素质。提高乡村劳动力人口的整体素质,必须通过教育来完成。因而,只有优先发展农村教育事业,加大教育资源对农村区域的扶持与倾斜,才能为农村提供人力资源支持与保障,才能切实解决乡村发展后劲不足的现实问题。优先发展农村教育事业,是教育领域补短板、夯基础的奠基性工程。相较于城市教育而言,乡村学校规模较小、条件较差、生源较少、师资不足,无论硬件设施还是教育教学质量都不能与城区学校媲美。只有发展农村教育事业,才能抬高教育谷底,提升区域教育整体实力,实现教育的现代化,并以教育的现代化提升区域人口受教育的程度与质量。要解决乡村教育的根本问题,我们必须做到两点:一是加大财政的投入力度,着力改善乡村学校的办学条件,提高乡村学校的办学水平,让乡村的孩子能够享用一流的教育教学设备,在最美丽的校园里读书学习;二是切实加强乡村教师队伍建设,采取政策倾斜、待遇补助、专业引领等多种方式,让乡村教师能够"下得去、留得住、教得好",能够吸引更多的优秀教师到乡村学校任教,实现自己的教育理想。

第二,实施就业优先战略。就业是人民生存的经济基础和基本保障,是最大的民生工程、民心工程、根基工程。健全有利于更充分更高质量就业的促进机制,扩大就业容量,提升就业质量,缓解结构性就业矛盾。

当前,我国的经济发展取得了瞩目的成果,乡村振兴战略规划也在逐步实施,而乡村振兴战略规划是我国建设现代化经济体系的重要基础,同时也是实现全体人民共同富裕的必然选择。现在的农村如何实现高质量的发展,问题在于人。乡村如何振兴?人力资源和就业问题是关键。首先是因为现在的农村就业机会少,村民都是外出务工,留在农村种地的人越来越少,而农村就业机会实在太少,又根本就留不住人。人才缺失引发了一系列问题,可以看出,乡村要全面振兴,人才和就业是关键问题,只有留住人,那么支撑乡村事业发展就有了基础。当然,为了实现乡村全面振兴,这两年来我国也出台了很多措施,为了留住农村的人才,我国也实施了人才振兴战略,并鼓励外出的农民工、大学生、致富能手返乡创业就业,与此同时还提出许多扶持措施,在创业方面给予资金支持,就业方面鼓励农民入股合作社,抱团发展等等。

但从目前的情况来看,乡村振兴还有很长的一段路要走,也有很多硬任务需要啃下。比如,近几年来农业规模化、集约化发展已经形成,接下来也会朝着信息化、高产化、创新化的方向发展,这个新变化是以后农业发展的一个大趋势。再比如,互联网和农业融合发展是不可避免的,农民需要通过大量的信息来了解农产品的价格走向,这样才能方便自己种植。另外,全力发展电商不仅能促进农产品销售,还能给农村带来不少就业机会。所以,未来的农村,农业信息化、网络化发展会成为下一个新的发展趋势。现如今,随着人口不断流失,种地的人越来越好了,我国为了改善这些问题,现在也在大力培育新型职业农民支撑农业发展,如果按照现在的情况来看,以后的农村,种地农民被"职业化"也是不可避免的趋势。目前,各地农村尤其是西部内陆地区农村最大问题就是撂荒地无人耕种,年轻人外出务工挣钱,导致农村"空心化"越来越严重,土地闲置的情况越来越普遍。其根源就在于农村无法充分解决就业问题,仅仅靠家里一亩三分地,耕种水稻、玉米,除开种子、化肥、农药钱,能留下的所剩无几,年轻人不得不外出务工解决生存问题。所以,要推动乡村振兴,就必须解决缺人的问题,解决缺人的问题就必须解决就业的问题。

第三,优化收入分配结构。收入分配是民生之源,是改善民生、实现发展成果由人民共享是最重要最直接的方式。坚持按劳分配为主体、多种分配方式并存,提高劳动报酬在初次分配中的比重,完善再分配机制。坚持居民收入增长和经济增长基本同步、劳动报酬提高和劳动生产率提高基本同步,持续提高低收入群体收入,扩大中等收入群体,更加积极有为地促进共同富裕。

第四,健全多层次社会保障体系。社会保障发挥着社会稳定器作用。坚持"应保尽保"原则,按照兜底线、织密网、建机制的要求,改革完善社会保险制度,优化社会救助和慈善制度,健全退役军人工作体系和保障制度,加快健全覆盖全民、统筹城乡、公平统一、可持续的多层次社会保障体系。

第五,全面推进健康中国建设。人民健康长寿是民族昌盛和国家富强的重要标志。把保障人民健康放在优先发展的战略位置,坚持预防为主的方针,深入实施健康中国行动,建设体育强国,完善国民健康促进政策,织牢国家公共卫生防护网,为人民提供全方位全生命期健康服务。

二、选好乡村带头人

党的十九大报告提出,健全自治、法治、德治相结合的乡村治理体系。这是在乡村治理方面提出的新要求。建设"三治结合"的乡村治理体系,既是在全面推进依法治国进程中加强基层民主法制建设的题中应有之义,也是乡村经济社会发展的必然要求,更是推进国家治理体系和治理能力现代化的重要方面。健全乡村治理体系既要传承发展我国农耕文明中的优秀传统,形成文明乡风、良好家风、淳朴民风,又要建立健全党委领导、政府负责、社会协同、公众参与、法制保障的现代乡村社会治理体制,走中国特色社会主义乡村振兴道路,让农业成为有奔头的产业,让农民成为有吸引力的职业,让农村成为安居乐业的美丽家园。

一是选出出于公心的一班人,增强村民自治的自我管理、自我服务功能。村民自治制度是中国特色社会主义民主政治的重要组成部分。目前,我国超过98%的村都制定或修订了村规民约和村民自治章程。村民自治在体现村民意志、保障村民权益、激发农村活力等方面具有重要作用。应通过引导农村基层组织、社会组织和村民个人有序参与农村发展事务,进一步提升农民群众自我管理、自我服务水平。村民自治不是放任不管,而应发挥农村基层党组织的领导核心作用,推进村务公开,发挥社会各类人才、新乡贤等群体在乡村治理中的作用(湖南省某市遴选已经考察了"乡贤反哺")。厘清农村基层自治组织职责,对符合条件的公益类农村社会服务组织给予政策、技术、资金等方面的支持。要实现农村振兴,是广大党员干部的事,是广大村民的事,光有一两个人是不够的,要有一大批人才出主意想办法。打仗光凭一个人是不够的,要有千军万马,实现治理有效是一个系统工程,仅有一个方面的人才是不够的,政治、经济、文化、贸易、法律、生产加工、农业科技,所有方面都要有能人。要有一批德才兼备的农村致富带头人。

二是选出有能力的人,提升乡村治理法治化水平。应大力运用法治方式和法治手段解决农村改革发展稳定中遇到的问题。有能力就是真正有本事,懂得经营,懂得管理,能带领大家共同致富。这种人能够正确认识自己,知道有什么才,能干什么,哪一方面不如别人,需要他人帮忙,并且能和大伙搭好班子。加强农村法制建设,推进平安乡镇、平安村庄建设,开展突出治安问题专项整治,引导广大农民群众自觉守法用法,用法律维护自身权益。建立基本公共法律服务体系,为农民群众提供优质高效的法律服务。处理好农村中软法与国家法律法规之间的关系,系统梳理和修改完善有关规章制度和行为准则,特别是结合经济转型升级、生态环境整治、实施乡村振兴战略等工作,指导修订村规民约,切实引导广大农民群众的日常行为。县、乡党委政府及有关部门应带头尊法学法守法用法,依法加强对村务治理的指导、对农村各类问题的预防和监管,让广大农民群众感受法律力量、认知法律尊严、增强法律信仰。

三是选出有责任心的人,发挥德治在农村社会治理中的基础作用。培育良好村风民风、加强和改善乡村治理,德治具有基础性作用。有责任心,就是不能时时刻刻想着个人利益和家庭利益,要管好自己的事,更要管好大家的事,对集体负责,做好自己的本职工作,为建设有治理能力的农村领导班子奠定良好的思想道德基础。应进一步在广大农村培育弘扬社会主义核心价值观,增强集体意识、法治精神和民主氛围。注重以文化人,实施文化惠民工程,繁荣群众精神文化生活,建立道德讲堂、文化主题公园、文化礼堂等阵地,引导人们讲道德、守道德。开展"道德模范""最美家庭"等评选活动,发挥身边榜样示范带动作用,发挥乡贤道德感召力量,促进农村社会和谐稳定,涵养守望相助、崇德向善的文明乡风。持续推进农村精神文明建设,弘扬中华优秀传统文化和文明风尚,依托村规民约等褒扬善行义举、贬斥失德失范,推进乡村移风易俗,唱响主旋律,育成新风尚。

"大学生村官"计划,是选好农村基层建设带头人的重要举措之一。《2012中国大学生村官发展报告》显示,从2008年中央启动"一村一名大学生村官"计划至今,全国累计有200多万高校毕业生报名应聘。2011年后,全国在岗大学生村官数量超过21万人,到2015年,中国大学生村官数量将达到40万人、覆盖2/3的行政村,到2020年将达到60万人。大学生村官计划实施以来,在改善农村干部队伍结构、增强农村基层组织生机活力等方面均取得了显著成效。

大学生村官作为新农村建设的新一代参与者,新思想、新技术的传播者,农民增收创收的带领者,在乡村振兴战略实施过程中自始至终都发挥着重要作用。"大学生村官"制度优化了农村基层干部的年龄和知识结构,提高了基层农村的群众自治能力和村两委执政能力,推进了基层组织民主建设,充实了农村组织建设的人才队伍,既有利于改善农村领导班子,加强农村自治能力，又有利于推动广大农村的科学技术的普及与发展。

三、完善乡村治理体系

完善乡村治理体系，要聚焦现代化，在体制机制上寻求突破。事实证明，乡村振兴不能只是体现在财富的积累，更多是要让乡村人民群众生活得更加舒适，幸福感、获得感不断得到提升。要实现这一目标，就要坚持制度化、体系化建设，着力建立健全适应新时代的乡村社会治理体制，如果没有现代化作为支撑点，乡村振兴就难以达到治理有效的目的。要充分看到，治理有效是一个比较宽泛的概念，其核心要义是乡村社会充满活力、和谐有序，这离不开基层党组织的坚强领导，这一点必不可少，必须不断提升基层党组织的组织力和政治功能，构建科学合理的制度机制作为坚实保障。

完善乡村治理体系，要聚焦大众化，在群众参与上寻求突破。乡村振兴说到底是为人民群众服务的一种形式，是中国特色社会主义制度的优越性所在。推动乡村振兴必须坚持人民主体地位，调动广大乡村人民参与乡村治理的积极性、创造性，着力完善村民代表会议、村务公开、村规民约等制度，让人民群众在乡村治理中发挥主动权，真正体现群众自治的制度优势。要优化管理体系和方式，党组织要自觉接受人民群众监督，推进乡村振兴各项决策部署民主化，让人民群众真正有捍卫个人利益的话语权，促进村民自我管理、自我教育、自我服务。

乡村振兴，是为了让人民群众更好地当家作主。要凸显人民主体地位，不能本末倒置。治理有效，就是让生活富裕不会成为精神的枷锁，让摆脱贫困不再是遥不可及的梦想。只要广大乡村人民群众敢想敢干，坚定团结在乡村党组织的坚强领导下，就一定能找到推进乡村振兴的科学方法，就一定能把自己的家乡建设得更加美好，形成崇德向善、见贤思齐的良好风尚，真正实现治理有效。

新时代乡村治理的有效的途径和方法：

第一，发扬乡村自治传统。我国具有悠久的农耕文明和乡村自治传统，在村落里人们使用共同的资源，维护共同的环境和秩序，逐渐形成了共同的信仰和行为规范，也就有了"德业相劝，过失相规，礼俗相交，患难相恤"的乡村治理传统。随着乡村生产与生活方式的变化，人口结构和社会结构的变化，以及人们民主观念和法治意识的增强，传统乡村治理需要与时俱进。为适应乡村治理新要求，广大乡村创造了许多有效的治理经验，如培养农民的主体性，通过农民自己制定"村规民约"实现自我约束、自我管理，维护村民共同利益，解决了许多乡村长期以来难以解决的问题；乡村建设中的"一事一议"促进村民参与能力；设立"说事评理中心"，让农民自己通过辩论明辨是非；设立乡村调解员，逐渐形成矛盾化解机制；构建新的村落共同体，发挥村民互助功能。都是在新的情况下，发扬自治传统的创新之举。

第二，弘扬乡村德治文化。乡村是以熟人社会为基础的人情社会，人情与道德、习俗和文化娱乐融为一体，构成完善的德治体系。我国乡村的"德治"资源非常丰富，从注重个人品德修养，到家庭美德、乡村公德的培养，从节日习俗礼仪到乡村文化娱乐活动，形成一套不成文的但具有潜移默化的教化制度。丰富的德治资源在新的社会环境下发扬光大,往往可以对乡村治理发挥事半功倍的作用,如有的地方通过整理家训、家规,开展"优秀家训、家规进万家"活动,促进了家庭和睦,净化社会风气;有的开展"德孝文化"五进活动,即德孝文化进家庭、进学校、进机关、进农村、进街道,促进了和谐社会建设;有的通过设立"道德讲堂"或文化礼堂建设,建立"好人档案""功德银行"等,提升村民精神文明素质;有的通过国学教育,恢复尊老爱幼、诚实守信的优秀品质;有的通过树立道德模范、评选星级家庭和好婆婆、好媳妇以及设立"道德法庭"等活动,推动乡村文明的建设,引导人们提升道德修养与精神境界,营造风清气正的淳朴乡风。特别是"乡贤文化"的兴起,为乡村治理提供了新的动力。乡贤多是乡村中走出去的教师、干部、企业家、商人及族姓威望之人,不仅有知识、能力,也有改变家乡面貌的情怀,他们退休后荣归故里,在乡村政治、经济、文化、道德建设等方面具有十分显著的示范和带动作用,应该成为乡村德治的重要力量。

第三,创新乡村治理机制。乡村自治和德治都存在一定程度的局限,需要通过乡村治理机制创新来规范,特别是法治对解决基层民主建设滞后问题、维护农民利益和平等,具有不可替代作用。如何把村民自治、德治纳入法治轨道,是构建乡村治理体系的重要内容。近些年,通过"4+2"工作法等经验的推广,把村民自治程序化、制度化,保障农民的参与权利和民主权利;设立"村民监督委员会",赋予农民监督权力;有的地区设立"村级事务代办员"制度,方便农民办事,密切干群关系;也有的通过乡村治理单位下沉到村民组,发挥基层组织作用,强化了自治能力;设立村民调解组织,及时化解矛盾;设立村社一体的合作组织,恢复村落共同体文化,使互助传统得以恢复;实行"网格化管理、组团式服务",成立乡村民情工作中心等。通过这些机制创新实现了乡村治理各种措施的制度化、程序化和法治化。

健全自治、法治、德治相结合的乡村治理体系。自治是基础。民主选举、民主决策、民主管理、民主监督的乡村自治制度为乡村治理提供了基本框架,规定了乡村治理的具体形式和载体。德治是乡村治理的有效途径,也是乡村治理的灵魂所在。纷繁复杂的乡村问题,如果不从提高人的道德修养、强化道德自律等根本方面入手,其治理成效十分有限。法治为调节社会利益关系提供了基本准则,是乡村有效治理的重要保障。乡村治理体系,是要把自治、德治通过法治进行规范、确立制度和机制。未来的乡村治理需要克服两个倾向:一是在认识上,不能把乡村治理单纯理解为秩序稳定、社会安定,而是要作为乡村振兴的重要方面来体现,是人民对美好生活需要的重要内容,体现人们对当家作主权利诉求以及对和谐社会环境的向往。二是在乡村治理途径上,要克服"为民做主"的倾向,不能想当然地安排或干涉老百姓的生产和生活。这就需要了解乡村基本特点,懂得乡村社会文化结构和基本功能,理解村民真实生活需要,更要清楚乡村治理文化的要素和载体。这个载体就是村落以及与村落有关的社会结构。

第二部分 富民篇

齐、鲁文化作为先秦文化的重要源头，涌现出吕尚、管仲、晏婴、孔子、墨子、孟子、荀子等先圣先贤，他们在政治、经济、文化等方面做出了卓著贡献，仅就"富民"思想而言，齐鲁先贤的不少思想主张今天看来仍有很好的启示或借鉴意义。

治国之要，首在富民。齐鲁先贤，不论孔子、墨子，还是管子、晏子等，都秉承了《尚书》"民为邦本"的民本思想，从而对古代的国家治理思想产生了深远影响。如《管子·治国》曰："凡治国之道，必先富民。民富则易治也，民贫则难治也。"管子认为，治国之要，首在使民众富裕，民众富裕就易于治理，否则难以驾驭。因此治理得好的国家往往是比较富足的，社会政治混乱之国常常与贫穷相伴。在管仲看来，道德水平与经济水平相辅相成，经济水平高了，道德水准自然而然会提高，正所谓"仓廪实而知礼节，衣食足而知荣辱"，从而形成了先富足而后方可教化的思想。孔子亦是如此，《论语·颜渊》载："子贡问政。子曰：'足食，足兵，民信之矣。'"由此可见，孔子把"足食"放在首位，认为为政为官者，应首先考虑民众的生活问题，只有生活富足了，才能对其进行礼仪教化，社会才能进步。因此，《论语·子路》曰："子适卫，冉有仆。子曰：'庶矣哉！'冉有曰：'既庶矣，又何加焉？'曰：'富之。'曰：'既富矣，又何加焉？'曰：'教之。'"由此可知，管子、孔子主张民众先富而后礼、后教的思想和具体做法，与《尚书》"民为邦本，本固邦宁"思想一脉相承，并且逐步形成了先秦时期延续不断的重民思想传统。

第一章 孟子的"和谐"生态理念与园圃经济思想

孟子的和谐生态理念的核心命题是"仁民爱物"，把"仁民"与"爱物"联系在一起来审视人与自然的关系。孟子认为，人们对待万物应采取友善爱护的态度，天地万物是人类赖以生存的物质基础，保护环境、保护自然，就是保护人类。孟子的生态和谐思想对人类的生存和发展有着重要的历史启示。

第一节 孟子"仁民爱物"的和谐政治理想

先秦儒家思想是中华传统文化的精髓，是华夏历史文明传承创新的不竭动力源泉，在我国全面建成小康社会伟大历史征程中具有重要地位，其中，孟子生态保护思想是先秦儒家思想重要组成部分。孟子生态保护思想的产生有其深刻的背景，其思想博大精深，其理论基础是

"天人合一"思想,即"天道"与"人道"相互依存,相辅相成,是一个和谐统一体。孟子"天人合一"思想的内容主要包括人与自然和谐共生、敬畏自然、取物有节等三个方面。其中所蕴含的现实意义,为我们今天构建"创新、协调、绿色、开放、共享"生态文明社会提供了有益借鉴。

一、仁民爱物

孟子继承了孔子以"仁"为本的思想,并将之推为诸道德原则之首。他不但在伦理观对"仁"有进一步的规定和阐发,而且用以勾勒出一个系统的实现理想社会的方案——仁政。他认为,"仁"的实质是以孝敬父母为主的血缘亲情,其向非血缘的人际关系推行,则体现为由亲推疏、由近推远的"恕"道,又称为"推恩"。他说:"仁者以其所爱,爱其所不爱。"(《孟子·尽心下》)即用爱护自己亲人的感情、态度去博爱不是自己亲人的人。具体说,就是"老吾老以及人之老,幼吾幼以及人之幼"(《孟子·梁惠王上》),"举斯心(爱亲人之心)加诸彼而已"(《孟子·梁惠王上》)。这种推爱方式,既是行仁的基本方式,又是达到仁的最好途径。"亲亲而仁民,仁民而爱物"将"仁"推为行仁政的心理基础和统治精神。他说:"先王有不忍人之心(仁心),斯有不忍人之政(仁政)矣。"(《孟子·公孙丑上》)即实现仁政的心理基础在于固有的仁爱本心。统治者应该自觉地将这种仁心作为统治精神,以由亲推疏的"推恩"方式扩充到百姓中去,使之成为贯穿于各种社会措施中的政治原则。"乐民之乐者……忧民之忧者"(《孟子·梁惠王下》),统治者要与百姓同忧同乐,并使百姓有稳定的"恒产",民生富足,在此基础上推行道德教化。

孟子"仁民爱物"思想还体现在他对鱼肉百姓的统治者和兼并战争的激烈抨击。他指出,如果统治者"庖有肥肉,厩有肥马",而辖境内却"民有饥色,野有饿莩",那就是"率兽而食人也",不配"为民父母"。而那些只顾自己奢侈淫逸,"使斯民饥而死"的统治者,就更是罪大恶极了。这里不仅是仁民爱物了,更包含了肯定人的尊严,珍惜人民生命价值的人道主义精神。

孟子对当时的兼并战争深恶痛绝,他痛斥道:"争地以战,杀人盈野;争城以战,杀人盈城。此所谓率土地而食人肉,罪不容死。"(《孟子·离娄上》)可见其愤慨之深。孟子不可能超越时代和认识水平的局限而理解当时兼并战争的历史进步意义,不懂这种战争的巨大代价是新旧社会形态的变革而必须付出的。然而他却清楚看到了战争的直接受害者主要是广大的下层民众,是千千万万个劳苦大众失去了生命,也清楚地看到发动战争的人那种贪婪自私的本性。

二、"制民之产"和均平赋税,保护工商业

《孟子·尽心上》说:"君子之于物也,爱之而弗仁;于民也,仁之而弗亲。亲亲而仁民,仁民而爱物。"孟子将孔子仁爱的范围从"亲"推广到"民",又扩大到"爱物"的领域。"仁"是爱人,但五谷禽兽之类,皆可以养人,故"爱"育之,这是"仁民爱物"。为此,他还提出"制民之产"、均平赋税、保护工商业的主张。

"制民之产"，使民有"恒产"，就是订立制度，使民众有固定的财产。他认为民众有"恒产"，才能有"恒心"，才会安居乐业，有礼仪。对于"恒产"的要求，他认为起码应当使耕民可以养活父母妻子，丰收年景全家能温饱，灾祸年岁免于家破人亡。具体地说，要使各家有"五亩之宅"，要"勿夺农时"，树桑耕田，饲养家禽，保证老者衣帛食肉，黎民不饥不寒。

为使这一设想实现，孟子提出均平赋税，减轻民众的负担。战国时期，各国间战争频繁，统治者淫奢无度，各种赋税名目繁多，百姓负担极重。《孟子·梁惠王上》说："庖有肥肉，厩有肥马，民有饥色，野有饿莩。"孟子说这是"率兽以食人"，是吃人的制度。他反对这种贪得无厌、竭泽而渔的榨取方式，提出要"取于民有制"，即榨取要有限度。他提出"请野九一而助，国中什一使自赋"（《孟子·滕文公上》）的主张，要求建立固定税法，呼吁统治者取民有制，尽量减轻民众的负担，有利于大众生存。孟子还反对各自为政，雁过拔毛的关税制度，主张对工商业实行保护政策，他提出："关，几而不征；市，廛而不征，法而不廛"（《孟子·公孙丑上》）即市场要为货商提供便利条件，设置储货场地而不收费；如果滞销，可以依法收购，不让其长期积压。他认为这样的政策，就可以吸引各地商人，不仅有利于经济的繁荣，也有助于民心所归。

孟子还反对当时的兼并战争，他说："争地以战，杀人盈野；争城以战，杀人盈城。此所谓率土地而食人肉，罪不容死。"（《孟子·离娄上》）他清楚地看到了战争的直接受害者主要是广大的下层民众，战争的巨大代价是成千上万人失去了生命；清楚地看到发动战争的人贪婪自私的本性。孟子反对的是反道义的兼并战争，认为"以至仁伐不义"的战争符合人们的普遍意愿，正义战争的道德价值不应当以通常的君臣伦理规范去衡量。这也反映了孟子的人道主义思想。

第二节　孟子"天人合一"生态和谐伦理思想

孟子思想中隐藏着丰富的生态伦理观念，而重温孟子的生态伦理观对当今社会的生态建设也是十分有益的。孟子告诉我们在发展经济的同时，要注重"时养"，既要顺应自然，又要保护自然，追求以节约资源、能源和减少污染为前提的生态经济效率，在经济活动中实现经济与环境的协调统一。

一、天人合一

"天人合一"是中国传统文化的根本理念，是儒家处理人与自然关系的一种方法、一种思维方式。所谓"天地之大德曰生"（《易传·系辞》），所谓"天何言哉，四时行焉，万物生焉，天何言哉"（《论语·阳货》），这里所说的天，精神自然界，是四时运行、万物生长本身。生是生长意，生生就是生长不已。这就是人和自然和谐的前提下，主动以人合天，实现人与自然的和谐发展。

孟子主张热爱和尊重大自然，要使"爱物"的理念贯彻到人类实际生活当中，最重要的是建设"时养"。他说："苟得其养，无物不长；苟失其养，无物不消。""时养"思想是中国先民在长期的农业生产实践中逐渐形成的一种朴素生态观。所谓"养"，即物产养护的意思。首先要求人们保护好原有的自然资源与良好的生态环境。他说："数罟不入洿池，鱼鳖不可胜食也；斤斧以时入山林，材木不可胜用也。"要求尽量减少向自然界的索取，使自然资源有一个生长修复过程。其次孟子"养"的思想也注重在原有基础上的人为改善。要求人们广植树木，多养牲禽。植树造林环境得到改善，多养牲畜，使生活条件得到改善，这样，人与自然就可得到和谐发展。

在天人关系方面，孟子论"天"的语言并不多，而且与孔子所言之"天"在意义上有所不同。孟子主张"天人相通"，和人相通的"天"主要是指意志之天或命运之天。他从意志之天出发，认为君权的传授不是由君王私意所决定的，而是"天受之"的。在《孟子·万章上》篇中，记载了一段十分有意思的对话。万章问孟子："尧以天下与舜，有诸？"孟子回答："否；天子不能以天下与人。"万章又问："然则舜有天下也，孰与之？"孟子说："天与之。"万章又问："天与之者，谆谆然命之乎？"孟子说："否；天不言，以行与事示之而已矣。"这段对话说明孟子所言之"天"，含有意志之天的意思。天下是不能由天子个人传授的，而必须经天的认可才能传授。按照这层意思去理解，孟子所言之"天"是有意志的，这就是"民"或"人"意。当万章进一步询问："敢问荐之于天，而天受之；暴之与民，而民受之，如何？"孟子说了一段十分有意义的话："使之主祭，而百神享之，是天受之；使之主事，而事治，百姓安之，是民受之也。天与之，人与之，故曰，天子不能以天下与人。舜相尧二十有八载，非人之所能为也，天也。尧崩，三年之丧毕，舜避尧之子于南河之南，天下诸侯朝觐者，不之尧之子而之舜；讼狱者，不之尧之子而之舜；讴歌者，不讴歌尧之子而讴歌舜；故曰，天也。夫然后之中国，践天子位焉。而居尧之宫，逼尧之子，是篡也，非天与也。《泰誓》曰：'天视自我民视，天听自我民听。'此之谓也。"（《孟子·万章上》）孟子讲的"天与之""天受之"本身都含有"民与之""民受之"的意思。这便克服了"天"是有自主意志的观念，进而转化为民意的新内容。

二、以德配天

"以德配天"，是天人合一的思想。在古人看来，自然宇宙及万物皆为有情，即"天地含情，万物生焉"。故人与自然应处在情景交融之中，同时体悟造物之寓意。儒家"天人合德"思想就是以宇宙至善为基础建立起来的。宇宙为至善，是因为它表现了承载天地、化生万物的大公无私之德。在儒家看来，天、地、人、物都是一体的，万物和人一样是有生命的、有德性的。人类作为宇宙间最有灵性的存在，其最高追求就是保持这个整体的和谐，让其间的每一个个体都能按其本性自然地发展和完善自己，而人也就达到了天人合一。若有一人伤其生，有一物换其性，便是做人未尽其善，是要遭到"报应"的。但孟子并不是要求人们在自然界面前毫无作为，而是强调"顺天而昌"，在"天人合一"的过程中发挥主观能动性，提升人与自然的再生产能力。

孟子认为"霸道"是"以力服人",虽然可能成为大国,但任凭暴力就会"失道寡助",众叛亲离,天下不顺,导致身亡国削,亡国无日。"王道"是"以德服人",人们心悦诚服,众望所归,对内就会国泰民安,政平人和,对外就能"得道多助",天下无敌,自然就会统一天下。

孟子承认意志(民意)之天,同时也承认"道德之天"或"义理之天",第一次以"心性"释"天"。他认为,由"四端"即"恻隐之心""羞恶之心""辞让之心""是非之心"扩而充之成为人之善性,由"四端"发展为"四德":仁、义、礼、智。孟子认为人的"四端""四德"来源于义理之天或道德之天。他说:"诚者,天之道也;思诚者,人之道也。"(《孟子·离娄上》)是说诚实是天道的道德品质;追求"诚"是对天道的体认和感悟,则是人道的本质。他把"天道"和"人道"通过"诚"联系起来,又把仁义等道德看作"天爵",说:"有天爵者,有人爵者。仁义忠信,乐善不倦,此天爵也;公卿大夫,此人爵也。"(《孟子·告子上》)又说:"夫仁,天之尊爵也,人之安宅也。"(《孟子·公孙丑上》)这是说,天如同人一样,也具有仁义忠信等道德原则。天与人的这些道德不仅是相通的,而且是相同的,是天将这些道德原则传授给人的。可以看出,孟子的天人论和心性论是合一的,这个合一的模式精神是"尽心、知性、知天"的天人合一模式。在孟子看来,仁义礼智等道德原则既是人性又是天性,人性和天性在本质上是相通的。所以,只要人们能尽力地扩充自己先天所固有的"善心",即可达到认识自己的本性,同时也就认识了天性。

《周书》曰:"春三月,山林不登斧,以成草木之长。夏三月,川泽不入网罟,以成鱼鳖之长。"孟子提出"不违农时,谷不可胜食也。数罟不入洿池,鱼鳖不可胜食也。斧斤以时入山林,材木不可胜用也。谷与鱼鳖不可胜食也,材木不可胜用,是使民养生丧死无憾也。养生丧死无憾,王道之始也"(《孟子·梁惠王上》)。孟子主张节约资源,保护生态环境的可持续发展,即"时养"的思想。孟子劝告人们不要用缎密的网打鱼,以留下个体较小的鱼继续生长繁殖;砍伐木材要遵循规定的季节,循自然之性,以满足继续利用的需要。孟子教育人们,一切动植物的生长繁殖都有依据季节变化而发育成长的生态规律,因此一定要顺应规律,不要试图破坏规律。再者,人们必须依据万物生长变化的生态规律,按照一定的时序进行农业生产、砍伐取用和捕获渔猎,适度地获取生活资料,切勿取之无度,用之无节。这既是天性,又是人性,既是天道与人道合一,又是以德配天。

第三节　孟子的园圃经济思想

齐鲁大地庭院经济的开发始于齐、鲁立国,姜尚、管子、晏子、墨子、孟子的富国思想中都有发展庭院经济的主张,反映着鲜明的庭院创收的富民意识。管子认为,"养桑麻,育六畜,则民富""六畜育于家,瓜瓠荤菜具备,国之富也""一树一获者,谷也;一树十获者,木也"。很显然,管仲已把庭院经济纳入他治齐的经济政策之中。

一、孟子把庭院经济纳入其"仁政"措施

孟子向梁惠王构画了一个田宅、农桑、禽畜相结合的自给自足的小农家庭经济蓝图:"五亩之宅,树之以桑,五十者可以衣帛矣;鸡豚狗彘之畜无失其时,七十者可以食肉矣;百亩之田,勿夺其时,数口之家可以无饥矣。"(《孟子·梁惠王上》)意思是说,分给百姓五亩大的宅园,种植桑树,那么,五十岁以上的人都可以穿丝绸了。鸡狗和猪等家畜,百姓能够适时饲养,那么,七十岁以上的老人都可以吃肉了。每家人有百亩的耕地,官府不去妨碍他们的生产季节,那么,几口人的家庭可以不挨饿了。孟子不像孔子那样不关心耕稼园圃。孟母三迁的故事,说明孟子特别留意四邻的生业。东邻杀猪,也要问个为什么。孟母失口说了个"啖汝",只好当真从东邻买肉以明不欺。再联系孟母断织的故事,这买肉的钱应为纺织所得。所以,上述主张来自孟子对邹鲁庭院经济的经验,带有向梁惠王交流的性质。

北魏青州人贾思勰的《齐民要术》,除农业知识外,详细记载了树果的培植嫁接,禽畜的饲养医治,农业副产品的加工等,可以说是庭院经济的总结和指导性著作。其体例和创意来自山东人独特的经济眼光。

北齐琅邪人颜之推还把庭院富家的经验作为家训告诫子孙,"稼穑而食,桑麻以衣,蔬果以蓄,园场之所产,鸡豚之善埘,圈之所生","能守业者,闭门而为生之具以足"。"筑室树果,生则获其利,死则遗其泽。"琅邪颜氏以文学传家,却以树艺木果,饲养六畜为治家守业之本,显然是来自山东庭院富家的传统。

司马迁讲,邹鲁"颇有桑麻之业"。"齐鲁千亩桑麻""与千户侯等"。桑麻滋养出无与伦比的齐鲁"女工"。姜太公到齐,即"劝其女工之业"。到春秋时,齐地女工率先使用铁制的刀针。《管子·海王》载:"一女必有一刀一针。"《论衡·程材》讲:"齐部世刺绣,恒女无不能。"当时,齐地制作的精美丝织品有"冰纨、绮绣、纯丽之物,号冠带衣履天下"。到汉代,临淄、定陶、亢父(今济宁)成为丝织业的三大中心。唐代诗人杜甫"齐纨鲁缟车班班,男耕女织不相失"的诗句,足以反映齐鲁家庭纺织业的领先地位和在人们心目中的印象。

除桑麻外,齐鲁庭院内外的经济树种还有漆树。孔子弟子有漆开、漆雕哆、漆雕徒父;宋国蒙(今山东曹县南)人庄子做过漆园小吏。《汉书·地理志》讲,兖州"厥贡漆丝"。说明春秋战国时期山东已有漆树、漆园,汉代兖州的漆产量、质量已很可观,并成为朝廷贡品。

现代常见的树类,大都已在古代扎根于齐鲁宅院。《诗·齐风·东方之日》有"折柳樊圃"的诗句。榆树春生榆荚,可用于救荒。《齐民要术》称"能种(榆)千顷,岁收千匹"。古人称槐树为三宫槐或守宫槐。北宋莘县人王佑亲植三株槐树于庭院,说:"吾之后世必有为三公者。"其子王旦果然在宋真宗时拜相,成为一代名臣。直到今天,山东仍多柳、榆、槐等树,各地还有以此命名的村庄。

"瓜桃李枣"是山东人对庭院百果的概称。管仲治齐,大力提倡种植瓜瓠百果。值得一提的是齐鲁的吊瓜和葫芦,几千年来一直生长在庭院,至今也没移植到田间。

二、发展"六畜"庭院经济

中国传统的六畜是马、牛、羊、猪、狗、鸡,其广义应包括骡、驴、猫、鸭、鹅等所有的家畜和家禽。从春秋发明牛耕开始,牛就和农家结下了不解之缘。齐人宁戚是个喂牛的,他以《饭牛歌》说齐桓公,其中有"从昏饭牛薄夜半,长夜漫漫何时旦"的词句。农谚讲:"蚕无夜食不长,马无夜草不肥",大牲畜要在夜里添刍料,宁戚的歌反映了齐地所积累的养牛经验。战国时,齐将田单被困在即墨(今平度市东南),竟能在久困的城内收得千余头牛,以火牛阵大破燕军。唐代登州东牟郡(今蓬莱)、莱州东莱郡(今莱州)、密州高密郡,"土贡牛黄"。牛黄是牛的胆结石,十分稀少,上述地区又非牧区,主要来自家畜,可知山东庭院养牛之多。

古人以车代步,马多为有车的富家所养。孔子讲:"有马者借人乘之。"冯谖说孟尝君"狗马实外厩"。直到民国,山东的富户门前都竖有拴马桩,有的用穿鼻石直接砌在墙壁上。高大豪华的宅院,再拴上几匹马,显得十分气派。至于其他家畜,更是山东人的家常生业。曾参家养猪,曾父烹猪以存教,与孟母如出一辙。

齐鲁人民同树果六畜在庭院内共处了几千年,对它们倾注了太多的辛劳和感情,也得到了丰厚的回报。他们用人的情感去挖掘树果六畜的文化意蕴,体味出人生哲理、社会人伦和道德价值观念,使树果六畜成为人的文化载体和符号,并以此显示人的主动立场和主体地位。这种思维方式及全部内容,也反映了齐鲁文化乃至中国传统文化的基本精神。

第二章 墨子"兼相爱，交相利"与发展手工业

墨子思想体系以功利主义为突出特色，他反复说明，仁人在位，要"兴天下之大利，除天下之大害"，使国强民富，政治清明。墨子学说以"利"为出发点，形成了一整套道德、宗教、哲学、政治等观点。也是在"利"的出发点上，他提出了"尚贤""节用""兼爱"等主张。在他看来，如果真正实现了这些主张，当时"饥者不得食，寒者不得衣，劳者不得息"的问题就可以解决，天下的人都可以过上温饱安适的生活，也就能够做到"赖其力者生，不赖其力者不生"。孟子认为，"不与其劳获其实"是不仁不义行为，对儒家的仁、义等观念做了新的解释。

第一节 墨子及其哲学思想

墨子在政治上提出"兼爱""非攻""尚贤""尚同""节用""节葬""非乐"等主张。他的"非攻"思想，体现了当时人民反对掠夺战争的意向。他认为只要大家"兼相爱，交相利"，社会上就没有强凌弱、贵傲贱、智诈愚和各国之间互相攻伐的现象。他对统治者发动战争带来的祸害以及平常礼俗上的奢侈逸乐，都进行了尖锐的揭露和批判。他主张改善劳动者的地位，"必使饥者得食，寒者得衣，劳者得息，乱则得治"（《墨子·非命下》）。在用人原则上，墨子主张任人唯贤，反对任人唯亲，主张"官无常贵，而民无终贱"。他还主张从天子、诸侯国君到各级官员，都要"选择天下之贤可者"来充当；而人民则要服从君上，做到"一同天下之义"。

一、墨子其人

墨子（约公元前468—前376年），名翟，春秋末期战国初期滕国（今山东省滕州市）人，战国初年学者、思想家，墨家学派创始人。墨子出身微贱，曾学儒术，因不满其烦琐的礼乐制度和学说，自创墨家学派以抗衡。

墨家是先秦时期与儒、道鼎足而立的三大学派之一。墨子出身于手工业者，具有高超的手工业生产技能，熟悉"农与工肆之人"的生活状况，是小生产者阶级的代表。低微的出身，使墨子对春秋战国之际剧烈动荡的社会现实感触较深，他看到了下层人民的疾苦，所以思想

倾向于广大的小生产者。墨子早年学习儒家学说，接受孔子的思想。但是，他在现实中发现儒家提倡的礼节过于烦琐；丰厚的葬礼耗费了资财，而使百姓贫困；长久服丧，伤害生命而妨碍政事。所以，他走向了孔子的反面。

墨子道德伦理思想的根本精神是以苦利人。他倡导以利人为义，亏人自利为不义，以是否利于人民作为衡量是非的重要标准。他的非攻、非乐、节用、节葬等主张，都体现了这一精神，同时他要求他的门徒学习大禹治水、自苦为极的精神，立下"政者，口言之，身必行之"的原则，而墨子自己只着粗布短衣，只穿麻鞋或木屐，在个人物质生活方面，只取最低的标准。对他这种"志士之道"的精神，作为政敌的孟子十分赞赏："墨子兼爱，摩顶放踵利天下，为之。"（《孟子·尽心上》）意思是说墨子主张兼爱，为了天下老百姓的利益，哪怕是磨光了头顶，跑断了脚跟，他也会去做。庄子也由衷称赞："墨子真天下之好也，将求之不得也，虽枯槁不舍也，才士也夫。"（《庄子·天下篇》）是说墨子真是天下难得的大好人，即便许多年以后，人们也不会忘记他，因为他是真正的天才和志士。当代学者向以鲜说墨子，是"一个以爱为武器的智者，一个以严密逻辑思辨闻名于世同时又沉默如金的哲人，一个独具创新意识的伟大工匠，一个拥有当时世界上最强大防御技术的思想家"。

墨家讲"义"法天明义，孕育了惩治恶政的改造精神；以利达义，开创了群体导向的功利主义；举公正义，助养了传统社会的大同情怀。墨家学说的现代价值，一是建立惩罚机制，维护道德有效运行；二是倡导友爱互助，建立和谐人际关系；三是防止假公济私，促进社会公平正义。墨子以利为中心的三层次道德教育结构，对当前我国市场经济背景下道德教育具有诸多启示：从个体应遵循的道德底线看，不能"亏人以自利""杀彼以利我"；从社会世俗层面道德教育要求看，兼相爱，交相利；从最高道德境界看，摩顶放踵，以利天下。这些，无疑是我们今天加强道德底线教育，增强道德自律，重视利人利己利他教育，提升道德境界丰富的思想文化资源。

二、墨家学派

墨家学派是一个有严格组织纪律的团体。其弟子多来源于社会下层，参加这个学派的人在吃穿劳作等方面自觉地接近下层人民。墨子之后的墨家领袖号称"钜子"，所有墨者都必须服从"钜子"的指挥，就好像参加宗教的人服从教主一样。墨子实际上就是第一代"钜子"，据说为墨子服役者有180多人，每个人都可以"赴汤蹈火，死不还踵"。

初期的墨家以墨子本人的学说为中心。墨子思想体系以功利主义为突出特色，他反复说明，仁人在位，要"兴天下之大利，除天下之大害"，使国强民富，政治清明。墨子学说以"利"为出发点，形成了一整套道德、宗教、哲学、政治等观点。也是在"利"的出发点上，他提出了"尚贤""节用""兼爱"等主张。在他看来，如果真正实现了这些主张，当时"饥者不得食，寒者不得衣，劳者不得息"的问题就可以解决，天下的人都可以过上温饱安适的生活，也就能够做到"赖其力者生，不赖其力者不生"。孟子认为，"不与其劳获其实"是不仁不义行为，对儒家的仁、义等观念做了新的解释。

墨子主张"兼爱""非攻"。针对当时"有大国即攻小国，有大家即伐小家，强劫弱，众暴寡，诈欺愚，贵傲贱，寇乱盗贼并兴，不可禁止"的社会现实，他企图用"兼相爱，交相利"的原则来拯时济世。这种普遍的、无差别的人与人之间的互爱，虽然是虚幻的，不存在的，但毕竟反映了小生产者要求平等、厌恶战争、安居乐业的愿望。孟子希望人人都有一个相对稳定的生活，为此，他主张统治者要不分等级地举用贤才，向"农与工肆之人"开放政权。在这样的前提下，他要求社会上下在认识上同是非，最后集中到中央，社会才能稳定。他还倡导"节用""节葬"，要求统治者珍惜人民的劳动成果，反对穷奢极欲，主张节约支出，葬礼从简。

墨子当然没有摆脱传统思想的束缚，他"非乐""非命"，认为音乐没有益处，命运也根本不存在，但却主张"尊天""事鬼"，认为天有意志，您赏善罚恶，鬼神也有超越常人的能力。不过，上天鬼神是为了百姓的利益来监管天子以至万民的最高权威。这与统治者利用天命、鬼神作为压迫人民的思想工具有一定区别。墨子也曾怀着极大热情四处奔走，以兴利去害，拯救天下。后来，孟子曾用夸张的口气说："墨子兼爱，摩顶放踵利天下，为之。"《孟子·尽心上》墨子的思想反映了一种比较普遍的心理，他的"兼爱"的提法让人耳目一新，所以他的思想在当时产生了巨大的影响。

在中国文化史上，墨家第一次明确地把自然界视为独立的认知对象。它认为人类社会生活的目的就是实现人自然本性中的普遍功利要求，在这个追求过程中必须遵循"天志"，而不能是个体的恣意妄为。所谓天志，就是上利天，中利鬼神，下利人民。

为人类认识自然、驾驭自然、掌握自然规律，为社会协调发展奠定了最初的理论基础。墨家的天志观，即人类既是自然界的一部分，又必须依赖自然界其他部分的供给和支持；自然界既能产生和维护人类，又能对人类的生存造成威胁；人类既有现时的生存需要，又有延续后代的本能。所以，人类、人类的后代以及自然界非人类的部分，在客观规律面前都享有平等的发展权利。

墨家认为"兼爱"是天志，在社会领域也必须把"兼爱"作为国家的基本法规加以推行，作为处理人际关系的基本准则。墨家的兼爱是以满足人的基本物质利益和物质需求为着眼点的，这也是保证社会和谐的政治性问题。所以墨家主张把生产、分配和消费方式作为国家根本制度规定下来，以调解人际关系，达到社会和谐的目的。社会发展的历史证明，贫困不能产生和谐，两极分化只能导致社会矛盾加剧，追求享乐是腐败的温床，只有开源和节流并举，量入为出，消费适度，走共同富裕的道路，才是构建和谐社会的必然选择。

在追求社会公平中，人的心理和谐也非常重要。所谓心理和谐，就是要有一个正确的道德观和价值观。墨家以利民、利他作为人生价值取向，提出人生应以"利天下为志"。就是说，在公利与私利、道德与利益的关系上，必须以义为上，以义取利。试想，在我们的现实社会中，每一个人若都能多替别人想一点，在物质利益经济交往中坚守共赢，无欺诈、作假行为，诚实守信待人处事，那么，我们的和谐社会就有了坚实的道义基础。

今天，构建社会主义和谐社会是中央提出的战略目标，是科学发展观的核心，是一项伟大而久远的工程和不断发展着的动态目标。其内容涉及政治、法制、文化、环境等多个层面，但概括起来不外乎人与自然、人与人以及人自身心态的和谐。因此，借鉴墨家关于构建和谐社会的思想精义，对构建中国特色的社会主义和谐社会仍有重要价值。

在当今世界经历百年未有之大变局的情势下，我们构建人类命运共同体，也必须把墨家的"兼爱""交利""利人""利天""利他""尚贤使能""强本节用""兴利除害""非攻（谴责非正义战争）"等理念，作为其重要的历史文化资源而予以取用。

三、《墨子》其书

《墨子》这部文学巨作，大多数人认为是墨子的弟子和他们的再传弟子对墨子的一些言行的记录，主要阐述墨家的思想。《墨子》一书大致可分为两部分：一部分主要记载了墨子的言行，阐述了墨子的思想，主要反映了墨家前期的思想；另一部分被后世称作墨辩，主要叙述了墨家的认识论和逻辑思想。墨子及墨家学派的著作汇编，在西汉时期被刘向整理成了七十一篇，但六朝以后逐渐流失，现在所传的《道藏》这本书总共五十三篇，原来都写墨翟著，但其中也有墨子的弟子以及后期墨家的著述资料，这是现在研究墨家学派的主要借鉴史籍。"兼爱""非攻""尚贤""尚同""节用""节葬"等十大命题，是《墨子》一书的主体部分。

《墨子》内容十分广博，其中包括了政治、军事、哲学甚至科技等方面，是后世研究墨子及其后学的重要史料。《墨子》一书内容可以分为五大类。

第一类：共七篇。这一类混有名家和杂家的言论。后面四篇是墨家对墨学的概要论述，算是墨学的提纲挈领。《墨子》在构建其和谐的理想社会时，强调了伦理道德的规范作用。墨学和谐观所注重的修养准则"君子之道"，乃是廉、义、爱、哀"四行"。墨家是最先把"廉"视为重要德行提出来的学派，"廉"被墨学列为"不可虚假，反之身者"，即实实在在而不可违背的伦理道德规范之一（《墨子·修身》）。自此以后，"廉"便成了中国伦理中个体道德的基本德目之一，成了治理国家、维护社会和谐公正的廉政思想。

第二类：共二十五篇。代表了墨家的主要政治思想。墨家学派政治思想的理论基础是兼爱，实现兼爱的基本措施是尚同，以此为出发点，墨子在政治上提出了尚贤、非攻等主张，在国家的经济政策上，墨子从实用出发提出了节用、节葬等主张。兼爱是墨子整个学说的基础，也是其政治思想的核心。他主张"人与人兼爱"，"若使天下兼相爱，爱人若爱其身"（《墨子·兼爱中》）。墨子认为，当时社会动乱的根本原因在于人与人的不相爱。君臣、父子、兄弟都在自爱、自利而不相爱，相应地就会出现强凌弱、众劫寡、富侮贫、贵傲贱、智欺愚等现象，以至于家人反目，君臣相仇，国人敌视，列国相攻。所有这一切，他认为，"凡天下祸篡怨恨，其所以起者，以不相爱生也"（《墨子·兼爱中》）。很显然，一切祸根在于"不相爱"。变乱为治，唯一的办法是使天下人"兼相爱"，即天下人，人人相爱而不相恶。他提出的爱无差等，提倡人人相爱，普遍相爱，爱人若爱己，不分远近亲疏，平等地爱一切人。但"兼相爱"必须以"交相利"为条件。认为,兼相爱必须为交相利;兼爱也就是仁,"仁"只有和"利"结合,才有实在意义。墨子说:"仁之事者,必务求兴天下之利,除天下之害","利人乎,即为;不利人乎,即止"(《墨子·非乐》)。就这个意义上说,仁就是义,所以,爱人必须利人,仁不离利,仁义是不可分的。所以从墨子始,仁义并列。

第三类:共六篇。这一类被墨者称为墨辩,也被称为墨经。这六篇是《墨子》的精华部分。墨家作为一个代表下层劳动群众利益的学派,在中国思想发展史上占有极为重要的地位。"兼爱"是墨子社会政治学说和伦理学说的基本原则。墨翟将"兼爱"的基本原则用在调节国与国的关系上,集中地表现为"非攻"主张。他谴责战争,反对攻城伐国。墨子对当时侵略战争给广大人民群众带来的灾难予以无情揭发。当然,墨子并非反对一切战争。他反对的是非正义的侵略战争。

在生活观上,墨子反对儒家人际关系中的繁文缛节以及耽于逸乐、贪图享受的贵族生活方式,反对"厚葬""久丧"等殡仪方面的奢侈浪费,主张"节用""节葬""非乐"。

就墨子的"非攻"、"兼爱"和"节用"的伦理思想而言,给我们和谐世界的建设以不少极有价值的启示。首先,共同维护人类生态环境,合理利用自然资源。自然资源是人类生产资料和生活资料的源泉,而地球上的资源是有限的。随着人口的日益增长,随着发达国家对能源和自然资源的消耗,尤其是人类的过度开采、开发,自然资源面临着枯竭的危机。因而,对每一个国家特别是发展中国家,合理地利用有限的资源都是一个十分迫切的问题。墨子的智慧则给我们今天的人类以启迪和很好的教益。其次,从人类的前途命运出发,坚决反对战争、反对霸权主义。战争是灾难,未来的战争将没有赢家和输家,这一触目惊心的客观现实警示我们:一方面,决不做凌驾于别国之上的超级大国,现在不做,将来也不做;另一方面,坚决反对战争,坚决反对霸权主义行径,共同维护世界和平,保护我们人类共有的家园。最后,发扬新世纪的人道主义、国际主义精神。坚持人道主义、国际主义,一定要坚持民族不分大小、国家不分强弱,都应一律平等的原则,相互支持,相互信任,为人类的文明进步、为世界的和平和谐和美好的未来而共同奋斗。

第四类:有五篇是墨子的弟子记载的关于墨子的言论行事。也算是对墨子生平的记录,体裁比较接近《论语》。墨子的"非攻"思想是当代世界平衡和驾驭国际之间的复杂局势的理性的思考,他对于和平的启迪和倡导,具有重要意义,应该进行认真的研究。

墨子的思想,成为全球伦理的一大理论来源。普遍伦理与墨子伦理的吻合度高。"博爱"和"兼爱"在一定意义上,是可以互相通融、替换的。它既有对人性和所有人平等权利的承认,又有对共同游戏规则("交相利")的承诺,还有对平等对话(商谈)的追求,维护了一种较高的社会道德理想境界("兼爱")。墨家伦理中阐发出具有普遍性的、人类社会的美好生活观念和愿望——互爱、互利、平等、友好、和平共处的生存、交往、发展方式。

墨子"兼相爱,交相利"的社会伦理总原则,是人性的基本需要,符合今天全球化、市场化的根本要求,是社会主义市场经济运行的公平、互利游戏规则的概括说明。墨子围绕道德和经济关系，以利益为关键，提倡兼爱之心，处理社会矛盾冲突，协调天下问题，是理论上的高远之见。因此，它可以用来指导人们从事国际、人际、经济、政治、文化、军事等方面的活动。在今天的世界，这样的原则仍然具有伟大的意义。

第五类：共十一篇。这一类说的是墨家兵法。墨子一向提倡非攻，认为以防御为主较好。据说楚王曾计划攻宋，墨子前往劝说楚王，并在与公输盘的模拟攻防中取得胜利，楚王只得退兵。墨子止楚攻宋的故事，生动地叙述了墨子为实现自己的"非攻"主张，所表现出的艰苦实践和顽强斗争的精神，同时也暴露了公输盘和楚王的阴险狡诈，从而说明只有把道义和实力结合起来，才能迫使侵略者收敛其野心。

在这篇文章里，墨子对战争的性质看得是比较清楚的。他明确指出楚攻宋之不义，因而他不辞辛劳，长途跋涉赶到楚国都城，以实际行动去制止战争的发生。正因为墨子站在正义一边，所以自始至终，都以主动进攻的姿态向公输盘及其主子楚王进行了无可调和的斗争，而且理直气壮，义正词严。要想制止这场战争的发生，是一件极为不易的事。然而，墨子终于制止了这场战争。

这固然同墨子的机智善辩颇有关系，但更重要的却在于他能够针对敌方的要害展开攻势。首先，他从道义上击败敌人。墨子至楚后，公输盘问他为何而来，他说："北方有侮臣者，愿借子杀之。"先是使得公输盘"不说（悦）"，继而逼出"吾义固不杀人"。但公输盘只知道杀一人谓之不义，却不知兴师攻宋会杀更多的人，是更大的不义。所以墨子接着指出："义不杀少而杀众，不可谓知类。"把公输盘说得哑口无言。在十分狼狈的情况下，公输盘不得不把责任转嫁到楚王身上。墨子见楚王，同样采取了"以子之矛攻子之盾"的办法，从道义上谴责楚攻宋之不义。他以富人盗窃穷人为喻，问楚王"此为何若人"，使楚王承认此人"必为有窃疾矣"。因此，楚以富有之国而攻伐贫穷之宋，正"为与此同类"。

在墨子强有力的论据面前，楚王也不得不诺诺称是。公输盘的"义不杀少而杀众"和楚王的以富窃贫，在道义上都是站不住的，因而他们理屈词穷，弄得尴尬不堪。从而说明对于强大而又顽固之敌，只是在道义上攻破它还远远不够，与此同时，还必须在实力上同敌人较量，并压倒它，才有可能迫使侵略者放弃勃勃野心。墨子意识到了这一点。因而他"解带为城，以牒为械。公输盘九设攻城之机变。子墨子九距之。公输盘之攻械尽，子墨子之守圉有余"。这虽然只停留于近乎纸上谈兵，却是一次战术上的较量，大大灭了公输盘仗恃云梯之械攻宋的嚣张气焰。公输盘虽被挫败，但侵宋之心仍然不死。直到墨子说出即使杀掉他，"然臣之弟子禽滑厘等三百人，已持臣守圉之器，在宋城上而待楚寇矣"之时，在实力的对抗之下，才使公输盘和楚王死了攻宋之心。

阻止这场战争的不是道义，而是墨子的智慧，在绝对失败的情况下，楚王放弃攻打宋国。这表明，面对大国的不义之战，要敢于斗争。一方面要从道义上揭露其不义，使他们在舆论上威风扫地；另一方面，要从实力上做好充分准备，使他们的侵略野心无法得逞。这个道理，不仅在历史上是行之有效的，在今天也不无借鉴意义。

墨子是中国历史上唯一一个小生产者出身的哲学家,他创立的墨家学说,在先秦时期影响很大,与儒家并称"显学"。他的"天志"论、"和谐"论观点,以兼爱为核心,以节用、尚贤为支点。墨子在战国时期创立了以几何学、物理学、光学为突出成就的一整套科学理论。在当时的百家争鸣,有"非儒即墨"之称。

第二节 墨子的科技思想与发展手工业

墨学属于知性形态或理智形态的学问,凸现的是一种认知理性精神或工具理性精神,重视实验;重视科学技术在"生产第一,劳动本位"中的作用,积极将科学技术和成果用于生产和社会的实际需要;胡化凯等认为墨家主张各种技术发明以利民实用为上,技术活动以节俭实用为原则,技术行为必须遵循基本规范,这些思想认识既有历史合理性,也有一定的局限性。

今天看来,墨家的这些思想也有一定的现实启发和教育意义:"利于人谓之巧,不利于人谓之拙"——利民实用是判别技术优劣的标准;"凡足以奉给民用,诸加费不加民利则止"——节俭实用是技术活动的基本原则;"百工从事,皆有法所度"——技术活动须遵循基本规范。而石立波则探讨了墨家的科技伦理思想,提出"爱""利"为科技伦理取向,在思想论上,主张"天志""尚贤",注重团队精神,看重人才的任用与培养;在行动论上,主张"赖力以生""非攻""节用",提倡发挥人的主观能动性,自强自由自立自足地生活;在评价论上,力主"合其志功而观",注重实用、不务奇巧。

一、墨子的科技思想

墨子是一位杰出的科学家,在力学、几何学、代数学、光学等方面,都有重大贡献,让同时代诸子望尘莫及。《墨经》中提出了"端""尺""区""穴"等概念,大致相当于近代几何学上的点、线、面、体。墨子和他的学生做了世界上最早的小孔成像实验,在当时就知道了光的直线传播。墨家的科学成就被中外众多学者称赞。英国近代著名科学技术史专家李约瑟在其所著《中国的科学与文明》一书中指出:"墨家思想所遵循的路线如果继续发展下去,可能已经产生欧几里得几何体系了。"曾任北大校长的蔡元培认为:"先秦唯墨子颇治科学。"

墨子是一个制造机械的手工业者,精通木工。墨子一派人中多数是直接参加劳动的,接近自然,热心于对自然科学的研究,又有比较正确的认识论和工业论的思想,他们把自己的科学知识、言论、主张、活动等集中起来,汇编成《墨子》。

《墨子》是我国战国时期墨家著作的总集,是墨翟(人称墨子)和他的弟子们写的。《墨经》是《墨子》书中的重要部分,约完成于周安王十四年癸巳(公元前388年)。墨子的科学思想,主要表现于《墨子》一书中的《墨经》部分,有《经上》《经说上》《经下》《经说下》《大取》《小取》六篇。一部《墨经》涵盖了数学、力学、光学、几何学、逻辑学等多学科知识。《经说》是对《经》的解释或补允。也有人认为《经》是墨家创始人墨翟主持编写成自著,《经说》则是其弟子们所著录。《墨经》的内容,逻辑学方面所占的比例最大,自然科学次之,其中几何学的 10 余条,专论物理方面的约 20 条,主要包括力学和几何光学方面的内容。此外,还有伦理、心理、政法、经济、建筑等方面的条文。

《墨经》中有 8 条论述了几何光学知识,它阐述了影、小孔成像、平面镜、凹面镜、凸面镜成像,还说明了焦距和物体成像的关系,这些比古希腊欧几里得(约公元前 330—275 年)的光学记载早百余年。在力学方面的论说也是古代力学的代表作。对力的定义、杠杆、滑轮、轮轴、斜面及物体沉浮、平衡和重心都有论述。而且这些论述大都来自实践。墨家在六朝以后逐渐流失,正统十年(1445 年),道士张宇初将《墨子》刻入《道藏》。现代所传的《墨子》五十三篇,《墨子》与道教无关,却被《道藏》所收录,才得以留传下来。

墨子对科学研究任务的表述:"摹略万物之然,论求群言之比"——观察、研究、把握万事万物的真相,选取最准确的语言给予最恰当的表达。例如,他对"圆"的定义是"一中同长也"——中心到周边的距离相等;对"力"的表述是"刑之所以奋也"——力是使物体运动的原因;对"运动"的表述是"或(域)徙也"——物体从一个地方移动到另一个地方,是物体所在的位置发生了变化;对时间和空间的表述分别是"久,弥异时也,合古今旦暮"——长久(宙),包括不同的时间,涵盖古今早晚;"宇,弥异所也,蒙东西南北"——空间,包括所有地方,涵盖东西南北。

科学研究贵在创新。儒家不重视、不涉猎自然科学,所以"述而不作,信而好古"(《论语·述而》)——只传承、讲述,不创新创造,一味仰慕、追随古人。墨子非常重视科技创新的重要作用。《墨子·非儒》篇载,儒家主张"君子必古服古言,然后仁"。墨子对此反驳道:"所谓古之言服者,皆尝新矣。而古人言之服之,则非君子也。然则必服非君子之服,言非君子之言,而后仁乎?"就是说,儒家的论点包含概念和命题方面的自相矛盾。在概念上,古人穿古服,说古话,在当时都是新的,按照儒家的逻辑,古人就都成为非君子了。在命题上,儒家的主张可以表达为,一个人必须穿非君子的服装,说非君子的语言,才能成为君子,从而符合仁义标准。墨子认为这是自相矛盾、荒谬背理的。儒家主张"君子循而不作","循"就是"述"。君子只遵循古人,叙述传承,而不需要创作创新。墨子认为,"述而不作,非君子之道",应该"古之善者则述之,今之善者则作之,欲善之益多也"(《墨子·耕柱》)。他反驳"述而不作":"古者羿作弓,伃作甲,奚仲作车,巧垂作舟,然则今之鲍、函、车、匠,皆君子也,而羿、伃、奚仲、巧垂,皆小人邪?且其所循,人必或作之;然则其所循,皆小人道也。"(《墨子·非儒下》)就是说,古代羿、伃、奚仲和巧垂,发明了弓箭、铠甲、车子和舟船,而现在的皮、车等工匠,因为只传承了古代工匠的技术,并没有进行创造,于是就都成了君子,而古代羿、伃、奚仲、巧垂等发明家,则都成了小人。而且现代工匠所遵循传承的技术一定要先有人创造出来,如果按照儒家的逻辑,这些创造者就都成了小人,现代工匠所遵循传承的技术也都成了小人的道理。这显然是自相矛盾的。这里,墨子反对层层相袭的保守做法,坚持和提倡科学创新。正是因为强调科技创新的重要性，墨子才可能在科技上做出了如此巨大的贡献，取得了如此重大的成就。

墨子不仅有科学的理论，而且重科学实验，如小孔成像原理的发现，就是他和弟子们反复实验的结果。在墨子那里，科学技术的基本目的，是发现它来为人服务的，所以科学发现和发明只有在对人有用、有益的前提下，才是有价值的。所以墨子指出，科技"利于人谓之巧，不利于人谓之拙"。

《墨子·问鲁》载："公输子削木以为鹊，成而飞之，三日不下，公输子自以为巧。子墨子谓公输子曰：'子之为鹊也，不如匠之为车辖，须臾刘三寸之木，而任五十石之重。故所为功，利于人谓之巧，不利于人谓之拙。'"这里的竹鹊可能是类似风筝的东西，车辖是车轮轴上的一种机关，贯串车轴的金属链，以防轮子脱落，能够增加载重量。公输班所发明的竹鹊，由于看不出它对人有什么真正的作用，因此说这样的发明创造其意义还不如工匠所发明的车辖。科学技术的功效必须以对人们有利为原则和方向，墨子的科学精神和人文精神是相统一的，即科学技术是要为人的发展服务，尤其是要为人民造福、为人类与自然的和谐相处服务。如果科学技术不能为人类服务，不管它看上去多美，那也是不可取的。《墨子·大取》说："害之中取小也，非取害也，取利也。"依此看，即使是看起来很巧妙的科技发明，但如果其对人类的害处大于好处，那也是不可取的。

当今世界，各种科技发明和发现层出不穷，但是人们关于客观世界真正能够认识清楚的也不是很多。因此，墨家提出的"摹略万物之然"，要努力认识事物的"然"和"所以然"，仍然是我们必须努力从事的。人类的许多科学研究，只是考虑到所可能带来的好处，而没有考虑过它可能带来的坏处和可能对人类带来的灾难性影响，这是值得每一个人应该认真思考的大问题。

二、发展手工业思想

春秋末战国初，随着文化下移、私学和学术文化发展，文化思想的传播从官方到民间普遍展开。墨子名翟，鲁国目夷（今山东滕州市木石镇）人。本是"学儒者之业、受孔子之术，后以为其礼烦扰而不悦，厚葬靡财而贫民，（久）服伤生而害事，故背周道而用夏政"（《淮南子·要略》）。墨学脱胎于儒学，是在摒弃儒家短，弘扬其长，在新的社会现实中批判继承综合创新的产物。其"背周道而用夏政"是批判继承三代文化的选择。孔、墨都创办私学，收徒授业，率其弟子，周游列国，上说下教，推行他的政治主张，进行思想文化的创造，立言立说。其活动地域，以齐、鲁为中心，奔走于齐、鲁、宋、楚、吴、越之间，其弟子活动范围更广，遍布列国，但以齐、鲁为多。因为泰山一带和齐国的临淄是墨子教学活动的重点地区，战国齐稷下墨家学者十分活跃，与儒家并为显学，所谓"杨朱墨翟之言盈天下"，"杨墨之道不息"（《孟子·滕文公下》），就是证明。

墨家思想博大精深，内容宏富。学术界公认墨家是劳动者，特别是手工业者的思想代表。又以其自然科学的光辉成就而著称。这种思想成果离不开手工业、商业发达的社会基础,当时手工业和商业的发展水平,首推齐国,其次是宋、鲁。因此,墨家思想主要来源于齐、鲁,是齐、鲁文化融汇的产物。这一点跟孔子儒学一样,只是两家立场不同,观点各异,反映的角度和内容不一样而已。当时的社会想要发家致富,必须增加劳动力,发展手工业作坊。为了合理利用社会资源,墨子要求"各因其力所能至而从事焉",《墨子·耕柱》说:"譬若筑墙然,能筑者筑,能实壤者实壤,能欣者欣,然后墙成也;为义犹是也,能谈辩者谈辩,能说书者说书,能从事者从事,然后义成也。"

墨家以天下为己任,强调:"兴天下之利,除天下之害",以"利他""利人""无我"为极限,可说是大公无私的典型。他自称"今翟上无君上之事,下无耕农之难",似属当时的"士"阶层。但他又承认自己是"贱人",可能当过工匠或小手工业主,具有相当丰富的生产工艺技能。墨子厌弃儒家推崇的礼乐制度,提倡简爱尚贤。他希望从任何的社会阶层中选出贤人。这些阶层当然也包括地位低下的小生产者,他希望能够有一条手工业者通过自身的努力来实现社会地位上升的道路。所以他主张发展手工业,推动社会生产的进步,又强调改善小生产者安定生产生活的环境条件,并提出一系列劳动价值观。

(一)"赖其力"的基本原则

庶民出身的墨子,由一名工匠走向仕途,所以他主张勤于进取以及精益求精,并将日常生产劳作中的实践经验上升为科学理论体系。"赖其力""贵于义""重节用,利取大""遵道重技"是墨子发展手工业思想的主要体现。墨子十分重视耕织工匠之类生产活动,《墨子·法仪》中说"百工之法,举例而言一国法仪之重",显示了他对手工技艺的重视态度和他对相关技艺的熟练程度。

墨子认为,所有人都需要通过辛勤劳动来获得生存资料。只有通过"强力而行"铸就吃苦耐劳精神,这个社会才能不断发展,人才能得以生存,匠人才能立于社会的重要阶层,做出杰出的贡献。"赖其力"源于墨家的"非命"思想,这主要是对儒家的"天命"思想提出反驳。这里的"力",是指人的"股肱之力",即匠人使用工具变革自然,从事生产。只有劳动者付出"力",才能改变现有环境,进行物质生产。这是劳动者改造自然必不可缺的一种条件。墨子提出的"力",就是指工匠或劳动者本身对外界环境、社会生产的一种实践创造活动。"赖力自强"是强调人的劳作的重要性,人们衣食住行都是需要劳动来换取的,只有不断从事各种生产劳动,人们才有殷实富裕的生活,社会才能不断向前发展。

(二)"重节用,利取大"的求精精神

墨子提出"节用"和"生产"的概念,生产是节用的前提,节用是为了更好地生产,两者相辅相成。为此,他还提出了"去无用之费"的观点,强调低度消耗以及适度消费,为工匠造物制定了"为其所难者,必得其所欲者"的基本原则。"利"是墨子工匠实际操作遵循"利之

中取大,害之中取小"的实践原则。他说:"其为舟车何?以为车以行陵陆,舟以行川谷,以通四方之利。凡为舟车之道,加轻以利者,芊且不加者去之。"是说,车子用来在陆地上行走,舟在河中以及航道中行走,制造车和船只要轻巧便利,别的没必要的附加就可以省略了。这样不会过度消耗钱财和原材料,工匠也不会因此而多受劳累,物品本身也就货真价实了。

(三)"贵于义"的精造原则

《墨子·天志下》说:"义,利也。"坚持"义"的原则,就能够为人们带来真正的"利"。墨子的观点,以"义"铸就良好的工匠环境为工匠的生存发展营造好的氛围,同时使整个工匠团体向着积极良性的方向发展。工匠手工技艺是为雇主和社会谋利益的,不是只为自己谋财图利的。这就是"义",也就是职业操守或叫职业道德。《墨子·尚贤上》又说:"是故古者圣王之为政也,言曰:'不义不富,不义不贵,不义不亲,不义不近。'"是说,没有仁义的人不能富贵,没有德行的人,不要与他亲近。这就为工匠和手工业生产经营奠定了基础的道德规范。

(四)"道法仪"的设计原则

《经说上》说:"法:意、规、员,三也,俱可以为法。"意,思想上有法的意识或思维,即法精神;规,法规,具体规则与行动方法;员,即圆,行动。工匠在做事时,遵守相应的法则,依据具体的规则与秩序,然后付诸行动。"尊质尊法",精神注重质量,遵守法则。"遵法"是工匠依照社会运转规律和相应的准则、法则、标准来生产、处理、实施相应的实践劳动的思维模式,规避在生产劳动中的任意性与不确定性。明确标准,并根据这些标准对行为或者思想进行判断,按规矩办事,按程序操作,是工匠制作或创造性劳动的良好基础。

(五)"巧传求故"的技艺准则

《墨经·经上》的"巧传求故",传授技术,探求原因,使技术上升为理论。"巧传",古代相传的手工业技巧技术;"求",求取,探求,研究;"故",原因,理由,根据;"求其故",就是"知其然和所以然",揭示规律,从技术上升为科学理论。对工匠而言,需要将实践进行升华,从而总结出一套完整的理论。要求人们在改造自然和社会的过程中,学会总结经验、利用工具,不断积累技巧技术,从而帮助人们更好地进行生产。

(六)"尊道重技"的传承思想

墨子强调,"道"在于公利,为天下兴利除害。追求公共利益,就是遵守公众的"道",才会求得更大的利。"技",工艺技术的规范化,如师徒相授的绝技和秘诀,经验总结形成的公式、定理、操作程序等具体方法。在道和技的关系上,"道"是目的,"技"是手段;"道"是灵魂,"技"是外表。"道技合一"是理论与实践相统一,精神上要求敬业奉献,技术上要求一丝不苟,精益求精,观念上要求"尚利贵义",追求技术和工艺的不断创新,形成手工业者的行为准则和价值观念。

　　墨子还提出了劳动分工的思想，他提倡人尽其才，能者为之，并以筑墙为例说明其劳动有分工，术业有专攻的思想。他不仅提出应该从技能上进行分工，还认为应从性别、体脑、行业等进行分工，使社会生产都能落到各有所长的物质生产上来，实现"人有食""官府实""万民富"。这一思想是与当时人们的生存条件和生产劳动状况相符合的，也对我们今天发展手工制造业，做好乡村特色产业提供了借鉴。

第三章 姜子牙"三宝并重"与乡村"产业兴旺"

姜子牙封齐之后,针对这个"地泻卤,少五谷而人民寡"的边鄙之国,大刀阔斧地进行了除旧布新。他在政治上,采用了"尊贤尚功"的政策;在文化上,推行"因其俗,简其礼"的开明政策;在经济上倡导"农、工、商"三宝并举、"通商工之业,便鱼盐之利"的宏观战略。姜太公因地制宜,确定了齐国重工商的主旋律。这样,齐国由偏僻荒凉的小国、穷国,逐步兴盛发展成为雄踞于东方的大国、富国。

第一节 姜子牙"三宝并重"

齐国初建时沼泽遍布,土地盐碱化严重,自然条件恶劣,对农业经济的发展极其不利。姜太公因地制宜,在注重发展黍、稻生产的同时,利用境内矿藏丰富、鱼盐资源丰富的特点,大力发展冶炼业、丝麻纺织业、鱼盐业等手工业;还利用齐国交通便利、人民有重商的传统优势,大力发展商业,推行与列国通货的外贸政策。在这种开放的经济政策指导下,齐国制造的冠带衣履畅销天下,鱼盐流通列国,诸侯纷纷前来朝拜,其他诸侯国的人和财物纷纷流归于齐国,络绎不绝地汇聚到齐都营丘。

一、姜太公的治国思想

周武王封尚父于营丘,曰"齐"。姜太公来到齐地,"因其俗,简其礼",开放务实,开辟了富民强国的康庄大道。他坚持"天下非一人之天下,乃天下之天下"的人本思想。他奉行"与时迁移,应物变化,立俗施事,无所不宜"的"因循为用"之道。他实行因地制宜、本末并举、货利往来的经济政策。

姜太公建国之初,针对齐国"地泻卤,少五谷而人民寡"(《汉书·地理志》)的基本国情,"通商工之业,便鱼盐之利"(《史记·齐太公世家》)。公元前770年,周平王东迁之后,中央政权的权力受到了极大削弱,不再有控制诸侯的力量。诸侯国互相兼并,大国陆续出现，打破了诸侯并列、王室独尊的局面。在兼并过程中，西周原有的旧制度逐渐遭到破坏，宗子世袭不得买卖的宗族土地所有制，开始向个人私有可以买卖的家族土地所有制转化。这种转化成为东周社会各种变动中最基本的变动。东周进入动荡时期，频繁的兼并战争，加重了人民的疾苦。社会生产力的落后和军需的巨大支出，是春秋时出现的一个新矛盾。为了缓解这种矛盾，齐国开始了一系列的经济改革。在盐碱地制约国家农业发展的情况下，大力发展工商业，是社会经济发展的理性选择。

齐国的思想文化改革始于太公，自管仲相齐，开始国富民强，经管、晏、稷下各家，大力倡导"尊贤尚功"，政治上主张强公室、抑私门，内安社稷，外靖邻邦，为强国霸业注入活力。姜太公从强国实情出发，提出切实有效的战略方针。

首先，以法治国，安定民心。他诛杀了以所谓"仁义"乱齐的司寇营汤，和以不合作的姿态和平对抗齐国政权的"贤人"狂矞、华士兄弟，使齐国混乱的局面迅速得到了安定。其次，在政治上推行"尊贤尚功"的政策。就是选拔有才能的人做官，吸收大批当地东夷土著中的人才加入到齐国统治阶层；在文化上推行"因其俗，简其礼"的开明政策。所谓"因其俗，简其礼"就是尊重东夷人的文化传统，不强制推行周礼，而是从齐地实际出发，务实地创造了既让齐民乐于接受，又不太悖周礼的新制；在经济上倡导"农、工、商"三宝并举、"通商工之业，便鱼盐之利"的宏观战略。《史记·货殖列传》第六十九记载："故太公望封于营丘，地潟卤，人民寡，于是太公劝其女功，极技巧，通鱼盐，则人物归之，襁至而辐辏。故齐冠带衣履天下，海、岱之间敛袂而往朝焉。其后，齐中衰，管子修之，设轻重九府，则桓公以霸，九合诸侯，一匡天下；而管氏亦有三归，位在陪臣，富于列国之君。是以齐富强至于威、宣也。"

齐文化以务实性、尚变性、开放性和智慧理性等特征著称于世。对于经济环境、自然土壤、社会结构的特殊国情，手工业和商业则是齐文化"尊贤尚功"的政治文化理念，农工商并重的经济文化模式，崇力尚武、注重赏罚的法治文化观念，尊重自然、顺应自然的理性文化传统形成的经济支撑。

姜太公认为，人的本性是恶死而乐生，好德而归利，能给予人以生利的是道义，能行仁义道德者，则能使天下人归服。因此，国君应当以天下之利为利，以天下之害为害，以天下之乐为乐，以天下之生为务。只有以仁义道德为天下兴利除害，使天下人与之共利害，同生死，共忧患，共苦乐，这样才可以收揽、固结民心，使万民归心、欢心。我们不难看出，姜太公"爱民"思想之深，在先秦军事、政治和诸侯君中，也只有姜太公才有如此深刻"爱民"思想。姜太公说："敬其众，合其亲。敬其众则合，合其亲则喜，是谓仁义之纪。无使人夺汝威，因其明，顺其常。顺者任之以德，逆者绝之以力。敬之无疑，天下和服。"因此，威服天下者，不必专任武力，不可横暴百姓，而要以仁义为本，修德禁暴。

基于这种认识，《六韬》强调国君要行仁修德，泽及百姓，不可为己而害民。只有这样，人民才能与国君同舟共济，拥戴国君。"太公曰：'利而无害，成而无败，生而无杀，与而无夺，反而无苦，喜而无怒。'"这就是姜太公和《六韬》重视文韬而不轻武略，把经国与治军作为整体而论的高明之处。他治国安民用仁道，施仁政，重教化，因民俗，顺民情。姜太公深知"民为邦本，民固国兴"的道理，有民则有国，无民则何国可言。如果国君、大臣和各级官吏，不以民为本，以民事为务，而敲剥、残害民众，就会使民众离心离德，离之而去，叛之而反。君能与民共安生，天下安静，民则安定。最好的政治是因民俗、顺民心进行治理，其次是宣传教化，感化民众。民众被教化、受感化，就会服从政令，所以说，天道无为而能生长万物、成就万物，民众无须给予而能自己富庶，这就是治理天下的高尚道德，亦是"无为而无所不为"的根本道理所在。

《上贤》《举贤》两篇文章中，集中表现了姜太公的重贤、上贤、选贤、举贤的圣贤治国论及其思想内容。所谓"上贤"，就是尊重、崇尚有道德、有才能的人。"尊贤尚功"是姜太公"国本"的主要内容之一。姜太公认为，作为君主治理国家，必须尊崇德才兼备的贤人，抑制无才无德的庸人；任用忠实诚信的人，除去奸诈虚伪的人；严禁暴乱的行为，禁止奢侈的风俗。《六韬·文韬·上贤》云："太公曰：'得贤将者兵强国昌，不得贤将者，兵弱国亡。'"举贤思想，在姜太公建立齐国之后，又正式列入建国方针之一，即"举贤而上功"。

二、"三宝并重"经济思想

姜太公的理财富国、富民发展经济的思想主张是全面而周到、精辟而深刻的。《六韬·文韬·六守》载："太公曰：'人君有六守三宝。'"六守：仁、义、忠、信、勇、谋。三宝：大农、大工、大商，谓之三宝。农—其乡则谷足；工—其乡则器足，商—其乡则货足。三宝各安其处，民乃不虑。无乱其乡，无乱其族。臣无富于君，都无大于国。六守长则群昌；三宝完则国安。姜太公在此基础上，还提出了他的货币政策，确保财货正常流通、赋税正常缴纳，促进经济发展。姜太公深知农、工、商三业对国计民生的重要意义，国无农无食不稳，国无工无器不富，国无商无货不活。故要农、工、商并重，使人民衣食饱暖，器具足用，财政充裕。为齐国的强大奠定了政治、物质基础。"三宝并重"被列入建国方针之一，即"通商工之业，便鱼盐之利"，农工商同时发展，重点又是发展工商业，因而，后来的齐国才发展成为一个民富、国强的大国。

在重农抑商的春秋战国时代，社会富足、人民安居、国家稳定的根本是农业，发展农业是一个国家的重中之重。在保证农业丰足的同时，如何促进工业，特别是手工制造业和商业贸易流通？姜子牙提出了"三宝并重"的方针。三宝即农工商，强调农工商同时发展，重点发展工商业，采取"通商工之业，便鱼盐之利""劝其女功，极技巧"等措施。他制定"尊贤智，赏有功"、任人唯贤的人才政策。这一切，成为齐国的立国之本，使齐国成为春秋五霸之首、战国七雄之魁，历时32代国君，600多年。

姜太公在"三宝并重""本末并利""上下俱足"广开财源的基础上，提出了他的货币政策，确保财货正常流通、赋税正常缴纳，促进经济发展、市场繁荣，这种开源节流的经济、货币政策，实为国家经济发展的上策。姜太公深知农、工、商三业对国计民生的重要意义。国无农无食不稳，国无工无器不富，国无商无货不活，故要农、工、商并重，协调发展，使人民有业可从，衣食饱暖，器具足用，财货流通，财政充裕。姜太公的"三宝"思想，不仅是周朝经济发展的基本方针政策，而且为齐国的强大奠定了政治、物质基础。齐统治者审时度势，从经济环境、自然土壤、社会结构的特殊国情出发，创造并发展了手工业和商业。齐国当时利用半岛的环境资源，还大力发展盐铁工商经济，发展农林业，进行了"井田畴均、相地衰征、勿夺农时"一系列农业改革，采取了一系列富民、惠民、利民、恤民等经济举措。齐国正是立足务实的经济发展才奠定了八百年的基业。这些直到今天仍具有深刻的借鉴价值。

第二节 乡村"产业兴旺"

党的十九大提出乡村振兴战略，是新时代"三农"思想的重要组成部分，是未来"三农"工作的总抓手。乡村振兴的总体要求五句话，20个字当中，产业兴旺摆在首位，特别是中央1号文件，对产业兴旺也提出了具体明确的部署。乡村振兴的五个振兴，第一个就是产业振兴，可见产业兴旺在乡村振兴战略中具有极为重要的地位和作用。

一、产业兴旺的新内涵

"产业兴旺"是乡村振兴的重点。当前我国发展最大的不平衡、不充分在农村，在城乡差距大。在"促进工业化、信息化、城镇化、农业现代化同步发展"过程中，农业现代化明显是"四化"的短板。如果没有农业现代化，"四化"就是不完整的，其他"三化"建设也会受到制约和拖累。实施乡村振兴战略，重点是要继续大力推进农业现代化，尽快补齐"四化"短板，全面实现乡村产业振兴。

乡村振兴涵盖了乡村的方方面面，归根结底是发展问题，其中"产业兴旺"是重点。只有乡村经济发展了，才能富裕农民，繁荣乡村；也只有乡村"产业兴旺"，才能吸引更多外来资源和人才，集聚人气和财气。离开产业支撑，乡村振兴就是空中楼阁。因此，实施乡村振兴，必须系统深入研究"产业兴旺"的主要内容和实现路径，编制全省乡村产业振兴规划。当前，各地还有一些同志存在着认识或理解上的误区，或把"产业兴旺"简单地理解为发展现代农业，或片面地理解为发展乡村旅游业，缺乏全面系统的认识和思考。乡村振兴的产业发展，不同以往农村产业的构建，它有新的思路、新的举措，要以新的发展理念为指导，构建新机制，搭建新平台，培育新业态，形成新动能。产业兴旺对未来农业和农村现代化建设，提出了更高的标准，更高的质量要求。我们既要扩大规模，也要有质量要求。为此，要科学认识"产业兴旺"的基本内涵，把握好实施乡村"产业兴旺"的几个要点。

一是产业要绿色化。未来的产业不能再沿袭以牺牲生态环境为代价的老路，产业的发展要以新时代生态文明建设思想为指导，贯彻"两山"理论，绿水青山就是金山银山。坚守绿色红线，生态的底线，构建起绿色质量体系。既要生产绿色农产品，又要守住生态和环境。

二是产业要新兴化。未来农业农村的产业要得到较快的发展，农业农村的发展方式和业态要转型升级。我们要改变在农村的产业发展中，新兴的产业比重低、传统产业多，高端产业少，低端产业多，科技密集型产业少、劳动密集型产业多的问题，要有效解决，推动农业农村产业新兴化发展。

三是产业要特色化。要从本地生态自然环境、人文、科技优势出发，培育和发展经济优势和产业优势，发展特色产业。特别是要大力培育特色产品、品牌产品，农业农村的产品和产业要个性化、差异化。防止产业发展的趋同性和低水平的重复建设，要有特色、有竞争力。

四是产业发展要高效化。乡村振兴产业发展要摆脱传统的发展模式，不能在亏成本、亏生态、亏环境基础上发展。要实现资源再利用、产业再循环，要取得经济效益、生态效益、社会效益三种效益。

五是产业发展要融合化。产业兴旺要体现在城乡产业的深度融合，农村一、二、三产业的深度融合上。要向一、二、三产业的深度融合要效率、要空间。所以，我们要强调延长产业链。延长产业链的关键是要增强增收链，打造效益链，重做环境链。这样，生产、加工、流通都要与"互联网+"、大数据深度融合，提高产业的融合度。

六是产业发展要市场化。要依靠市场的力量，来推动产业兴旺，依靠市场来配置资源，依靠市场的需求来开发产品，来搞技术创新。形成产业化、商业化、市场化的经营机制。农村产业兴旺的要求，是非常高的要求，内涵非常丰富。农村的产业兴旺了，我们才能够为实现农业农村两个现代化奠定坚实的物质基础。

二、正确实施产业兴旺

乡村振兴的产业发展，不同以往农村产业的构建，它有新的思路、新的举措，要以新的发展理念为指导，构建新机制、搭建新平台、培育新业态、形成新动能。

一是着力构建绿色的农业结构和区域布局。农业和农村的结构和布局，始终是农村产业的基础。传统的农村结构、产业结构和布局，要进行调整和优化。这几年在这个方面取得了积极的进展和成效，我们还是要大力打造现代绿色的农业结构和布局。要把农业结构和布局建设成为增产网、增收网、就业网、生态网。这要使农业结构和农村产业结构的布局有一个根本性变化，那就是既要为社会提供绿色的农产品，又要为社会提供生态文化、旅游产值。还要为社会打造绿色生态和环境，这是我们要打造的新业态、新动能。

二是着力构建战略性农产品产业。要围绕粮食、肉类、蔬菜等战略性农产品，打造战略性农村产业。其中最重要的还是要确保国家粮食安全，要深度地开发和打造粮食产业，把粮食生产变成粮食产业。我们要把饭碗牢牢地端在自己手中，里面装满自己的粮食。口粮要绝对安全，同时还要保障其他的农产品、战略性农产品的有效供给。

三是着力打造田园综合体。田园综合体概念是2017年中央1号文件中提出的全新概念，田园综合体是农村的创造，是农村综合改革绿色发展的产物。要按照田园综合体要求，以农民合作社为基础，让农民广泛参与，大力发展生态农业产业、循环农业产业、创意农业产业、体验农业产业。我们要培育田园综合体的特色和优势，实现体制机制、产业创新共建发展，形成特色鲜明、内容丰富、生态环境创意体验于一身的田园综合体，实现经济效益、生态效益和社会效益的有机结合。

四是着力发展现代农产品加工产业。这应该成为产业兴旺的主导产业，目前我国农产品加工业有了一定的发展，农产品加工产值和农业总产值的比例和欧洲发达国家相比，还有很大的差距，也说明我们这方面发展的空间和潜力巨大。随着乡村振兴战略的实施，我国农产品的加工业将迎来发展的黄金期，成为创造社会财富的新型制造产业。将肩负起保障亿万人民营养健康的历史使命，对农产品加工业的发展，为社会、为农业和农村创造财富，提供营养健康的保障，更好满足日益增长的美好消费需求。

五是着力加快农业农村社会化服务产业的发展。这方面的农业需求和农村需求是很大的，因为未来农业和农村两大服务业将是产业兴旺的两大支撑。美国农业人口占总人口比重不到2%，但美国农民创造了较高的农业生产力。同时，也要注意到，在美国为农业服务的社会化组织人口占14%，所以美国是现代化农业发展最快的国家，它的播种、田间管理、流通等环节农业工作量，大部分由社会化服务组织承担和完成。这是建设现代农业的必由之路。所以，未来农业现代化、农村现代化的发展和崛起，这两大服务的需求日益显现。因此，在产业兴旺当中，也要促进农业农村社会化服务的产业兴旺。

六是着力加快农业生物质资源的利用。农作物秸秆、畜禽粪便、农村生产生活排放物，这些都是宝贵的农业生物质资源，我们充分加工和利用还远远不够。我们要大力发展农业生物质产业，生产出更多的新肥料、新饲料、新材料、新能源。随着农业生物质产业的发展，进一步提高农业的资源利用率、农业的劳动生产力和耕地的产出率。

七是着力发展农业农村康养、生态旅游产业。这个产业的巨大优势现在已经显现出来，是未来促进农民增收，改善农村产业结构，形成产业新业态的巨大动力和潜能。农业的非食物产品，是伴随着食物产品的生产而产生的。特别是生态环境产品、文化旅游产品、休闲康养产品，在以往的传统农业阶段并没有认识和深度开创。要推进农业全产业链发展，开展品种培优、品质提升、品牌打造行动，支持预制菜、乳业等产业发展，培育优势特色产业集群。

产业兴，百业兴。我们应坚持以供给侧结构性改革为主线，加快构建现代农业产业体系、生产体系、经营体系，不断提高我国农业综合效益和竞争力，乡村振兴一定会迎来更加灿烂的发展新局面。

三、以产业兴旺带动乡村振兴

进入新发展阶段、贯彻新发展理念、构建新发展格局，农业、农村、农民将面临一系列新课题。如何在巩固脱贫攻坚成果的基础上，全面实施乡村振兴战略，促进农业稳定发展和农民增收？实践证明，产业兴旺是带动乡村振兴的根本举措。乡村振兴，产业为先。产业兴旺是乡村振兴的重点，也是基础。乡村产业发展的第一步，是因地制宜，选准最具优势的产业。同时，也要解决好产业链的问题，满足消费者多元化需求，带动乡村一、二、三产业融合发展。要把推进产业兴旺作为"牛鼻子"，用心用力，紧抓不放，以产业兴旺带动乡村振兴。

一是"产业兴旺"要因地制宜。"产业兴旺"具有丰富的内涵。实施乡村"产业兴旺"既要基于第一产业又不能囿于第一产业，而应着眼于优化一产，在此基础上大力发展二、三产业，促进农旅结合、农网融合、一、二、三产业融合，强化一产对二产、三产的支撑力度，提升二产、三产对一产的反哺力度。通过一、二、三产业的相融相通和乘数效应，拓展农业发展空间，拉长农业产业链，拓宽农业产业幅，提升农业价值链，完善农业利益链，促进农业接二连三、跨二进三，推动农村一、二、三产业融合发展。

优化农业发展是第一位的。农业关系到国计民生，是国民经济的基础。民以食为天，农业在任何时候、任何情况下都不能放松。然而，调研中发现，在当前各地实施乡村振兴战略过程中，农业大多被自觉不自觉地轻视了。虽然大家都在谈要农旅结合，但实际上"农"讲得不多，"旅"讲得较多；在资金投向上，对"农"投得不多，对"旅"投得较多，轻视一产的倾向在有的地方较为明显，这并不符合"产业兴旺"的客观要求。农是本源，否则一、二、三产业融合就成了无源之水、无本之木。所以，还是要坚持基础产业不能动摇，与此同时，我们也不排斥农旅结合，而是积极鼓励利用农业的多功能性，充分发挥农业的生产、生活、生态功能，推进农旅结合、一、二、三产业融合发展。具体到工作中，要大力发展"农业+"，农业适合与什么结合就与什么结合，但核心还是要进一步优化农业产业，突出农业产业发展的绿色化、优质化、特色化和品牌化。因地制宜发展乡村特色优势产业，就是要一切从实际出发，千万不能照搬照抄，用一个模式去套。

落实到某一个具体的乡村，则要坚持宜种（种植业）则种、宜养（养殖业）则养、宜林则林、宜旅则旅、宜工则工、宜商则商、宜运（物流业）则运，要根据各个乡村的实际情况来选择和培育产业发展方向。强村富民的"产业兴旺"目标，只有因地制宜，才能突出发展优势，在发展壮大优势产业基础上，积极培育新产业新业态，构建新型乡村产业体系，加快推进"美丽资源"向"美丽经济"转变，实现产业兴旺、农村繁荣和农民增收。

二是发挥龙头企业带动作用。农村经济落后的地方，村集体经济往往薄弱，难以形成支柱产业带动群众增收，很容易造成脱贫后返贫。巩固拓展脱贫攻坚成果同乡村振兴的有效衔接，农业龙头企业要发挥引领带动作用。要保证农民在企业的产业链上就业，获得稳定的工资收益，能防止农民返贫，提升农民生活质量，推进实现农业农村现代化。同时，通过科技创新推动产业升级，吸纳更多优秀人才在农村广阔天地大显身手，让农民转型为新型职业技术工人。

三是打牢乡村产业发展基础。当前多数刚脱贫的乡村由于产业基础不够牢固，基础设施和基本公共服务不够完善，乡村治理体系和治理能力还比较薄弱，特别需要通过实施乡村振兴战略，补牢产业发展基础，逐步壮大县域经济和集体经济。要依托当地资源禀赋、地域特色、产业结构调整、龙头企业发展,拉长扶贫产业链条,从脱贫到振兴紧密"链"接,探索一条适合当地群众稳定持续增收的路径。加快建立健全城乡融合发展体制机制和政策体系,坚持农业现代化和农村现代化一体设计、一并推进,积极培育新产业、新业态和完善产业体系。充分挖掘本地生态、资源、区位、历史、文化等优势,探索将扶贫产业打造成为富民特色主导产业。充分发挥本地产业的集聚效应和富民效应,实现产业发展目标从短期向长期的转换,实现产业从单向发展向多元融合发展的转换,为乡村振兴打下坚实基础。

四是为民营企业下乡提供便利。推动乡村振兴战略实施,民营企业义不容辞。但一些涉农民营企业参与乡村振兴面临用地难、融资难等一系列难题。要从土地供应、设施配套、企业服务等方面,为民营企业参与乡村振兴提供便利。例如,基层村两委,带头引企回乡,在政策允许的情况下,允许农村集体土地流转抵押,牵头有关金融机构应为涉农产业项目提供低息贷款、配套再贷款、农业专项贷款等优惠。同时,加强农村道路、水电气等基础设施建设,鼓励企业开展农村致富带头人培养和农业实用技术等技能培训,对吸纳农村就业人数达到一定数量的企业,及时给予社保优惠和失业保险返还等。

五是共建现代乡村特色产业体系。乡村振兴,重要的是让农产品走出去。如涉农饮食服务行业,应该为推进乡村特色产业体系做出自己应有的贡献。餐饮企业作为农业产品的消费终端,要发挥好龙头企业的带动效应,大力推广"政府+科技+金融+餐饮龙头企业+合作社+贫困户"六位一体的股份合作模式,发展乡村旅游,促进农、餐、旅、购、宿一体化发展。

当前,部分地区的农村仍然存在产业基础较弱、融合程度较低、资金人才欠缺等诸多问题。为此,要强化政府主导力度,通过扶持和培养龙头企业引领、用户资源聚合等方式,构建现代乡村产业体系。具体做法应该参照以下几点:

第一,强化政府主导力度,深化"产业兴农"。由国家乡村振兴局牵头,联合省级政府成立省级"生态产业助推乡村振兴促进会",统筹谋划、统揽构建现代乡村振兴产业体系。

第二,组织规模企业集团,引领龙头企业,促进"品牌强农"。鼓励龙头企业依托区域公用品牌,培育特色鲜明、底蕴丰厚、附加值高的市场化品牌,并对发展效益好、用户声望高、市场销售旺的品牌给予政策奖励。

第三,聚合企业用户资源,推动"渠道富农"。积极发挥龙头企业的渠道资源,搭建生态产业渠道合作联盟,构建场景多元、触点广泛、直达用户、覆盖面广、精准性强的生态产品销售体系。

第四章 管仲的"四民分业"与乡村"生活富裕"

齐桓公时,管仲为相,推行了"四民分业""三国五鄙"的行政制度,使齐国的农业、手工制造业、商业都得到发展,齐国经济开始繁荣起来。

第一节 管仲的"四民分业"

管仲为齐国上卿(即丞相),被称为"春秋第一相",辅佐齐桓公成为春秋时期第一霸主。他注重经济,主张改革以富国强兵。齐桓公尊管仲为"仲父",授权让他主持一系列政治经济改革。他按土地分等征税,禁止贵族掠夺私产;发展盐铁业,铸造货币,调剂物价,助推齐国国力大振。

一、管仲其人

管仲(约公元前723—公元前645年),姬姓,管氏,名夷吾,字仲,谥敬,春秋时期法家代表人物,颍上人(今安徽省颍上县),周穆王的后代。是中国古代著名的经济学家、哲学家、政治家、军事家。被誉为"法家先驱""圣人之师""华夏文明的保护者""华夏第一相"。齐僖公三十三年(公元前698年),管仲开始辅助公子纠。齐桓公元年(公元前685年),管仲任齐相。管仲在任内大兴改革,即管仲改革,富国强兵。齐桓公四十一年(公元前645年),管仲病逝。

青年时期的管仲,一方面受其曾显赫辉煌一时的家族史的影响,超凡脱俗,志存高远,具有干一番轰轰烈烈大事业的意识。另一方面家境的贫困,谋生的坎坷,使管仲具有了坚韧不拔的进取精神;乱世的纷争,时局的动荡,锻炼、铸就了管仲明察世态、洞悉时局的能力。他为了实现功名显于天下的志向,学先贤、习武艺、交友共勉、调查实践,多方吸纳齐家、治国、平天下之道,为其后来成为治齐贤相、称霸诸侯、建立伟功奠定了坚实的基础。

管仲早期的个人奋斗是不顺的:经商赔本、做官被逐、打仗败北、辅佐公子纠沦为阶下囚。但是这些磨难丰富了他的阅历,磨炼了他的意志,积累了他的处世经验,提高了他的政治素质,于是才有了他后来的抓住机遇,一举功成。管仲从阶下死囚犯一跃而为齐相的直接原因是其好友鲍叔牙的推荐。当齐桓公欲委相于鲍叔牙时,鲍叔牙以国家社稷为重,力荐管仲:"治理国家的大事,不是我能胜任的,只有管夷吾才行。我有五个方面不如管夷吾:宽厚惠民,我不如他;治国不失权柄,我不如他;忠信以交诸侯,我不如他;制定礼仪示范于四方,我不如他;披甲击鼓,立于军门,使士气倍增,我不如他。管夷吾犹如人民的父母,治理儿子,不能不用他们的父母。"(《管子·小匡》)然而到后来管仲与齐桓公临终论相的时候却没有推荐鲍叔牙,而是推荐了隰朋,这同样是体现了以国家社稷为重。可见,被世人称颂的管鲍之交是建立在以国家社稷为重的共同志向基础上的友谊。

齐桓公抛开一箭之私仇,任用管仲为相,管仲报知遇之恩,辅佐齐桓公图霸,真乃君臣知遇,相得益彰。管仲凭借自己非凡的政治才能赢得了齐桓公的重用,先拜为相,又拜为"仲父",齐桓公几近言听计从,使管仲的经天纬地之才得到淋漓尽致的发挥:他知人善任,举荐了大批的贤能之士;他改革内政,稳定了齐国的社会秩序;他发展经济的富民政策,使齐国国力大增,民富国强;他修治甲兵,壮大了军事力量;他"尊王攘夷",扩大了齐国的政治影响;他礼法并用,确立了齐国的霸主地位。

管仲辅佐齐桓公近40年,把一个原来"地洳卤、人民寡"的齐国治理得国富兵强,成为春秋时期的第一霸主。公元前645年,管仲逝世,他的死引起了齐国朝野上下的悲痛,人们把他安葬在齐国都城临淄城南的牛山上,为他竖立了高大的石碑,永远纪念他对后世的功德。管仲辅佐齐桓公称霸一个世纪后,孔子曾赞叹管仲的功绩说:管仲辅佐齐桓公,称霸诸侯,挽救周室,使百姓受惠至现在。若是没有管仲,我们大概要披散头发,左开衣襟,成为蛮夷统治下的老百姓了。这反映出管仲相齐的功绩在华夏文化发展过程中的特殊作用。

二、管仲的经济思想

(一)"以农为本,本末并举"

管仲主张"以农为本",高度重视农业的基础地位,把农业放在优先发展的位置上。《五辅》说:"明王之务在于强本事,去无用。"这里的"本事",即指农业。为了加强农业生产,管仲还推行了一系列富农政策。如改革农业生产关系,稳定农民生活,减轻徭役,不误农时;以农为主,多种经营;注重土地管理和森林保护;奖励致富能手,重视农业科技等。

(二)"寓税于价""与之为取"

管仲相齐时,大力推行的税赋改革是在"均田分力"基础上的"相地而衰征"。"均田分力",就是把土地经过公开折算后租给农民,使其分户耕种,提高农民的生产积极性和劳动效率;"相地而衰征",就是依据土壤的肥瘠征收数额不等的实物农业税,使征税做到最大限度的公平合理。另外还规定了视年成丰歉而"衰征"的政策。《大匡》规定两年收税一次,丰年收十分之三,中等年收十分之二,下等年收十分之一,荒年不收,待饥荒缓解后再收。因为这次税赋改革顺应时代发展,适应当时生产力发展水平的需要,不仅使齐国收到了"粟如丘山"之效,也使奴隶制的生产关系瓦解,导致了上层建筑向封建制度转化。其历史作用是巨大的,影响是深远的。

财税管理上,大力改革农业税收形式,工商税则"寓税于价""与之为取"。对国家赋税,管仲认为大体上可分为两种:一种是强制性的,一种是自愿性的。强制性的赋税,除了土地税之外,还有房屋税、牲畜税、人头税、果木税等。管仲学派认为,对于这种强制性的税,应当尽量少征或免征。因为这些强制性赋税有一定的负面效应,最好的赋税形式是让民众"见予之所,不见夺之理"。就是说,能够通过一种特殊的征集办法,让人民只见到国家给予他们的好处,而见不到有夺取的行为。这种税,民众不仅自愿缴纳,而且还请求缴纳。这种税在当时的齐国,有盐铁税、渔业税、山泽特产税等。

(三)"轻重"之术

管仲在金融流通方面,充分发挥货币的宏观调控作用,运用轻重之术,驾驭国家经济,充实国家财政。他把货币看成流通手段,认为"黄金刀币,民之通施也"。就是说,善于治国的君主要通过对货币的控制,来主宰关系国计民生的商品,从而进一步调控经济。第一,通过货币的收放来控制主要商品的价格,从而控制整个市场。第二,货币的投放量要依据实际情况相机而定,要事先经过调查、统计、综合分析。第三,要抓住货币与商品之间"币重则万物轻,币轻则万物重"的对应关系,在轻重、贵贱之间有计划有步骤地进行调控。具体的操作方法,就是轻(贱)时买,重(贵)时卖。国家通过对谷物的敛聚(买进)和散行(卖出),使物价向相反方向发展。本来是很贱的谷物,国家一大量收储,价格就会上扬,即"藏则重";反之,国家在谷物贵时大量抛售,价格又会下降,即"发则轻"(《揆度》)。这样,国家便可以相机调控,在适当时机、适当地区"以重射轻",或者是相反方向操作"以贱泄平",以实现平抑物价、调剂余缺并增加国家收入的目的,即其所谓"人君操谷币金衡,而天下可定也"(《管子·山至数》)。

(四)对外贸易方面,因时而动,热情服务

管仲十分重视对外贸易,进行了大量细致深刻的研究和论述。他们认为,实行对外贸易,是吸引天下之财,实现富国强兵的重大措施。正如《轻重甲》言:"为国不能为天下之财,致天下之民,则国不可成。"要搞好对外贸易,首先,要密切关注各国市场行情,及时了解各国市场的需求;其次,充分利用价格政策,根据本国的需要鼓励进口或出口某项物资,从而使天下的资源财货皆能为我所用,即所谓"因天下以制天下"(《轻重丁》);最后,大力招商引资,发展旅游业。如实行减免税优惠、建立完备的服务制度优待外商等。

(五)适当扩大消费,以刺激生产

管仲对消费问题做了不同于传统观点的独到分析,他主张奢俭并重,而不是一味强调节

约消费支出方面，提倡特殊情况下"侈靡"，即扩大消费，以刺激生产。就是在社会生产不振、经济萧条时期，通过扩大国家财政支出中的君主消费部分，以此鼓励和调动整个统治集团和私人富有者的侈靡消费，刺激生产，给失业者提供就业机会，即借此达到"富者靡之，贫者为之"（《侈靡》）的目的。应该说，早在两千多年，管仲学派就能敏锐地发现生产与消费之间这种"其化如神"的关系，并适时提出扩大消费的正确主张，确实是难能可贵的。

三、管仲的"四民分业"思想

桓公曰："成民之事若何？"管子对曰："四民者，勿使杂处，杂处则其言咙（杂乱），其事易（变）。"公曰："处士、农、工、商何？"管子对曰："昔圣王之处士也，使就闲燕；处工就官府，处商就市井，处农就田野。"（《国语·齐语》）二千五百多年前的齐国名相管仲针对强国富民问题，提出了"四民分业"的观点。所谓"四民分业"指的是在整个社会框架之中，将国家的民众分为士、农、工、商四类。"四民分业"可以使人职业化，让士、农、工、商各类民众都固定在原来的职业和位置上，以便让其"少而习焉，其心安焉，不见异物而迁焉，是故其父兄之教不肃而成，其子弟之学不劳而能"，如此，则"士之子恒为士""农之子恒为农""工之子恒为工""商之子恒为商"。这样使职业和地位都世袭化，就保证了劳动技能和劳动力的再生产，同时也使现实的生产关系不断再生产，提高了劳动生产率。

"四民分业"有重视工商业，利于生产技术、技能、知识的传授，促进社会生产发展的一方面。同一行业的人"群萃（聚集）而州处"，聚集在一起，彼此易于交流生产经验，提高技术水平，即所谓"相语以事，相示以巧"，"相陈以功"。这有助于提高劳动生产率。同一行业的人聚集在一起，还可以互通信息，彼此间"相语以利，相示以赖，相陈以知贾（价）"，可以促进商品的流通。但是，通过分类将各类民众以固定的职业，固定的居所，使之所处的阶级阶层也为之固定化，使一切都变成了静止、不变的，把生产力水平和人们之间的社会关系都僵化了。

管仲学派不但重视农业，还结合齐国实际，高度重视手工业和商业，在发展多种经营的大农业同时，积极发展工商业，强调农工商协调发展，这使得齐国的经济呈现出工商型经济的鲜明特色。管仲学派认为："士农工商四民者，国之石民（柱石之民）也"，"欲正天下，财不盖天下，不能正天下；财盖天下，而工不盖天下，不能正天下；工盖天下，而器不盖天下，不能正天下。"重视手工业和商业的作用，尊重手工业者和商人的社会地位。为了鼓励工商业的发展，管仲重视市场的设置建设，设置了工商管理机构，加强质量管理和商业道德建设，实行官山海即国家盐铁专卖制度，采取轻税措施，奖励商人，用宏观调控手段干预流通领域，加强对外贸易，从而使齐国的工商业繁荣发达，成为先秦时期最富庶的国家。

管仲的四民分业、分居论中，关于四民分工、分业的内容却反映了当时社会的客观存在和人们关于分工、分业的观念，所以这一划分对后世有重大影响。但从今天的视角来看，"四民分业"具有明显的保守性，但在当时的社会经济条件下，该思想无疑是具有先进性的。辩证对待传统文化中的精华和糟粕,继承其积极合理的因素,推进传统文化的创造性转化和创新性发展,则具有非常现实的价值和意义。

产业是经济发展的基础,是社会进步的前提。乡村产业兴旺发达,健康持续地发展,才能为经济社会发展提供强劲动力,才能更好地满足人民群众对美好生活需求。在高质量打造乡村振兴齐鲁样板背景下,结合管仲"四民分业"之策,规划士、农、工、商分工、分业,因地制宜,因才而用,高质量开展粮油、畜禽、水产、果蔬、园林等现代农业振兴行动,是实现"培育优势特色产业群,推动农业全产业链发展"的现实策略,必须切实抓紧抓好。

第二节 推动乡村生活富裕

生活富裕是千百年来中国人孜孜以求的美好状态。无论是小康社会,还是大同世界都对这一美好状态有过描述。《管子·治国》上说:"凡治国之道,必先富民,民富则易治也,民贫则难治也。"千百年来,不论是齐国姜太公的"富民"之道、管仲"使民富足"的人本思想,还是邓小平"解放和发展生产力,消灭剥削,消除两极分化,最终实现共同富裕"的社会主义本质理论,乃至乡村振兴战略中"生活富裕"的目标,都鲜明地体现了中华民族对人民美好生活的追求。

一、生活富裕的基本内涵

生活富裕,就是指农民有持续稳定的收入来源,经济宽裕,衣食无忧,生活便利,共同富裕。生活富裕是实施乡村振兴战略的目标之一。按照从低到高的需求层次,生活富裕主要体现为:"保障物质生活——增加农民收入";"完善基础设施——改善生活条件";"提升服务供给——保障公民生存和发展基本需要"。

(一)保障物质生活

中国要强农业必须强,中国要富农民必须富。让农民有持续稳定的收入来源,经济宽裕,衣食无忧,生活便利,共同富裕,是实施乡村振兴战略的目标。保障物质生活,关键是要让农民有钱。说一千,道一万,增加农民收入是关键。如何"不断拓宽农民增收渠道""促进农民持续增收"是很多人关心的话题。从宏观角度看,农民增收既要做大分子,又要缩小分母。做大分子就是提升农业价值链,途径是农业新产业新业态的培育,农村一、二、三产业融合,等等;缩小分母就是通过城镇化、土地流转等方式来减少农民,把农民从土地中解放出来,加大农民工就业支持力度。从构成上看,农民收入包括经营性收入、工资性收入及财产性收入等。首先,经营性收入主要来自种植、养殖。其次,农村一、二、三产业融合发展带动就地就近就业、返乡创业,成为农民工资性收入增长的重要途径。最后,土地增值收益以及农村集体资产股份分红,是农民财产性收入的重要来源。因此,要围绕农业提质增效、农民就业创业、农村社会保障，着力挖掘经营性收入增长潜力，稳住工资性收入增长势头，拓展财产性收入增长空间。

（二）完善基础设施

农村基础设施是推进农村经济产业革命、实施乡村振兴战略的重要基础支撑。逐步建立全域覆盖、普惠共享、城乡一体的基础设施服务网络，重点抓好农村交通运输、农田水利、农村饮水、乡村物流、宽带网络等基础设施建设。农村的基础设施不是摆放垃圾桶这样简单的，核心是实现基础设施的互联互通，重点在联通。通路、通水、通电、通网才是迫切解决农民之所需，才是发展农村的硬道理。近年来，各地持续加快实施村庄硬化道路建设，实现了家家开得进去小汽车的愿望；推进节水供水重大水利工程的建设，用水问题大部分得以解决；加快电网改造升级，农民不再有断电的苦恼；实施数字乡村战略，加快了宽带4G网络覆盖的步伐，实现了互联生活。这些举措在农村全面进步中都可以归类为基础设施的建设。

（三）提升服务供给

基本公共服务是由政府主导、保障全体公民生存和发展基本需要与经济社会发展水平相适应的公共服务。城乡之间发展不平衡最突出的表现就在于基本公共服务发展水平的不平衡。这种不平衡表现在资源布局、能力提供和服务质量上。要实现共享发展，必须加快补齐这个短板，要增加公共服务在乡村的供给，同时要增强公共服务在城市、县城、小城镇和乡村之间的同步性，稳步提高城乡基本公共服务均等化的水平。主要是以下四个方面。第一个是教育，要建立城乡教育资源均衡配置的机制。要优先发展农村的教育事业，促进各类教育资源向乡村倾斜，建立以城带乡、整体推进、城乡一体、均衡发展的义务教育发展机制，用教育公平来促进整个社会的公平公正。第二个是医疗，要健全乡村医疗卫生服务体系。要统筹加强乡村医疗卫生人才和医疗卫生服务设施的建设，并通过鼓励县医院和乡村的卫生所建立医疗共同体，鼓励城市大医院对口帮扶或者发展远程医疗来缓解农村居民看病难、看病贵的问题。第三个是文化，要健全城乡公共文化服务体系。要统筹城乡公共文化的设施布局、服务提供、队伍建设，推动文化资源重点向农村倾斜，扩大和提高服务的覆盖面和适用性。第四个是完善统一城乡的社保制度。医疗保险、养老保险等，是城乡居民最关切的民生热点。所以要加快实现各类社会保险标准统一、制度并轨，充分发挥社保对保障人民生活、对调节社会收入分配的重要作用。

二、实现乡村生活富裕要解决好的几个问题

山东省委书记李干杰在省十二次党代会报告中提出,推动"人民生活品质实现新跃升",实现"共同富裕迈出坚实步伐,居民人均可支配收入年均增长7%左右,城乡收入差距明显缩小。民生领域财政投入稳步增加,基本公共服务均等化水平明显提高,实现更高水平幼有所育、学有所教、劳有所得、病有所医、老有所养、住有所居、弱有所扶,养老托育服务体系健全完善,建成医养结合示范省,打造体育强省,群众生活更加幸福、日子越过越红火"。实现"乡村生活富裕,人民生活品质新跃升"应重点解决好以下问题。

(一)发展乡村富民产业

实现乡村振兴,摆脱贫困是前提,实现共同富裕是目标。实施乡村振兴战略有机结合起来,推动乡村产业兴旺、生态宜居、乡风文明、治理有效、生活富裕;要推动乡村产业振兴,把产业发展落到促进农民增收上来,让经济活起来、农民增收的渠道多起来,推动乡村生活富裕。

促进农民富裕富足。推动巩固拓展脱贫攻坚成果同乡村振兴有效衔接,确保不发生规模性返贫。积极培育农民合作社、家庭农场等新型经营主体,促进小农户与现代农业有机衔接。强化乡村能人示范引领,实施乡村好青年培养计划和人才回归工程,培育更多"新农人"。积极探索新型农村集体经济发展路径,大力发展乡村富民产业,深化"万企兴万村"行动,因地制宜建设"创业车间",引导农民就地就近就业,实现长富久富。

做好做扎实乡村振兴这件大事,首先要全面落实"贫困人口稳定增收计划",促进贫困劳动者就业创业脱贫,实现"就业一人,脱贫一户"的目标;大力推广"扶贫车间""扶贫工厂"等产业化扶贫模式,变"输血式"扶贫为"造血式"扶贫;加大金融扶贫力度,不断扩大覆盖面;创新资产收益扶贫方式,探索资源变资产、资金变股金、贫困户变股民的"三变路径";大力开展电子商务扶贫,支持促进贫困群众"多头"增收;科学合理规划产业项目,注重防范风险,防止盲目跟风,避免造成次生贫困。

其次要结合乡村广大农户生活、生产、收入实际,解决好家庭副业帮扶问题,特别是贫困户实际,足额落实农村低保、医疗救助、教育补贴、危房改造等行业扶贫政策。一方面做到义务教育、基本医疗、住房安全、饮水安全;另一方面紧盯低收入群体,推动"低保线"与"扶贫线"动态合一;聚焦"五保"危房户、重度残疾人等特殊群众,探索保障性扶贫新途径;减轻贫困群众就医负担,稳步推进贫困家庭人居环境整治,切实提升群众获得感。

最后要坚持扶贫与扶志、扶智相结合,聚焦贫困群众的能力养成和自我发展潜力培养,引导贫困群众克服等靠要思想,补齐贫困群众"精神短板",形成自强自立、争先脱贫的精神风貌。

（二）拓宽村民增收渠道

为全面实现乡村振兴，要围绕贫困群众持续稳定增收，已全面打赢产业扶贫、就业扶贫、金融扶贫、生态扶贫"四大硬仗"，进一步拓宽增收渠道。一是大规模开展新农民、农民工职业技能培训，针对进城农民特点和需求，开展具有专业特色、实用性强的职业培训，提高农民就业本领。二是全面落实鼓励中小企业吸纳就业的优惠政策，鼓励进城农民自主创业，对进城农民初次创办的企业，免除各项行政事业性收费，支持和促进农民多渠道创业就业。三是鼓励各类群体返乡下乡创业，支持农民工、大中专毕业生、退役士兵等返乡下乡人员结合自身优势和特长，开发农业农村资源，大力发展文化、科技、旅游、生态等乡村特色产业，形成多层次、多样化的返乡下乡创业新格局，培育一批家庭工厂、手工作坊、乡村车间，实现乡村经济多元化，提供更多就业岗位。

三、提高农民生活质量

提高农民生活质量，加快农村基础设施提档升级尤为关键，这不仅是调整农业结构的需要，也是提升百姓生活质量的基础保障。要坚持把基础设施建设重点放在农村，加快农村公路、供水、供气、环保、电网、物流、信息、广播电视等建设。全面开展"四好农村路"示范县、示范乡镇和省级"美丽农村路"创建工作。加快实施通村组道路建设，打通乡村"断头路"。实施农村饮水安全巩固提升工程，实现自来水村村通。加快新一轮农村电网改造升级，保障供电能力。加快农村地区宽带网络和第四代移动通信网络覆盖。实施数字乡村战略，做好整体规划设计，开发适应"三农"特点的信息技术、产品应用和服务。

提高农民生活质量，要完善统一的城乡居民基本医疗保险制度和大病保险制度，建立城乡居民基本养老保险待遇制度和基础养老金标准正常调整机制，统筹城乡社会救助体系，完善最低生活保障制度和养老服务网络，持续开展关爱留守儿童和农村贫困青少年帮扶活动。要深入开展卫生乡镇、卫生村创建活动，推进健康乡镇、健康村和健康家庭建设，着力提高农村医疗卫生服务质量，支持乡镇卫生院和村卫生室改善条件，建立联通市、县、乡三级医疗机构的远程会诊信息平台，加强慢性病综合防控，大力推进农村精神卫生、职业病和重大传染病防治。开展和规范家庭医生签约服务，倡导优生优育，深入开展乡村爱国卫生运动，倡导推广全民健康生活方式。

实施收入倍增行动，推进农民生活富裕。坚持就业优先，抓好高校毕业生、退役军人、农民工等重点人群就业，滚动实施城乡公益性岗位扩容提质行动，扩大农村劳动力就业，积极发展新就业形态。提高劳动报酬在初次分配中的比重，完善再分配调节机制，发挥慈善等第三次分配作用，多措并举增加居民经营性、财产性收入，持续提高低收入群体收入，力争十年实现居民收入、中等收入群体"双倍增"。

农民要增收，就要围绕"农业增效、农民增收"，坚持以"工"促"农"，大力发展民营经济，通过建好基地、带动农户，推进农业产业化经营，走"一户带多户，多户带全村，全村成基地"发展模式，吸收有一技之长的农民加入合作社，扩大种植、养殖、加工生产规模，带动地方农业转型升级。同时，对农村青年，尤其是种养大户、科技能手、农民经纪人、村组干部等，免费集中培训计算机应用知识以及网上获取和交换信息的技能，使其带动大家通过电商、微商、网销，扩大经营，共同致富，让农民真正得到实惠。

第五章　管仲"定民之居，成民之事"与"生态宜居"

管仲认为，称霸天下当然要靠军事力量的强大，但强兵却仅仅是关键而不是根本，根本在"民"。即所谓"与其厚于兵，不如厚于人"（《管子·大匡》）。据此，他提出了"定民之居，成民之事"的办法。实行这种"定民之居"的办法，显然有利于管理，有利于分工，有利于同业内部的互相影响、互相学习，而且有利于兵民之间的转换。

第一节　管仲"定民之居，成民之事"的治国主张

管仲在行政改革方面提出"定民之居"及"成民之事"的主张。"定民之居"是将百姓的管理落实于井然有序之中，其具体做法是：参其国，五其鄙。将国家分为二十一乡，致力于工商业发展的有六乡，其余则是出兵打仗的军士之乡，由齐桓公以及国、高二氏各分掌五乡。

一、管仲"定民之居"的改革主张

《国语·齐语》记载：桓公问治国。管子对曰："昔吾先王昭王、穆王，世法文、武远绩以成名。合群叟，比校民之有道者，设象以为民纪，式权以相应，比缀以度，跨本肇末，劝之以赏赐，纠之以刑罚，班序颠毛，以为民纪统。"桓公曰："为之若何？"管子对曰："昔者，圣王之治天下也，参其国而伍其鄙，定民之居，成民之事，陵为之终，而慎用其六柄焉。"桓公曰："成民之事若何？"管子对曰："四民者，勿使杂处，杂处则其言哤，其事易。"公曰："处士、农、工、商若何？"管子对曰："昔圣王之处士也，使就闲燕；处工，就官府；处商，就市井；处农，就田野。"桓公曰："定民之居若何？"管子对曰："制国以为二十一乡。"桓公曰："善。"管子于是制国以为二十一乡：工商之乡六；士农之乡十五。公帅五乡焉，国子帅五乡焉，高子帅五乡焉。参国起案，以为三官，臣立三宰，工立三族，市立三乡，泽立三虞，山立三衡。

《管子·小匡》记载："桓公曰：'定民之居，成民之事，奈何？'管子对曰：'士农工商四民者，国之石民也。不可使杂处，杂处则其言哤、其事乱，是故圣王之处士必于闲燕，处农必就田野，处工必就官府，处商必就市井。'"这就是说，士农工商四民的聚居地要有所区分，而

且要相对稳定。具体说来，则是"参其国""伍其鄙"。春秋时，称侯国的都城为"国"，都城以外的地方则是"鄙野"，简称"鄙"。"参其国"指："制国以为二十一乡：商工之乡六，士农之乡十五。公帅十一乡，高子帅五乡，国子帅五乡，三国故为三军。公立三官之臣：市立三乡，工立三族，泽立三虞，山立三衡。制五家为轨，轨有长；十轨为里，里有司；四里为连，连有长；十连为乡，乡有良人；三乡一帅。""伍其鄙"指："制五家为轨，轨有长；六轨为邑，邑有司；十邑为率，率有长；十率为乡，乡有良人；三乡为属，属有帅；五属一大夫。武政听属，文政听乡，各保而听，勿有淫佚者。"

管仲改革在国政上，分为三个方面，设立管理农、工、商的三个官，并"公立三官之臣，市立三乡，工立三族，泽立三虞，山立三衡"，让他们分别管理商业、手工业、川泽、森林之事。"参国"其实就是"三军"。齐桓公、国氏、高氏就是三军的统帅。至于"鄙"也就是"野"，其组织虽然在《管子》与《国语》中的记载不尽相同，但是结构相似。每一层的组织都有一位负责人，督查下属的治理状况。这样既能达到分层管理的目的，又能严密监督管理。

二、管仲"成民之事"的人本思想

管仲《匡君·小匡》记载：桓公问如何治理国家乱象。管子对曰："昔吾先王周昭王、穆王世法文武之远迹，以成其名。合群国，比校民之有道者，设象以为民纪、式美以相应，比缀以书，原本穷末。劝之以庆赏，纠之以刑罚，粪除其颠旄，赐予以镇抚之，以为民终始。"就是说，要召集众长老来考察选择百姓中有德行的人，制定法令作为民众行为的准则，同时树立相应的榜样，以此把百姓维系起来。从根本上来解决那些细枝末节的问题，用赏赐善行来引导民众，用惩罚罪恶来纠正偏差，使长幼有序，为百姓立下规矩。

"成民之事"，从根本上说依赖于发展经济，除了管理的因素之外，也需要相关的政策。在这一方面，管仲制定的政策突出有成效者，主要是"相地而衰征"和"关市几而不征"。《国语·齐语》："桓公曰：'五鄙若何？'管子对曰：'相地而衰征，则民不移；政不旅旧，则民不偷；山泽各致其时，则民不苟；陆、阜、陵、墐、井、田、畴均，则民不憾；无夺民时，则百姓富；牺牲不略，则牛羊遂。'"其中的"相地而衰征"，是指根据土质的好坏美恶，也就是区分"陆、阜、陵、墐、井、田、畴"的不同情况，从而确定对土地征收赋税的多少。《管子·大匡》中还讲到了具体的征收办法："案田而税，二岁而税一。上年十取三，中年十取二，下年十取一，岁饥不税。"这里不仅考虑到了土地的情况，而且考虑到了年景，当然比不分青红皂白征收同样的赋税要合理得多，要更便于调动劳动者的积极性。如果说"相地而衰征"是对内的经济政策的话，那么，"关市几而不征"则主要是对外的经济政策。故《齐语》中这样说："通齐国之鱼盐于东莱，使关市几而不征，以为诸侯之利，诸侯称广焉。"这里就是说，对于来往的货物，无论是几经周转，都免征关税和市税。这无疑会刺激流通，大大有利于齐国人民的富裕和经济的发展与繁荣。

三、"定民之居、成民事"对乡村振兴的启示

春秋时期,管仲重农爱民、以民为本,实现了国家的安宁和富强。其中"四民分业,定民之居、成民之事"一系列关于职业分工、土地、农民、粮食的思想和政策,在当时发挥了重大作用。这些政策背后所体现的哲学思想对乡村振兴战略实施和城乡发展转型都有着重大的警示意义。

第一,在土地的管理方面,视土地的肥沃与贫瘠来制定有差别的赋税;山野田泽各顺其时来进行开采;田畴耕作方面务求公平分配;不在收成的时候强征民工;也不随意掠夺牲畜来祭祀。从这些举措中,可以看出管仲期望通过社会组织的严密划分和分层管理,让人民能够安心地在土地上耕作、探望、养殖和生产。

第二,管仲的政治和经济思想,他充分把握"政之所兴,在顺民心"的原则,切实做到了"四顺"——民恶忧劳,我佚乐之;民恶贫贱,我富贵之;民恶危坠,我存安之;民恶灭绝,我生育之。"治国之道,必先富民"思想,不仅鼓励农民积极开发土地,让土地资源活起来,达到"田垦则粟多,粟多则国富"的乡村振兴目标;而且也启示我们因地制宜,利用本地的地理优势,"通商工之也,便鱼盐之利",发展手工业,开发特色优势产业,使农业兴起来,让农民富起来,使农村强起来。

第三,借鉴"设轻重鱼盐之利,以赡贫穷,禄贤能,齐人皆悦"思想,全力发展工商业,实行"官山海"政策以巩固集体经济,增加国家收入,实现国家富强、人民幸福。

第四,以人为本,"成民之事"。"使人民安居,帮助人民做成自己的事业",恰当利用职业分工,鼓励士、农、工、商各司其职、各从其业,并让这四种不同职业的人宜养宜居,改善农村居住条件,使农民真正老有所养、住有所居。

第二节 乡村"生态宜居"

2018年中央一号文件指出,乡村振兴,生态宜居是关键。近几年,国家持续加大生态保护力度,加强农村基础设施建设,让农村成为安居乐业的美丽家园。良好生态环境是农村最大优势和宝贵财富。推动农村基础设施提档升级,继续把基础设施建设的重点放在农村,加快农村公路、供水、电网等基础设施建设。通过建设生态宜居乡村,推动乡村自然资源资本加快增值,让绿水青山真正成为兴村富民的"金山银山"。

一、乡村振兴"生态宜居"基本要求

乡村振兴"生态宜居"要求,事关农村人居环境建设,必须遵照《中共中央国务院关于实施乡村振兴战略的意见》要求,统筹推进、标本兼治,营造干净、整洁的生产、生活环境,提高人民群众的幸福感和满意度,提升村民生活质量和健康水平,建设多姿多彩的美丽乡村。

生态宜居主要有两项内容：首先是自然生态，就是乡村有着良好的生态环境，即青山绿水和新鲜空气，人们有着适宜的居住环境，享受着大自然的风光，呼吸着纯净的空气。其次是社会生态，种植业和养殖业可以组成循环农业，人们的生产和生活同样也可以循环。大家想象一下，在传统的乡村根本都没有垃圾，农民生产的所有东西都能得到充分利用，人类吃掉粮食，剩下的皮渣当作饲料喂猪养鸡，植物的秸秆用来养羊养牛，人和动物的排泄物又作为有机肥回到田间，这种循环农业是历史留下的宝贵智慧，维系了良好的生态环境和村落的宜居环境。

在农村有我们提倡的低碳生活、勤俭节约、循环利用。同时也可以看到天人合一的理念，无论是村落的选址、民居的建设、材料的使用都体现着尊重自然，利用自然的智慧。所以生态宜居不仅仅是盖上一些漂亮的房子，还要从文化的角度，特别是生态信仰、生态理念、生态文化的角度来建设。民居住宅的设计当然是生态宜居的重要方面，但是千万要注意不要按照城市的建房标准要求乡村，现在很多的设计公司和规划公司对农村知之甚少，拿着城市的建筑图纸到了农村，结果只能是破坏了农村。出现这种情况主要是因为设计师没有对农村进行全方位的了解，想当然地改造乡村，结果把乡村建设得既没有了文化氛围，也不利于农民的生活和农业的生产，因此也就没有了生态宜居。这样的乡村建设从表面上看建设得红红火火，但是缺乏文化的内核，是很难振兴的。

现在有很多的地方把村子整体拆掉建设景区，让农民远离土地，住进了城镇，距离土地十几公里，这样的话，农民还能种地吗？农民有办法照料他的土地吗？有的以养殖业为主，农民被安排到二层的小楼，很多人在一层养猪，二层住人，那么这是美丽乡村吗？这样的乡村能振兴吗？所以，当我们要对农村进行开发或者改造的时候，一定要明白乡村是为了农业生产而存在的，全方位了解村民的生活方式和村庄的传统习俗，充分发掘乡村所具备的功能。

乡村"生态宜居"环境建设，重点在于农村人居环境整治。众所周知，农村人居环境整治是一项复杂的系统工程，其涉及面广、整治难度大，需要机制创新。首先确定目标，务实打算，全面推进：既要因地制宜，尊重自然、顺应自然、保护自然，推动乡村自然资本加快增值，又要体现实现百姓富、生态美的统一。

(一) 做好村庄规划

修改完善"多规合一"的实用性村庄规划，有序推进农房及院落风貌整治，做到建房规模、选址、高度、风貌的"四个明确"，积极推进传统村落挂牌保护，建立动态管理机制。这就需要加强组织领导。各级党政一把手切实担负起农村人居环境整治的领导责任。农业农村部门要发挥好牵头作用，财政、住房城乡建设、生态环境、自然资源和规划等部门要按照职责分工，各司其职，各尽其责，共同推动"生态宜居星"支部创建工作。具体操作细则要有一个统一规划、全盘考虑，第一是以乡村振兴示范村为基点，开展人居环境整治工作。根据实际情况、经济水平和农民期盼，结合各村（社区）实际，以主人翁的身份思考问题，提出有利于本村长远发展的建设性思路和规划。第二是既尽力而为又量力而行，集中力量解决突出问题。第三是坚持先易后难、先点后面，以一个中心辐射整个片区，合理安排整治任务和建设时序，有效改善农村人居环境，为乡村振兴助力。

（二）推进厕所革命

以整村推进方式完成无害化卫生厕所改造，不留死角。各地农村户用卫生厕所普及率在94%以上。乡镇政府所在地及1000人以上的村庄，因地制宜在公共场所规划建设公厕。要发挥常住居民主体作用，充分发挥村级党组织战斗堡垒作用、党员干部模范带头作用，组织动员农民群众自觉改善农村人居环境。全面推进村民自治，将村庄环境卫生等要求纳入村规民约，鼓励农民或村集体牵头成立农村环保合作组织或企业，吸纳农民承接本地农村人居环境改善和后续管护工作。要坚持督导考核，实行每月一督导一通报一排名，年终考核评价，考评结果纳入各地农村人居环境整治工作绩效考评。对工作成绩突出、成效显著的单位和个人给予表彰奖励，对工作推进不力、懒政怠政、不能按要求完成目标任务的单位和个人实施问责。

（三）实行垃圾分类

推广"二次四分法"分类方式，全域推进农村生活垃圾分类和资源化利用工作，实现所有乡镇（街道）和行政村全覆盖；在县（市、区）在各类省级示范村、明星村、传统村落和沿黄、南水北调中线工程焦作段沿线等村庄全面开展示范试点。

（四）推进污水治理

分类有序推进农村污水治理，加强农村生活污水乱排乱放管控，加快全市农村生活污水处理基本建设，使村庄生活污水得到及时处理，保证人畜饮用水源净化。

（五）美化村容村貌

着力推进村庄背街小巷整治工作，大力推进"一宅变四园"，开展争创省级美丽乡村示范县、县级美丽小镇、"四美乡村"全民活动，严格按照"五美庭院"标准，建设农户庭院。通过改厕、改电、改水、改圈、改厨和院坝硬化、屋檐沟硬化、村寨通道硬化、联户路硬化、村寨亮化，建设"绿水青山就是金山银山"的美丽乡村。要结合"十四五"规划编制，全面对标对表中央和省、市、区的部署，大胆探索、积极创新，努力形成共建、共管、共享的长效管理机制，健全村庄长效保洁机制，推动各村（社区）深入开展村庄清洁行动和"大清扫、大消毒"爱国卫生运动，加大健康理念、卫生知识的宣传教育。完善农村公岗网格化管理机制，严格日常监督考核，最大限度发挥公岗作用。同时，定期开展人居环境卫生检查，在检查中发现的问题，落实整改责任，明确职责分工，细化量化任务，确保村清洁户干净的最终目标。

二、打造生态宜居的美丽家园

生态宜居第一个衡量指标就是自然生态环境的优美度,而与农民生产生活紧密相关的种植业、园艺业、林业、水面、山地等农业资源本身就是自然生态环境的重要组成部分。生活类基础设施包括农村的污水处理设施、垃圾处理设施、公共厕所、采暖设施、文体娱乐、医疗保健、养老服务等与农村居民生活质量息息相关的设施。生活类基础设施的建设和运行维护水平直接决定了乡村的宜居程度。我国乡村历经数千年发展,各地区形成差异化明显的乡村习俗,培育了各具特色的农耕文化,浓郁的乡土文化孕育了一代又一代人。传统农耕文化的传承,也是建设生态宜居乡村的重要内容之一。

(一)建设生态宜居乡村的基本模式

1.非农产业带动型

此类生态宜居乡村建设模式要求乡村与大型非农企业相邻。村集体与企业开展合作,村企共建,为本村村民的住房建设、生活类基础设施建设、生态绿化建设等提供初始资金以及后续运维资金。

非农产业带动型的建设资金主要来源于非农产业的发展,企业的所有者一般也是村集体成员,村集体成员一般也都是企业员工。企业出资为村庄发展进行宏观规划,利用村集体土地建设员工宿舍、生活服务设施等。大型非农企业与村集体互惠互利、合作共赢。

整体而言,非农产业带动型生态宜居乡村建设模式,村集体成员收入水平较高。大部分收入来源于企业务工收入,而务农收入占比较低。大型非农企业还可以吸引村庄外来人口形成集聚,逐步发展成为规模较大的人口集聚地。但非农产业带动型生态宜居乡村建设模式具有明显的"去农化"趋势。在实现村企共建后,乡村得以快速发展,宜居水平显著提高。

2.农产品加工业带动型

此类生态宜居乡村建设模式一般侧重于发展第一、第二产业,通过农产品加工业带动村民增收致富,摆脱乡村贫困落后面貌,打造生态宜居乡村。农产品加工业的发展促进智能化基础设施建设,使农民从传统耕种中获得更多的收入,同时也推进村内绿化等相关配套设施的建设,既改善了村民的居住环境,又使农民通过闲暇务工获得工资性收入,从而改善农民生活条件。整体而言,农产品加工业带动型生态宜居乡村建设模式,既可以充分利用当地丰富的农产品原料资源,又可以通过加工业提升农产品的附加值,打造乡村农业品牌。如开展乡村综合整治,建设农产品集配中心、物流班线、农村电商,建设种植、养殖和农产品深加工的产业扶贫基地,并鼓励农民加入种植基地,加快生态宜居乡村建设步伐,助推新型经营主体的模式创新。

3.农业旅游业融合带动型

此类生态宜居乡村建设模式在经济发达地区较为普遍。依托大城市的客流量,打造农业旅游业融合发展的新业态，使乡村成为城市居民休闲、观光、度假的"后花园"。既能提升乡村的整洁程度、环境优美度，吸引更多的游客，又能壮大村集体经济收入，吸引工商资本进入乡村助推其发展。

典型的农业旅游业融合带动型生态宜居乡村建设模式，其根本在于创建休闲农业合作社，打造"公司＋村＋农场"的新模式，以家庭农场为主体，打造休闲旅游农场式民宿新业态。农民专业合作社创新模式，形成一种新业态，一方面通过整村环境改造和打造"美丽农家"品牌，推动农业旅游业融合带动型生态宜居乡村建设。另一方面，坚持绿色发展，走出一条保护生态与发展生产同步推进，环境整治水平与生活水平同步提高的生态宜居农村建设之路。从细节加强管理，多项举措保护乡村环境。如，严格管控化肥的过量使用，避免土壤和水环境受到污染等。对于现代农业的发展具有十分重要的意义。

4.一、二、三产业融合带动型

此类生态宜居乡村建设模式要求乡村发展动力强劲。一、二、三产业融合发展能够充分发挥产业优势，改变乡村没有产业或者产业布局单一的现状，使农民收入有较大幅度提升。此类模式是乡村振兴战略总要求中产业兴旺能够有力推动乡村发展的具体实践，带动乡村生态环境改善的效果较为明显。调研发现，一、二、三产业发展较好的乡村，生态宜居的建设标准更高，村民宜居水平位居本省前列，有力证明了一、二、三产业融合带动型生态宜居乡村建设模式不仅能够提高乡村生态环境的建设和保护力度，更能够提升农民的生活幸福感和宜居水平。休闲农业、农产品精深加工和民俗旅游产业实现了经营项目纵贯一、二、三产业。一、二、三产业深度融合带动型生态宜居乡村建设模式，不仅使村集体收入有所提升，同时也更好地推进了乡村环境保护和基础设施建设，村民的卫生和生活环境极大改善。

5.种植结构优化带动型

此类生态宜居乡村建设模式多应用于经济发展较快的沿海地区。因为沿海地区的耕地资源有限，且土壤稀薄，所以多地整合有效的土地资源，优化传统的种植结构，大力发展特色果蔬种植，逐渐形成"无粮"村、"花果"村。依托大棚、采摘园等果蔬种植，带动农民就业，逐步完善乡村基础设施，美化生态环境，吸引城市居民在闲暇时来体验农村生活，带动乡村发展。随着休闲农业和乡村特色旅游度假的兴起，乡村道路网络建设工程进度加快，交通运输、物流更加便捷，吸引了物流企业集聚，推动特色农产品销往大中城市，更进一步推进了乡村土特产品、优势特色产业群的发展。

（二）建设生态宜居乡村的对策建议

1.创新生态宜居乡村基础设施建设投入机制和长效运维管理机制

建设生态宜居的美丽乡村，不仅要改善乡村落后的村容村貌，更要注重乡村污水治理、垃圾处理、河道治理等基础设施建设和运维管理。应健全基础设施建设分类投入机制。对于没有收益的项目建设，如乡村道路铺设，特别是乡村农田灌溉、排水、泄洪等基本建设，应由政府主导，统一规划，依规治理，村村联网联动，并鼓励社会资本参与。对于有一定收益的项目建设，如乡村污水处理设施，应由政府和社会资本作为主要投入主体，并鼓励农民参与。对于以经营性为主的项目建设，如乡村电网等，应由企业作为投入主体，地方政府对贫困地区给予适当补助。农村基础设施是生态宜居的"必要条件"，由于一些基础设施往往分布在村民的房前屋后、田间地头，要确保其一次建设、长久使用、持续发挥效用，不仅要靠政府推动监管，更离不开村民参与维护和监督。应根据地区实际，尽快建立一套操作性强的基础设施长效运维管理机制，从源头上制定好政策，划分好职责。在推进生态宜居乡村建设过程中，充分发挥村两委的监督管理作用，创新基础设施建设投入机制和长效运维管理机制。

2.选择适宜地区发展的生态宜居乡村建设模式

非农产业带动型，农产品加工业带动型，农业旅游业融合带动型，一、二、三产业融合带动型和种植结构优化带动型五种生态宜居乡村建设模式，各地方应根据地区地理经济环境和发展方向选择适宜的建设模式。不能无视乡村资源优势和农耕文化特色，盲目跟风选择不适宜本地区发展的建设模式，走向毫无地区特色、同质化严重的发展道路。非农产业带动型和种植结构优化带动型生态宜居乡村建设模式要求乡村的地理位置具有先天有利因素，如果乡村与大型企业或产业园区相邻，可以选择非农产业带动型生态宜居乡村建设模式促进乡村发展；如果乡村与大中型城市相邻，可以选择种植结构优化带动型生态宜居乡村建设模式，依托大中型城市，发展特色果蔬种植和采摘园等新型经营模式。农产品加工业带动型，农业旅游业融合带动型，一、二、三产业融合带动型生态宜居乡村建设模式都属于产业融合发展模式，各地区应根据地区特色文化和发展趋势选择适宜的生态宜居乡村建设模式。重点支持各地因地制宜发展农产品精深加工、农产品及农产品加工副产物综合利用、休闲农业和乡村旅游等农村产业融合发展关键环节，通过延伸产业链，提升价值链，激发农民的主动性和创造性，或依托合作社等基本经济组织带动乡村产业发展。同时，把握好生态宜居乡村的发展方向，不能走先发展后治理的错误道路，要以保护农村生态环境为基本前提，推进农村产业发展。将生态和环保放在发展的首要位置，坚持生态优先理念，把生态涵养和环境保护作为乡村产业融合发展的首要考虑因素。

3.吸引村民返乡创业，培养有环保意识、专业素养的职业农民

生态宜居乡村建设，需要打造一支懂农业、爱农村、爱农民的人才队伍。吸引更多有知识的"农二代"返乡创业，地方政府酌情给予一定政策支持，并提供适宜创业的政策环境和市场环境。鼓励农业科研人员下乡为农民种植、养殖提供指导、解答疑惑，引导管理型人才下乡为新型农业经营主体提供生产经营培训，培养有环保意识、专业素养的职业农民。近年来，国家在政策层面十分支持并鼓励返乡创业，我国返乡创业人员已超过700万人，每名返乡创业者能带动四人左右的新就业。但在调研中发现，外出务工的青壮劳力返乡后，仍面临诸多实际困难。如村级教育环境、教学质量，村级医疗条件均落后于城市。若想更好地吸引

人才返乡,需要在政策落实中允分考虑返乡创业人员的实际需求,解决其后顾之忧,使好政策真正落地,农民真正受益,从而更好地激发农民积极投身于生态宜居乡村建设中。

4.将"绿水青山"转化为"金山银山"

"绿水青山"与"金山银山"之间需要一定的转化方式。所以,乡村需要对本地区的资源环境特色、乡村的区位特点、当地产业环境和基础,以及目标人群的消费市场变化等多方面因素进行合理化挖掘。一方面,应着重开发依托当地生态环境衍生或延伸的相关产业发展,拓宽发展思路,探索发展"绿水青山"的内生性产业,如休闲观光、农事体验、农业科技、乡村文化、特色村镇等项目。另一方面,应转换"绿水青山"营销理念,打造产地市场,将产地转变为销地,提高"绿水青山"原产地农产品附加值。根据乡村实际情况分区域分阶段制定发展方向,因地制宜、精准施策,坚持实施"千村示范、万村整治"工程,不搞"政绩工程""形象工程"。

实现乡村的生态宜居,关键要加大对农村资源环境的保护力度,构建节约资源和保护环境的空间格局、产业结构、生产方式以及生活方式,建设人与自然和谐共生、富有生机活力的生态宜居乡村。重视绿水青山和文化传承,提升农民的参与度、获得感和幸福感。制定乡村环境整治目标,并按照既定目标逐步推进"绿水青山"保护机制。引导农民建立环境保护意识,持续推进污染者付费制度。对于政府购买的环境保护与生态修复服务或基础设施运维管理服务,应加强后期监管,并对服务行为的经济性、规范性、效率性、公平性进行评价。

建设生态宜居乡村任重道远,应按照阶段性目标分步实施,实现生态环境、居住环境、人文环境的宜居,完成旱厕改造、生活垃圾处理、污水处理等方面的具体任务,同时增强村集体的环境保护意识、服务意识和市场竞争意识,强化乡村的发展动力。

第三部分　智慧谋略篇

齐、鲁文化在我国的文化发展史上处于绝对主导地位，对我国当今社会的发展依然影响至深。鲁文化为核心的儒家文化，注重个人修养和人际关系和谐，其德治和仁政的社会治理理念，对我国社会发展进步一直影响了几千年；齐文化包容开放、功利实用、进取创新，更强调社会的秩序，以经济建设为中心的强国方略更为我国现代化建设提供了重要的借鉴意义，特别对于现代市场经济发展与法治社会建设依然具有巨大的参考价值。齐文化和鲁文化，都是中国传统文化的瑰宝，也是中国传统文化的核心，我们应取其精华，弃其糟粕，为我国精神文明、物质文明、法治文明的现代化建设，提供强有力的文化支撑和深厚的思想资源。

第一章　管仲张"四维"使民以德

中国几千年特有的传统精神文化的核心是被称为"国之四维"的"礼义廉耻"四个方面。这种理念对解决社会问题，特别是在今天实施乡村振兴实现乡风文明重要的文化资源。"礼义廉耻"的思想和精神，两千多年来一直是中华文明古国治国理政的价值取向和伦理追求，承载着人们的精神信仰，为历代所推崇，并且成为抵御外来宗教影响的最大精神武器。

第一节　管仲"礼、义、廉、耻"四大治国纲纪

春秋时代齐国的管仲把礼、义、廉、耻称为国之"四维"。社会的安定与进步，要靠道德的引领。礼、义、廉、耻，是道德的四大纲纪。他在《管子·牧民》中指出："凡牧民者，务在四时，守在仓廪。……仓廪实则知礼节，衣食足则知荣辱。"强调礼义道德建设，以补齐国推行周礼文化不力，造成礼义缺乏、社会混乱的流弊。管仲相齐桓公进行改革的又一重要内容便是向鲁国学习，吸收周礼文化，强调礼义道德教化。他把礼、义、廉、耻提高到治国纲纪的高度，称为"国之四维"。故曰："守国之度，在饰四维""四维张则君令行""四维不张，国乃灭亡"（《管子·牧民》）。

一、"国有四维"的提出及其内涵

"国有四维,礼义廉耻"原典出自《管子·牧民·四维》:国有四维,一维绝则倾,二维绝则危,三维绝则覆,四维绝则灭。倾可正也,危可安也,覆可起也,灭不可复错也。何谓四维?一曰礼、二曰义、三曰廉、四曰耻。礼不逾节,义不自进。廉不蔽恶,耻不从枉。故不逾节,则上位安;不自进,则民无巧诈;不蔽恶,则行自全;不从枉,则邪事不生。

《管子·牧民·国颂》曰:凡有地牧民者,务在四时,守在仓廪。国多财,则远者来,地辟举,则民留处;仓廪实,则知礼节;衣食足,则知荣辱;上服度,则六亲固。四维张,则君令行。故省刑之要,在禁文巧,守国之度,在饰四维,顺民之经,在明鬼神,祗山川,敬宗庙,恭祖旧。不务天时,则财不生;不务地利,则仓廪不盈;野芜旷,则民乃菅,上无量,则民乃妄。文巧不禁,则民乃淫,不璋两原,则刑乃繁。不明鬼神,则陋民不悟;不只山川,则威令不闻;不敬宗庙,则民乃上校;不恭祖旧,则孝悌不备;四维不张,国乃灭亡。

"四维"说出自《管子》一书。《管子·牧民·四维》称:"一曰礼,二曰义,三曰廉,四曰耻。"《管子·牧民·国颂》指出:"四维不张,国乃灭亡。"北宋欧阳修在《新五代史·冯道传》中归纳为:"礼义廉耻,国之四维。四维不张,国乃灭亡。"张:展开,推行。意思是,礼、义、廉、耻是维系国家的四项道德准则,如果它们不能被推行,国家极易灭亡。

"国有四维,一维绝则倾,二维绝则危,三维绝则覆,四维绝则灭。"国之四维,缺了一维,国家就会倾侧;缺了两维,国家就会危殆;缺了三维,国家就会颠覆;缺了四维,国家就会灭亡。"礼、义、廉、耻"的具体含义:

(1)"礼"指上下有节;有礼,就不会超越节度。"礼"的具体内容指文明礼貌,知书达理,为人的素养。就是人与人交往时的最合于道理的行为方式。所以《左传》上说:"礼者,理也。"社会要走向和谐,就要克服混乱无序的状态,人人懂得互相尊重、彼此谦让,这就需要礼来引导。礼是做人的道理、处事的条理,故有礼为贤士;执礼为恭人。礼应从"坐立、进退、辞让、对答"做起,表现在"尊亲、敬长、敦戚、睦邻"的行为上。

(2)"义"指合宜恰当的行事标准;有义,就不会妄自求进。在这里,"义"的具体要求是公道正义,讲诚信,重友情,大义秉公,光明磊落,作风正派,不搞阴谋诡计。人见到合理的事情,即使与自己没有直接的关系,甚至很危险,也应该挺身而出,以维护公道,声张正气,即后人常说的"见义勇为"。

(3)"廉"指廉洁方正;有廉,就不会掩饰恶行。具体说,"廉"是指清廉,高尚,无私无欲,不贪不占,洁身自好,奉公为民。古代的士,都把清廉作为重要的操守来对待。清廉与否,是官声好坏的主要指标。官员负有领导社会的责任,如果不能清廉自守,一心奉公,就会成为社会的蛀虫,危害一方。"堂堂正正做人,清清白白做事"就是"廉"。廉确能提升人品、清明吏治,况金钱乃身外物,生未带来、死不携去,何苦做金钱奴,设网自缚呢?倘能崇尚勤俭、廉约节用,岂不磊落坦荡!

(4)"耻"指知耻之心;有耻,就不会同流合污。耻是羞耻心,是做人的最起码的底线,否则,就不配做人。孟子说人有四种善端,即"恻隐之心,人皆有之;羞恶之心,人皆有之;恭敬之心,人皆有之;是非之心,人皆有之。恻隐之心,仁也;羞恶之心,义也;恭敬之心,礼也;是非之心,智也"。"羞恶之心"是其中之一,即对于害人、害己的坏事,有厌恶之心,羞于去做,哪怕打死也不能去做。这是有是非观念的表现。故知耻为君子,不知耻为小人;知耻必忠必孝,不知耻不仁不贤。

"礼",是一切、所有、各种关系的总纲,也是凌驾于义、廉、耻之上的纲维。"义",次于礼的纲维,是人际关系的互信的属性。"廉",次于义的纲维,指人的品格,《诗经》三百,一言以蔽之,曰:"思无邪。"指的就是廉。"耻"是一种荣辱感,知道廉耻是做人的底线,所以也说,知耻近乎勇!因此,治国用此四维,就可以使君位安定、民无巧诈、行为端正、邪事不生,于是国可守而民可治。

二、"四维"价值观的产生

中国最早的精神文化系统核心内容,主要体现在《管子》一书中。它继承了历史上所有民族精神文化的精华,形成于公元前645年以前,文献的成型还要晚一些。这些成熟的哲学、政治经济学观点,其凝练的表达方式,既是民族奋斗历史的结晶,也是民族精神不断丰富的提升。

(一)"四维"产生的历史背景

管仲思想产生于中国东方的齐地,绝不是偶然的。古代齐地靠海多山,不具备农耕社会发展条件,只能以鱼盐商贸活动作为生活补充。齐国立国之初,滩涂盐碱,丘陵沟壑,人烟稀少,土著敌视,生存环境恶劣。在这种危机四伏的状态下,面临白手起家,一穷二白,立国之本,必须考虑调动一切积极因素,重视民众的利益、民众的生存空间,尊重民众的政治意愿,才能全体互相配合,为发展进步创造条件。齐国地区有宽松开放的环境,人口流动性强,形成视野开阔、胸怀宽广、沉稳务实、不拘一格的文化传统,对齐文化的形成至关重要。

到管仲时代,是中华历史大转折的时刻,是中华民族崛起的时代。管仲创立的思想,国家意识重于一切。他的思想中,是以民族国家利益为重,从人民、国家、民族利益出发,制定政策。所以产生了精神文化"四维"核心。

管仲身处决策权力中心,是政策的制定运用实施者,发动群众,调动社会力量积极性,是主要内容。四维价值观的创立,为中华民族数千年来树立了坚强的精神支柱,成为一代又一代中华儿女英勇奋斗的崇高思想武器。它是我们民族自信心的基础,是我们精神文化的核心内容,是我们无往不胜的法宝。

"礼义廉耻""守国之度,在饰四维。"维即总纲,四维即四种纲纪。管仲认为,四维能够引领规范民众的行为,它是国家的四根精神支柱,支柱立则国家兴,支柱废则国家亡。这一思想无论对当时还是后世的治国理政都产生了深远影响。

(二) 管子"四维"的现实意义

管子特别强调"四维"的现实意义:"一维绝则倾,二维绝则危,三维绝则覆,四维绝则灭。倾可正也,危可安也,覆可起也,灭不可复错也!"

"礼"是管子治国思想的核心内容。管子认为,礼的本质,是通过制定一系列规则,使国家运行、社会发展过程中人们应遵守正规的行为规范。《礼记·冠义》说得好:"礼义之始,在于正容体,齐颜色,顺辞令。容体正,颜色齐,辞令顺,而后礼义备。以正君臣,亲父子,和长幼。君臣正,父子亲,长幼和,而后礼义立。"礼,首先是对君臣的约束。

守礼对于国家治理的意义,正如《左传》所言:"礼,经国家、定社稷、序民人、利后嗣者也。"

《荀子·修身》中说:"人无礼则不生,事无礼则不成,国无礼则不宁。"

《荀子·非十二子》中说:"故君子耻不修,不耻见污;耻不信,不耻不见信;耻不能,不耻不见用;是以不诱于誉,不恐于诽,率道而行,端然正己,不为物倾侧,夫是之谓诚君子。"

《淮南子·泰族训》:"民无廉耻,不可治也。非修礼义,廉耻不立。"

唐代是中国历史上一个繁荣昌盛的时期,李世民当政之初,魏徵提出警告:"圣哲乘机,拯其危溺,八柱倾而复正,四维弛而更张。"

宋欧阳修论曰:"礼义廉耻,国之四维;四维不张,国乃灭亡。礼义,治人之大法;廉耻,立人之大节。"

顾炎武曾经说:"礼义廉耻,国之四维;四维不张,国乃灭亡,善乎!管生之能言也,礼义,治人之大法;廉耻,立人之大节,盖不廉则无所不取,不耻则无所不为。人而如此,则祸败乱亡亦无所不至,况为大臣,而无所不取,无所不为,则天下其有不乱,国家其有不亡者乎?"然而四者之中,耻尤为要。故夫"行己有耻";《孟子》曰"人不可以无耻,无耻之耻,无耻矣",又曰"耻之于人大矣,为机变之巧者,无所用耻焉"。

诸如此类,都说明了历代政界、思想界对"礼义廉耻,国之四维"的重视和继承。中华传统精神文化三观明确,世界观、价值观、人生观有着鲜明的理论定位,与中华民族独立风格息息相通,具有顽强的凝聚力、认同感、继承性和生命力。

三、"四维"传统精神文明的时代价值

从"礼义廉耻"到"仁义礼智信",社会思潮不同,人们对核心价值观念的理解与倡导亦有所不同。但是,"礼义廉耻"的基本精神,一直影响着中国人的道德伦理,历久而弥新。

1949年新中国成立后,毛泽东指出:"治国就是治吏。礼义廉耻,国之四维。四维不张,国之不国。"从资产阶级革命党人,到夺取全国政权后的共产党人,都清醒地认识到"礼义廉耻,国之四维"的重要意义,把它当成头等大事来重视,并作为思想武器来继承。

2014年5月4日,习近平同志在北京大学师生座谈会上的讲话时指出:"每个时代都有

每个时代的精神,每个时代都有每个时代的价值观念。国有四维,礼义廉耻,'四维不张,国乃灭亡。'这是中国先人对当时核心价值观的认识。"他明确指出了"礼义廉耻"在现代社会中的实际意义。

社会主义原则下的富强、自由、平等、民主,就是"礼"。树立富强、自由、平等、民主的宗旨,规范我们的社会体制,确立宪法规则,以符合我们社会主义的国家性质,做到依法行政,行不逾矩。爱国、敬业就是"义",就是民族大义、国家大义。提高全民素质,树立正确的义利观,大公无私,见义勇为。法治、公正,就是廉,就是要奉公守法、公私分明,做到一身正气、两袖清风。诚信、友善、和谐,就是知耻,做到知荣辱、明是非,维护社会和谐稳定,维护做人的尊严。

习近平总书记指出:"中华优秀传统文化已经成为中华民族的基因,植根在中国人内心,潜移默化影响着中国人的思想方式和行为方式。今天,我们提倡和弘扬社会主义核心价值观,必须从中汲取丰富营养,否则就不会有生命力和影响力。"礼义廉耻是中华优秀传统文化经久不衰的价值理念。这种理念对解决社会问题,特别是践行和弘扬社会主义核心价值观,是非常重要的文化资源。

只有站在历史文明角度,才能明确社会发展方向;只有不忘初心,不断发展,才能更好地走向未来。这就需要我们始终坚守中华文化立场,努力创新性发展,实现创造性转化。更要认真汲取中华优秀传统文化的思想精华和道德精髓,坚守中华文化独特的价值观、历史观、国家观、民族观,抵制西方文化价值观的渗透。来之不易的新时期中国特色社会主义条件下,严防极左思潮沉渣的泛起。

坚持从传统文化中,挖掘提炼符合当今时代需要的思想理念、道德规范和价值追求,通过有扬弃的继承,发挥优秀传统文化的引导作用,不断增强中华民族的归属感、认同感、尊严感、荣誉感,是我们当前十分迫切的任务。正如习近平总书记所提醒的:"要坚持古为今用、以古鉴今,坚持有鉴别的对待,有扬弃的继承,而不能搞厚古薄今,以古非今。"

中华优秀传统文化是人民群众创造的,也是人民群众所共有的精神文化资源。要坚持以人民为中心的价值导向,必须坚持以人民为中心,反映人民意愿和需要,倡导全民参与弘扬中华优秀传统文化的实践,更好地发挥以文化人的功能,推动新时代乡村振兴乡风文明建设高质量发展。

第二节　以德使民

管仲"礼义廉耻,国之四维"的传统观念,认为"四维张则君令行"(《管子·牧民》)。他虽然认为人皆"趋利避害",但是更坚持人非禽兽,人性可以改变的观点,故承认道德教化的作用:"教训成俗而刑罚省数",(《管子·权修》)故治理天下不能专任暴力"以力使",而应"以德使",以致"民从之如流水"(《管子·君臣下》)。

一、"以德使民"的含义

"以德使民"也就是使民以德。《管子·牧民》提出:"民恶忧劳,我佚乐之;民恶贫贱,我富贵之;民恶危坠,我存安之;民恶灭绝,我生育之。能佚乐之,则民为之忧劳;能富贵之,则民为之贫贱;能存安之,则民为之危坠;能生育之,则民为之灭绝。"这种以民为本、顺乎人性的务实主义文化思想,可以称得上使民以德。齐国通过对农、工、商的专业化分工,稳定了专业队伍,增强了专业技能,提高了劳动生产率,与当今的经济学观点高度契合。

(一)顺应民心,改革弊政

管仲根据发展商工和农业的需要,制定"四民分业""定民之居"改革措施,也要让他们的居住之所单纯化,士之子恒为士,工之子恒为工,商之子恒为商,农之子恒为农,使国家发展政策符合齐国百姓生产和生活的实际。他将四民分业分居并世袭,有助于同一行业的人互相交流,互通信息,让孩子自小就在固定的环境中耳濡目染自然成长,较能心无旁骛以及利于技术和知识的稳定传递。如若不然,不同职业的人杂处会互相影响,容易见异思迁,不认真从事本业将会影响生产并危及国家的发展。所以,将人民严密组织并谨慎管理,使各自努力生产创造财富,是做好内政与治国的第一步。

管仲顺乎民意改革军制的重要政策,就是"作内政而寄军令"。在国家稳定发展,日渐富裕之后,最重要的就是强兵。所以管仲建议齐桓公"正卒伍,修甲兵",并且说:"君若欲速得志于天下诸侯,则事可以隐令,可以寄政。"将军事组织隐藏依托在行政组织中,使二者相结合,一旦发生战事时,可以马上动员。规定轨、里、连、乡是"国"的行政单位,同时也是军制单位。平时是五家为一轨,军事编组时则是每家出一人,变为五人为一伍。轨长、里长、连长、乡良人同时身兼行政与军事首长。"五乡共一帅",三军共十五乡,这就是管仲所主张的"参其国"。三军平时为民,战时为兵,不易为人所察觉,而且经由严密的编组管理,平常借田猎时作战备训练,战事发生时,军士们就能马上进入战斗位置,立即动员效命沙场。而这些民兵,平时生活皆关系密切,他们自小就互相熟悉。所以白天作战,大家并肩抗敌;夜晚作战,也认得彼此,不会误杀自己人。士兵们皆相互熟识,有深厚的感情,大家齐心协力奋勇杀敌。这就是管仲借着士兵的乡土情谊来发挥他们在战场上的主动性和积极性,也是非常有效的民兵组织安排。有这么一批生死一体的精锐部队,大大地增强了国防力量。

除此之外,管仲还利用人民不喜欢服刑的心态,来换取藏在民间的兵器及金属。刑重者,赎罪的兵器大;刑轻者,赎罪的兵器小;小罪可折抵罚金,打官司者以弓箭作为诉讼费用。管仲用此计,来收集铠甲箭矢,将上等金属铸成剑戟,上战场杀敌;劣等金属制成农具,用之耕作,因此齐国兵器充裕。在富国强兵之下,管仲奠定了齐国稳固的称霸基础。

（二）以民为本，以德治国

《管子·牧民》说："政之所兴，在顺民心。政之所废，在逆民心。"管仲认为：政权之所以能兴盛，在于顺应民心；政权之所以废弛，则因为违逆民心。"主身者，正德之本也；官者，耳目之制也。身立而民化，德正而官治。治官化民，其要在上。"意思是，君主自身是规正德行的根本，官吏好比耳目，是受这个根本节制的。统治者以德治立国，百姓就能受到德政的教化；统治者清廉勤政，官吏就能仿效而各司其职、各尽其能。管好官吏和教化人民，其关键在于统治者。管仲还提出："明主之治也，明于分职，而督其成事。胜其任者处官，不胜其任者废免。故群臣皆竭能尽力以治其事。乱主则不然。故群臣处官位，受厚禄，莫务治国者，期于管国之重而擅其利，牧渔其民以富其家。"他告诫统治者要加强对官员的管理，明确各级官员的职责，并监督他们完成。胜任的官员留任，不胜其任者废免。这样各级官员都会竭尽全力来完成自己的职责。反之，各级官员都只占据官位，接受厚禄，而不去尽心致力于治理国家，只期望掌握重要部门而独专其利，只期望搜刮人民而独富其家。

仓廪实，则知礼节。除了要求政治上清明外，管仲还重视民生问题，提出了"以民为本"的从政理念。他说："凡有地牧民者，务在四时，守在仓廪。国多财，则远者来；地辟举，则民留处；仓廪实，则知礼节；衣食足，则知荣辱；上服度，则六亲固；四维张，则君令行。"管仲认为，每一个国家的统治者，必须致力于四时农业发展，确保粮食储备。国家财力充足，远方的人们就能自动迁来，荒地开发得好，本国的人民就能安心留住。粮食富余，人们就知道礼节，衣食丰足，人们就懂得荣辱。官员行事廉洁且符合法度，百姓就可以相安无事；人人遵守法度、不逾规矩，国家政令就可以得到贯彻推行。

管仲进一步指出："错国于不倾之地，积于不涸之仓，藏于不竭之府，下令于流水之原，使民于不争之官，明必死之路，开必得之门。不为不可成，不求不可得，不处不可久，不行不可复。"意思是，把国家建立在稳固的基础上，把粮食积存在取之不尽的粮仓里，把财货储藏在用之不竭的府库里，把政令下达在民生的源头上，把人才使用在无所争议的岗位上，向百姓指出犯罪是必死之路，向人们敞开立功必赏的大门。不强干办不到的事，不追求得不到的利，不可立足于难得持久的地位，不做不可挽回的事情。管仲认为：把政权交给有道德的人，国家就能安定；国家大力发展粮食生产，百姓粮食就会充足；奖励种植桑麻、饲养六畜，人民就可以富裕；国家刑罚严厉，人民就不去干坏事；奖赏勇敢与信实，人民就不怕为国献身；依人民的利益而行事，就可以事无不成；不强使人民干他们厌恶的事情，欺诈作假的行为就不会发生；不利用各种手段欺骗人民，人民就会拥戴统治者。

"国有四维，礼、义、廉、耻"，管仲还首次把"廉"列为治国之纲。他认为：有礼，人们就不会超越应守的规矩；有义，就不会妄自尊大；有廉，就不会掩饰过错；有耻，就不会屈从坏人。管仲顺应民心，改革弊政，以民为本，以德治国，因此得到了民众的大力支持和拥护，稳定了社会，巩固了政权，人民生活水平也得到了大幅提高。

二、"使民以德"的现代启示

在新的历史条件下,奉行"使民以德"治国思想,必须始终坚持人民至上,树牢以人民为中心的发展思想。增进人民福祉,是现代化强国、强省建设的根本价值追求;过上美好生活,是亿万中华儿女、齐鲁儿女的美好期待。站上新起点,迈向新征程,人民对美好生活的向往更加强烈。民之所盼,政之所向。贯彻落实党的十九届五中、六中全会精神,要求我们一定要坚决做到一心为人民、服务人民,把人民放在心中最高位置,忠诚践行为人民服务宗旨。坚决做到依靠人民、仰仗人民,充分尊重群众意愿,把人民满意不满意作为衡量一切工作的根本标准。

坚决做到惠及人民、造福人民,全面落实民生政策,扎实办好民生实事,聚焦人民群众"急难愁盼",就必须全面体现为以下四点。

(一)以百姓之"心"为"心"

以百姓之心为心,要求我们永记为民之责,深怀爱民之心、善谋安民之道、多办利民之事;要始终把党的信念作为"第一追求"、把服务群众作为"第一职责"、把群众富裕作为"第一目标"、把群众的评价作为衡量各项工作的"第一尺度",把一心为民作为"第一要求",做到民有所呼、我有所应,民有所难、我有所帮,民有所求、我有所献,真正让人民群众处处开心称心、满意满足。

(二)全心全意为人民群众扶危解困

一个政党,一个政权,其前途和命运最终取决于人心向背。事实上,密切党群、干群关系,保持同人民群众的血肉联系,也是我党始终立于不败之地的根基之所在。要对接人民群众对于美好生活的新期待,实现中华民族伟大复兴的中国梦,就要秉承"利民之事,丝发必兴"的情怀,坚守"厉民之事,毫末必去"的担当,深入群众中去,听民声,集民意,聚民智,及时解决群众困难。

(三)实现好、维护好、发展好最广大人民的根本利益

"使民以德"要求把实现好、维护好、发展好最广大人民的根本利益作为一切工作的出发点和落脚点。要深入贯彻落实党的群众路线,从群众中来,到群众中去,倾听群众声音,解决群众需要;需要为政者不忘初心,牢记使命,立党为公执政为民;更需要坚持问情于民、问需于民、问政于民,从人民伟大实践中汲取智慧和力量。

(四) 始终坚持权为民用、利为民谋

坚持"使民以德",就必须始终维护人民的根本利益。各级党员干部要始终牢记自己的初心,清正廉洁,做到权为民所用;党员干部要深入基层,倾听群众的心声,满足人民群众的需求,做到情为民所系;党员干部还需要牢记自己担负的使命,坚持为人民群众谋福利,做到利为民所谋,带领人民群众实现乡村全面振兴。

第二章　齐桓公举贤任能，不拘一格

齐桓公雄才大略，使齐国成为春秋五霸之首。他重用与之有仇的管仲为相，成为历史佳话。管仲曾是公子纠的太傅，在公子纠与齐桓公（公子小白）争夺君位的斗争中，管仲曾一箭射中齐桓公的衣带钩。齐桓公登上君位后，在大臣鲍叔牙的建议下，重用管仲为相，委以国政。管仲任相期间，知恩图报，大展宏图，"连五家之兵""设轻重鱼盐之利""瞻贫穷，录贤能，齐人皆悦。"史称"管仲既用，任政于齐，齐桓公以霸，九合诸侯，一匡天下，管仲之谋也"（《史记·齐太公世家》）。

第一节　齐桓公举贤任能称霸诸侯

齐桓公任管仲为相，推行改革，实行军政合一、兵民合一的制度，齐国逐渐强盛。桓公于前681年在鄄（今山东鄄城）召集宋、陈等四国诸侯会盟，齐桓公是历史上第一个充当盟主的诸侯。后宋国违背盟约，齐桓公以周天子的名义，率几国诸侯伐宋，迫使宋国求和，此即为"九合诸侯"的第一次。另外，齐桓公还灭了谭、遂、鄣等小国。当时中原华夏各诸侯苦于戎狄等部落的攻击，于是齐桓公打出"尊王攘夷"的旗号，北击山戎，南伐楚国，桓公成为中原霸主，受到周天子赏赐，将齐国的霸业推至高峰。

一、齐桓公不计私仇任管仲为相

《管子·匡君·小匡》记载：桓公自莒反于齐，使鲍叔牙为宰。鲍叔辞曰："臣，君之庸臣也。君有加惠于其臣，使臣不冻饥，则是君之赐也。若必治国家，则非臣之所能也，其唯管夷吾乎。臣之所不如管夷吾者五：宽惠爱民，臣不如也；治国不失秉，臣不如也；忠信可结于诸侯，臣不如也；制礼义可法于四方，臣不如也；介胄执枹，立于军门，使百姓皆加勇，臣不如也。夫管仲，民之父母也，将欲治其子，不可弃其父母。"公曰："管夷吾亲射寡人，中钩，殆于死，今乃用之，可乎？"鲍叔曰："彼为其君动也，君若宥而反之，其为君亦犹是也。"公曰："然则为之奈何？"鲍叔曰："君使人请之鲁。"公曰："施伯，鲁之谋臣也。彼知吾将用之，必不吾予也。"鲍叔曰："君诏使者曰：'寡君有不令之臣在君之国，愿请之以戮群臣。'鲁君必诺。且施伯之知夷吾之才，必将致鲁之政。夷吾受之，则鲁能弱齐矣。夷吾不受，彼知其将反于齐。必杀之。"公曰："然则夷吾受乎？"鲍叔曰："不受也。夷吾事君无二心。"公曰："其于寡人犹如是乎？"对曰："非为君也，为先君与社稷之故。君若欲定宗庙，则亟请之，不然，无及也。"公乃使鲍叔行成，曰："公子纠，亲也。请君讨之。"鲁人为杀公子纠。又曰："管仲，仇也。请受而甘心焉。"鲁君许诺。施伯谓鲁侯曰："勿予。非戮之也，将用其政也。管仲者，天下之贤人也，大器也。在楚则楚得意于天下，在晋则晋得意于天下，在狄则狄得意于天下。今齐求而得之，则必长为鲁国忧，君何不杀而受之其尸？"鲁君曰："诺。"将杀管仲。鲍叔进曰："杀之齐，是戮齐也。杀之鲁，是戮鲁也。弊邑寡君愿生得之，以徇于国，为群臣僇；若不生得，是君与寡君贼比也。非弊邑之君所谓也，使臣不能受命。"于是鲁君乃不杀，遂生束缚而枷以予齐。鲍叔受而哭之，三举。施伯从而笑之，谓大夫曰："管仲必不死。夫鲍叔之，忍不僇贤人，其智称贤以自成也。鲍叔相公子小白先入得国，管仲、召忽奉公子纠后入，与鲁以战，能使鲁败，功足以。得天与失天，其人事一也。今鲁惧，杀公子纠、召忽，囚管仲以予齐，鲍叔知无后事，必将勤管仲以劳其君愿，以显其功。众必予之有得。力死之功，犹尚可加也，显生之功将何如？是昭德以贰君也，鲍叔之知，不是失也。"

《管子·匡君·小匡》又记：桓公能假其群臣之谋以益其智。其相曰夷吾，大夫曰宁戚、隰朋、宾胥无、鲍叔牙。用此五子者何功？度义光德，继法绍终，以遗后嗣，贻孝昭穆，大霸天下，名声广裕，不可掩也。则唯有明君在上，察相在下也。初，桓公郊迎管子而问焉。管仲辞让，然后对以参国伍鄙，立五乡以崇化，建五属以厉武，寄兵于政，因罚，备器械，加兵无道诸侯，以事周室。桓公大说。于是斋戒十日，将相管仲。管仲曰："斧钺之人也，幸以获生，以属其腰领，臣之禄也。若知国政，非臣之任也。"公曰："子大夫受政，寡人胜任；子大夫不受政，寡人恐崩。"管仲许诺，再拜而受相。三日，公曰："寡人有大邪三，其犹尚可以为国乎？"对曰："臣未得闻。"公曰："寡人不幸而好田，晦夜而至禽侧，田莫不见禽而后反。诸侯使者无所致，百官有司无所复。"对曰："恶则恶矣，然非其急者也。"公曰："寡人不幸而好酒，日夜相继，诸侯使者无所致、百官有司无所复。"对曰："恶则恶矣，然非其急者也。"公曰："寡人有污行，不幸而好色，而姑姊有不嫁者。"对曰："恶则恶矣，然非其急者也。"公作色曰："此三者且可，则恶有不可者矣？"对曰："人君唯优与不敏为不可，优则亡众，不敏不及事。"公曰："善。吾子就舍，异日请与吾子图之。"对曰："时可将与夷吾，何待异日乎？"公曰："奈何？"对曰："公子举为人博闻而知礼，好学而辞逊，请使游于鲁，以结交焉。公子开方为人巧转而兑利，请使游于卫，以结交焉，曹孙宿其为人也小廉而苛忕、足恭而辞结，正荆之则也，请使往游，以结交焉。"遂立行三使者，而后退。相三月，请论百官。公曰："诺。"管仲曰："升降揖让，进退闲习，辨辞之刚柔，臣不如隰朋，请立为大行。垦草入邑，辟土聚粟多众，尽地之利，臣不如宁戚，请立为大司田。平原广牧，车不结辙，士不旋踵，鼓之而三军之士视死如归，臣不如王子城父，请立为大司马。决狱折中，不杀不辜，不诬无罪，臣不如宾胥无,请立为大司理。犯君颜色,进谏必忠,不辟死亡,不挠富贵,臣不如东郭牙,请立以为大谏之官。此五子者,夷吾一不如;然而以易夷吾,夷吾不为也。君若欲治国强兵,则五子者存矣;若欲霸王,夷吾在此。"桓公曰:"善。"

春秋初期,齐与主要竞争对手鲁国之间经常发生战争。公元前689年,齐襄公灭鲁的盟友纪,扫除东面障碍。公元前686年,公孙无知杀襄公自立,公子纠奔鲁,公子小白奔莒。次年,无知被杀。鲁伐齐,欲纳公子纠,而齐高氏、国氏已召小白先入,击败鲁师,立公子小白君主,是为齐桓公。桓公任用管仲进行改革,国力富强,成为霸主。公元前684年,齐国是最先迈入霸主地位的,它首先灭掉了位于今天山东寿光西南的纪国,然后在今山东汶上北,灭掉了位于那里的郕国。

公元前685年,齐大夫连称、管至父弑杀齐襄公,立其堂弟公孙无知即位。齐大夫鲍叔牙早有预感齐国将发生大乱,在襄公在位期间就保护公子小白逃到莒国(山东莒县),另一大夫管仲则协助公子纠逃奔鲁国。公元前685年,齐大臣雍廪杀国君无知与大夫连称,国内无君,公子纠与公子小白争相回国,鲁国派管仲带兵堵截住莒国到齐国的路,管仲一箭射中小白衣带钩。小白咬舌吐血假装倒地而死,管仲派人回鲁国报捷。这时小白已兼程赶回齐国,高傒迎公子小白回到临淄即位,是为桓公。

齐桓公即位后,发兵迎击鲁国,在干时(今山东省桓台县)大战,鲁军败走。鲍叔牙给鲁庄公写了一封信,信中说:"公子纠是齐君的兄弟,不忍杀他,请鲁国自己杀他。公子纠的老师召忽、管仲是仇人,请鲁国把他们送来,剁成肉泥。如不从命,将要出兵讨伐鲁国。"鲁人害怕,杀公子纠,召忽自杀,管仲被囚禁。桓公要杀管仲,鲍叔牙劝说:"臣幸运地跟从了君上,君上现在成了国君。如果君上只想让齐国成为强国,那么有叔牙和高傒就够了。如果君上想成就天下霸业,那么非管仲不可。管仲到哪个国家,哪个国家就能强盛,不可以失去他。"桓公听从他的建议,假装要杀仇人,把管仲接到齐国。桓公和管仲谈论霸王之术,大喜过望,以其为大夫,委以政事。

春秋中期,齐桓公以"尊王攘夷"为号召,联合中原诸夏,讨伐戎、狄、徐、楚,安定周室。公元前664年,齐北伐山戎,救燕;又逐狄,存邢救卫;公元前656年,齐合诸侯之师侵蔡伐楚,与楚盟于召陵。此后,齐多次大会诸侯。公元前651年,齐会鲁、宋、卫、郑、许、曹于葵丘。齐霸业达于顶峰。公元前643年,桓公卒,齐从此失去霸主地位。公元前589年,齐、晋大战于鞌(今山东济南),齐大败。到灵公、景公时,齐依旧是仅次于晋的中原强国。前567年齐灵公灭莱国,疆土扩大到山东东部。疆域东到海,西到黄河,南到泰山,北到无棣水(今河北盐山南)。

齐桓公用管仲推行政治、经济、军事改革。首先改革了行政管理体制,"制国以为二十一乡:工商之乡六;士农之乡十五;公帅五乡焉,国子帅五乡焉,高子帅五乡焉。参国起案,以为三官,臣立三宰,工立三族,市立三乡,泽立三虞,山立三衡。"这一改革一举多得:通过使民类聚,专业生产,同类授业,以利技巧;通过分类事务,使民不相盅惑;通过兵农合一,农战结合，使国泰民安。其次改革官吏选拔制度，通过乡选、官选、君选三个环节选拔各级官吏。主张"论材，量能，谋德而举之"，并规定对初选的人员，必须到其所在的乡里进行考察，"退问之其乡，以观其所能而无大厉"，然后才能任职。再次改革税制，打破了"力役税"，根据不同的土地等级和物产而征税，从而"相地而衰征，则民不移"。同时改革关税，"使关市几而不征"，鼓励国与国之间的贸易，以"通齐国之鱼盐于东莱"。这些改革使齐国"以区区之齐在海滨，通货积财，富国强兵"（《史记·管晏列传》）。

二、书伐选官，不拘一格

在用人方面，管仲继承了太公望"尊贤上功"的路线，所实行的主要是三选制和上记制。所谓"三选制"，是由地方推荐优秀官员，召集到朝廷，然后由齐桓公亲自与他们交谈，了解情况，进行考察，从而确定是否委以重任。这种制度的实行不受时间限制，地方可以随时用书面形式向朝廷推荐官员，故也称"书伐制"。《国语·齐语》云："桓公令官长期而书伐，以告且选，选其官之贤者而复用之，……桓公召而与之语，訾相其质，足以比成事，诚可立而授之。设之以国家之患而不疚，退问之其乡，以观其所能无大厉，升以为上卿之赞。谓之三选。"韦昭注："三选，乡长所进，官长所选，公所訾相。"所谓"上记制"，是每年正月由齐桓公亲自听问，令五属大夫汇报工作、推荐人才。比之"三选"，"上记"的时间是固定的。

《齐语》："正月之朝，五属大夫复事。桓公择是寡功者而谪之，曰：'制地分民如一，何故独寡功？教不善则政不治，一再则宥，三则不赦。'桓公又亲问焉，曰：'于子之属，有居处为义好学、慈孝于父母、聪慧质仁、发闻于乡里者，有则以告。有而不以告，谓之蔽明，其罪五。'有司已于事而竣。桓公又问焉，曰：'于子之属，有拳勇股肱之力秀出于众者，有则以告。有而不以告，谓之蔽贤，其罪五。'有司已于事而竣。桓公又问焉，曰：'于子之属，有不慈孝于父母、不长悌于乡里、骄躁淫暴、不用上令者，有则以告。有而不以告，谓之下比，其罪五。'有司已于事而竣。五属大夫于是退而修属，属退而修县，县退而修乡，乡退而修卒，卒退而修邑，邑退而修家。是故匹夫有善，可得而举也；匹夫有不善，可得而诛也。政既成矣，以守则固，以征则强。"

齐桓公是齐国历史上最有作为的国君，他的最突出特点就是选贤任能、从谏如流。首先，他听从了鲍叔牙的劝告，不记射中带钩之仇，任用管仲为相，就是最好的例证。《韩非子·难一》载："桓公解管仲之缚而相之。管仲曰：'臣有宠矣，然而臣卑。'公曰：'使子立高、国之上。'管仲曰：'臣贵矣，然而臣贫。'公曰：'使子有三归之家。'管仲曰：'臣富矣，然而臣疏。'于是立以为仲父。"接下去韩非子评论道："管仲以贱为不可以治国，故请高、国之上；以贫为不可以致富，故请三归；以疏为不可以治亲，故处仲父。管仲非贪，以便治也。"这里对管仲的评价也许有所不当，但是却说出了齐桓公为了治理好国家而不惜代价任用管仲的可贵之处。

在同一篇里，韩非子还记下了齐桓公任用一个比较一般的人物的另一件事："齐桓公时，有处士曰小臣稷,桓公三往而弗得见。桓公曰:'吾闻布衣之士不轻爵禄,无以易万乘之主;万乘之主不好仁义,亦无以下布衣之士。'于是五往乃得见之。"后来有刘备三顾茅庐请诸葛亮的事,诸葛亮是亘古难求的大人物,当然值得三顾而请;而小臣稷却不是这样,齐桓公尚且五顾而请,足可见出他对贤能的礼下。齐桓公不仅善于任用本国的贤能,对于其他诸侯国愿意效力于齐的人同样也非常看重。《吕氏春秋·举难》就有这样的记载:宁戚欲干齐桓公,穷困无以自进,于是为商旅将任车以至齐,暮宿于郭门之外。桓公郊迎客,夜开门,辟任车,爝火甚盛,从者甚众。宁戚饭牛居车下,望桓公而悲,击牛角急歌。桓公闻之,抚其仆之手曰:"异哉!之歌者非常人也。"命后车载之。桓公反,至,从者以请。桓公赐之衣冠,将见之。宁戚见,说桓公以治境内;明日复见,说桓公以为天下。桓公大说,将任之。群臣争之曰:"客,卫人也,卫之去齐不远,君不如使人问之而故贤者也,用之未晚也。"桓公曰:"不然,问之患其有小恶,以人之小恶,亡人之大美,此人主之所以失天下也。"齐桓公就是这样任用了宁戚,宁戚后来成了齐桓公手下一个很有作为的臣子。

《吕氏春秋·勿耕》还记载了齐桓公在用人方面向管仲征求意见的一件事,管仲"复于桓公曰:'垦田大邑,辟土艺粟,尽地力之利,臣不若宁戚,请置以为大田;登降辞让,进退闲习,臣不若隰朋,请置以为大行;蚤入晏出,犯君颜色,进谏必忠,不避死亡,不重富贵,臣不如东郭牙,请置以为大谏臣;平原广城,车不结轨,士不旋踵,鼓之三军将士视死如归,臣不若王子城父,请置以为大司马;决狱折中,不杀不辜,不诬无罪,臣不若弦章,请置以为大理;君若欲治国强兵,则五子者足矣;君欲霸王,则夷吾在此。'桓公曰:'善。'令五子皆任其事,以受令于管子。"从以上所引种种事例可知,齐桓公在举贤任能、知人善任方面,不仅有自己独到深刻的体察和认识,而且做得非常到位、非常周延,从而为齐国招揽了大批人才,上上下下都可谓人才济济。正是靠着这些有志、有识、有能、有力的人才,发掘出了齐国的优势,"九合诸侯,一匡天下",成为春秋一霸。

第二节 桓公选贤任能的启示

春秋前中期,桓公即位,管仲相齐。这时齐国的客观条件和外部环境都发生了很大的变化,农业生产已经成了齐国主要的经济部门之一。既便如此,姜太公倡导的"工商之业",不但没有遭到削弱,反而得以继承创新、发扬光大。《史记·货殖列传》载:"(太公)其后齐中衰,管子修之,设轻重九府,则桓公以霸,九合诸侯,一匡天下。"《齐太公世家》亦载:"桓公既得管仲,与鲍叔、明、高修齐国政,连五家之兵,设轻重鱼盐之利"。《国语·齐语》又云:"通齐国鱼盐于东莱,使关市讥而不征,以为诸侯利,诸侯称广焉。"可见,这时的齐国视人才为国宝,人才会聚,齐国的政治、经济、文化、军事迅速发展起来了。齐桓公、管仲不拘一格选用人才,也给了我们今天的用人机制以重要启示。

一、选人用人的方式方法

我们党历来强调德才兼备,并强调以德为先,而且赋予其新的内涵。坚持德才兼备、以德为先、任人唯贤。与时俱进的党规制度,必然体现时代的脉动。正确的用人导向、规范的用人制度、严格的用人纪律,切实体现了中央对干部选拔任用的革故鼎新、改革创新,为新时代选人用人指明了方向。

(一)选人用人必须坚持党管干部原则

党管干部的核心是坚持党的领导,确保各级领导权始终掌握在忠于党、忠于人民、忠于马克思主义和中国特色社会主义的人手中。充分发挥党组织在干部工作中的领导和把关作用,强化党委、分管领导和组织人事部门在干部选拔任用、考察识别、管理监督中的责任,坚持党对一切工作的领导,必须毫不动摇地坚持党管干部原则,改进干部管理方法,不断推进干部工作的科学化、民主化、制度化。对党委和组织人事部门来讲,做好干部工作,首先必须坚持并正确贯彻党管干部原则。

(二)选人用人必须坚持任人唯贤的用人路线

通过选贤任能,从组织上确保国家长治久安和各项战略目标的实现。推动选人用人状况和风气明显好转。贯彻和坚持任人唯贤的路线,同时坚持问题导向、实事求是,根据新的形势任务做好丰富和发展。面向新时代,党的干部工作还必须坚持正确用人导向,坚定不移地贯彻任人唯贤的路线。在选人用人标准上,坚持德才兼备、以德为先,坚持事业为上、公道正派,做到唯贤是举;特别要突出政治标准,注重提拔重用那些牢固树立"四个意识"和"四个自信"、坚决维护党中央权威、全面贯彻执行党的理论和路线方针政策、忠诚敢于担当的干部。

二、选贤任能的原则

(一)选人用人必须坚持事业为上的用人导向

注重从事业需要出发选用干部。坚持事业为上,要求以事业择人,把事业需要摆在第一位,选人用人首先要看事业发展和工作需要,坚持事业为上,把握事业发展与干部成长这两个因素上,一定要坚持公道正派,始终抱着对党和人民事业高度负责的精神,坚持党性原则第一、党的事业第一、人民利益第一,以更宽的视野、更高的境界、更大的魄力不拘一格选贤任能,把事业需要、岗位要求与促进干部成长、调动各方面积极性有机结合起来,做到依事、按岗选人,拓宽选人视野,统筹干部资源,通过早发现、早培养,达到人岗相适,充分发挥人才作用。

(二）选人用人必须坚持"以德为先"的用人原则

把"以德为先"作为"德才兼备"的前置条件，辩证处理德与才的关系。"要做官，先做人"，"才"是施展能力、取得业绩的重要基础，但缺少了"德"，能力和业绩就失去了正确方向，甚至成了祸害。要注意考察干部的思想道德、职业道德和生活作风，避免忽视做人操守方面的某些缺陷。

第三章 晏婴的"和同"论与"乡风文明"

晏婴作为春秋后期齐国著名政治家和外交家,进一步丰富和发展了"和""同"思想,提出了"和与同异""否可相济"的观点,强调"和"是事物之间的辩证统一,又同时强调"和"是事物之间的均衡同一。"和同"论的观点,有助于我们正确理解乡村振兴总体要求之一"乡风文明"的含义,妥善处理人群之间的和谐相处,个人与社会之间的相互依存,人与自然之间的文明友好关系,从深层次上推进新时代乡风文明。

第一节 晏婴的"和同"论及其现代意义

一、晏子其人

晏子(公元前578—公元前500年),名婴,字仲,习惯上多称平仲,春秋时齐国莱地夷维人(今山东省莱州市平里店镇)。春秋后期齐国的国相,也是一位著名的政治家和外交家。他忧国忧民,敢于直谏,在诸侯和百姓中享有极高的声誉。

晏婴是齐国上大夫晏弱之子。以生活节俭、谦恭下士著称。晏弱死后,晏婴继任齐卿,历任齐灵公、齐庄公、齐景公三朝的卿相,辅政长达60余年。晏子甚是睿智,爱民,不辱使命,为春秋时期的人才之一。周敬王二十年(公元前500年),晏婴病逝。现存晏婴墓在山东淄博齐都镇永顺村东南约350米。其封地为晏城,在今山东省齐河县晏城镇。

晏婴头脑机灵,能言善辩,善于辞令,使楚时曾舌战楚王,维护国家尊严。内辅国政,屡谏齐君。对外他既富有灵活性,又坚持原则性,出使不受辱,捍卫了齐国的国格和国威。司马迁非常推崇晏婴,将其比为管仲。

晏子一生功绩累累,声名卓著,以下二则逸事,可窥一斑:

（一）折冲樽俎

春秋中期，诸侯纷立，战乱不息，中原的强国晋国谋划攻打齐国。为了探清齐国的形势，便派大夫范昭出使齐国。齐景公以盛宴款待范昭。席间，正值酒酣耳热，均有几分醉意之时，范昭借酒劲向齐景公说：请您给我一杯酒喝吧！景公回头告诉左右侍臣道：把酒倒在我的杯中给客人。范昭接过侍臣递给的酒，一饮而尽。晏婴在一旁把这一切看在眼中，厉声命令侍臣道：快扔掉这个酒杯，为主公再换一个。依照当时的礼节，在酒席之上，君臣应是各自用各人的酒杯。范昭用景公的酒杯喝酒违反了这个礼节，是对齐国国君的不敬。范昭是故意这样做的，目的在于试探对方的反应如何，但还是被晏婴识破了。

范昭回国后，向晋平公报告说：现在还不是攻打齐国的时候，我试探了一下齐国君臣的反应，结果让晏婴识破了。范昭认为齐国有这样的贤臣，当前去攻打齐国，绝对没有胜利的把握，晋平公因而放弃了攻打齐国的打算。靠外交的交涉使敌人放弃进攻的打算，即当下"折冲樽俎"这个典故，就是来自晏婴的事迹。孔子称赞晏婴的外交表现说："不出樽俎之间，而折冲千里之外"，正是晏子机谋的真实写照。

（二）随机应变

晏相国来到了馆舍，楚国大臣为他洗尘接风，席间展开了激烈的辩论。楚国下大夫首先发言道：齐自太公封国建邦以来，煮盐垦田，富甲一方、兵甲数万，足可以与楚匹敌。为什么自齐桓公称霸中原之后，昙花一现，再不能领袖诸侯了呢？以齐国国土之宽广，人口之众多，国家之富庶，加上晏相国您的才智，怎么就不能再崛起中原呢？反而向我楚国结盟，这太让人费解了。

晏婴回答：识时务者为俊杰，通机变者为英豪。先前自周失政于诸侯之后，诸侯连年征战，春秋五霸迭兴，齐国称霸于中原，秦国威振于西戎，楚国称雄于荆蛮之地，这一切固然有人为的因素，可大多数靠的是天意。先前以晋文公的雄才大略，尚且逃亡四方；秦穆公霸于西戎之后，文治武功盛极一时，其死后子孙衰弱，再也难振往日之雄风；就连你们楚国也自楚庄王之后，亦常受吴晋二国的骚扰，困苦不堪。难道只有齐国衰弱不成？今日齐国前来交好结盟，这只是邻国之间的友好往来罢了。你作为楚国名臣，应通晓'随机应变'这四个字的含义，怎么也问出这样的问题呢？

下大夫脸红着退了下来，身旁的上大夫不服气地质问道：平仲您自以为是随机应变之士，然而齐自内乱以来，齐臣为君死的不可计数，而您作为齐国的世家大族，却不能讨伐叛贼，或弃官明志，或为君王而死，您不觉得羞愧吗？为什么还留恋名誉地位迟迟不肯离去呢？

晏婴正色反驳道：做大事的人，不必拘泥于小节，人无远虑，必有近忧。我只知道君主为国家的社稷而死时，做臣子的才应该与之同死，而今先君并非为国家社稷而死，那么我为什么要随随便便从先君而死呢？那些死的人都是愚人，而非忠臣，我虽不才，但又怎能以一死来沽名钓誉呢？况且在国家有变时，我不离去，乃是为了迎立新君，为的是保存齐的宗祖，并非贪图高位呀。假使每个人都离开了朝中，国家大事又有谁来做呢？并且国家内乱，哪一国没有发生过呢？你们楚国不是也有这种事吗？又何必责怪我们？

又有人不满地说道：英雄豪杰，必相貌绝伦，雄伟无比，而今相国您，身高不足五尺，手无缚鸡之力，只是徒逞口舌之利的说客罢了。单单依靠口舌，而没有实际的本领，欺世盗名，不感到可耻吗？晏子回道：我听说秤锤虽小，能值千斤，舟桨虽长，不免为水浸没，纣王勇武绝伦，不免身死国亡，为什么呢？我承认自己并无出众的本领，愧居相位，却绝不是与您逞口舌之利，只是问有所答罢了。难道我拒不回答吗？那也太无礼了。

晏婴聪颖机智，能言善辩。内辅国政，屡谏齐侯。对外他既富有灵活性，又坚持原则性，出使不受辱，捍卫了齐国的国格和国威。

二、晏子的"和同"论

《国语·郑语》记载，史伯曰：夫和实生物，同则不继。先王以土与金、木、水、火杂，以成百物。是以和五味以调口，刚四支以卫体，和六律以聪耳……。聘后于异性，求财于有方，择臣取谏工而讲多物，务和同也。声一无听，物一无文，味一无果，物一不讲。……晏子……对曰：和如羹焉。……先王之济五味和五声也，以平其心，成其政也。声亦如味，一气、二体、三类、四物、五声、六律、七音、八风、九歌，以相成也；清浊、大小、疾徐、哀乐、刚柔、迟速、高下、出入、周疏，以相济也。君子听之，以平其心，心平德和。史伯的话讲得很详细，"和"如五味的调和，八音的和谐，一定要有水、火、酱、醋各种不同的材料才能调和滋味；一定要有高下、长短、疾徐各种不同的声调才能使音乐和谐。"以他平他谓之和，'同'之不可也如是。"

和与同，表面上看起来很相似，它们的表现也有一致性，但在实质上，它们完全不同。同，是绝对的一致，没有变动，没有多样性。因此，它代表了单调、沉闷、死寂，它也没有内在的活力和动力，不是一个具有生命力的东西，也不符合宇宙万事万物构成、发展的规律性。和，却是相对的一致性，是多中有一，一中有多，是各种相互不同、相互对立的因素通过相互调节而达到的一种统一态、平衡态。因此，它既不是相互抵消、溶解，也不是简单地排列组合，而是融合不同因素的积极方面结成和谐统一的新整体。它保留了各个因素的特点，又不让它们彼此抵消，因而是一个具有内在活力、生命力、再生力的整体。"和""同"与"君子群而不党""周而不比"同义，既保持个体的特殊性和独立性，又与群体相协调，才有社会和人际的和谐。"同""比""党"就容易失去独立性和差异性。强求"一致""一律""一样"，总没有好结果，"多级""多元""多样化"才能发展。从中可以看出，"和"的前提是承认并允许彼此有差异、有区别、有分歧，然后使这些差异、区别、分歧调整到适当的位置和结构中，各得其所，而后整体有"和"——和谐或发展。

《左传·昭公二十年》记：齐侯至自田，晏子侍于遄台，子犹驰而造焉。公曰："唯据与我和夫！"晏子对曰："据亦同也，焉得为和？"公曰："和与同异乎？"对曰："异。和如羹焉，水、火、醯、醢、盐、梅，以烹鱼肉，燀执以薪，宰夫和之，齐之以味，济其不及，以泄其过。君子食之，以平其心。君臣亦然。君所谓可而有否焉，臣献其否以成其可；君所谓否而有可焉，臣献其可以去其否。是以政平而不干，民无争心。故《诗》曰：'亦有和羹，既戒既平。鬷嘏无言，时靡有争。'先王之济五味，和五声也，以平其心，成其政也。声亦如味，一气、二体、三类、四物、五声、六律、七音、八风、九歌，以相成也；清浊、小大、短长、疾徐、哀乐、刚柔、迟速、高下、出入、周疏，以相济也。君子听之，以平其心。心平，德和。故《诗》曰：'德音不瑕。'今据不然。君所谓可，据亦曰可；君所谓否，据亦曰否。若以水济水，谁能食之？若琴瑟之专一，谁能听之？同之不可也如是。"

译文：

景公从打猎的地方回来，晏子在遄台随侍，梁丘据也驾车赶来了。景公说："只有梁丘据与我和谐啊！"晏子回答说："梁丘据也不过是相同而已，哪里能说是和谐呢？"景公说："和谐与相同有差别吗？"晏子回答说："有差别。和谐就像做肉羹，用水、火、醋、酱、盐、梅来烹调鱼和肉，用柴火烧煮。厨工调配味道，使各种味道恰到好处；味道不够就增加调料，味道过重就用水冲淡一下。君子吃了这种肉羹，用来平和心性。国君和臣下的关系也是这样。国君认为可以的，其中也包含了不可以，臣下进言指出不可以的，使可以的更加完备；国君认为不可以的，其中也包含了可以的，臣下进言指出其中可以的，去掉不可以的。因此，政事平和而不违背礼仪，百姓没有争斗之心。所以《诗》中说：'有调和得好的羹汤，五味备又适中。敬献神明来享用，上下和睦不争斗。'先王使五味相互调和，使五声和谐动听，用来平和心性，成就政事。音乐的道理也像味道一样，是由一气、二体、三类、四物、五声、六律、七音、八风、九歌各方面相配合而成，由清浊、小大、短长、疾徐、哀乐、刚柔、迅速、高下、出入、周疏各方面相调节而成。君子听了这样的音乐，可以平和心性。心性平和，德行就协调。所以，《诗》说：'美好的音乐没瑕疵。'现在梁丘据不是这样。国君认为可以的，他也说可以；国君认为不可以的，他也说不可以。如果用水来调和水，谁能吃得下去？如果用琴瑟老弹一个音调，谁愿意听下去？不能一味相同的道理，就像这样。"

本文围绕齐景公与晏子的一段对话，辩明了和谐与相同之差别。所谓"和"，就如同厨师调和酸、甜、苦、辣、咸五味的羹，喝羹汤可以使人平静内心，以此表现出君臣之间的关系。乐师调和宫、商、角、徵、羽五声，才有动听的音律。音乐的道理也同味道一样，听美好的音乐也可以平和心性。心性平和，德行就协调。所谓"同"，就如同用水调剂水，是不能调剂出好喝的汤的，用一根弦演奏音乐，是不可能奏出好听的音乐来的。

在这次"和同之辩"中，晏子阐述了他的君臣要和而不同的理论，主张建立君臣和而不同的政治体制。和而不同的君臣关系，实现了国君兼听纳谏，知错改错；大臣不隐君过，能直言进谏的政治局面。远谗佞，近贤良，走的就是君臣"和而不同"的道路。

和的观念既是宇宙万物起源、构成、发展的规律之一，同时也是先人对事物的独特理解。

换句话说，和的内涵，既包括了自然规律，也包括了人的理智对秩序的追求，即人为的秩序。和的观念是中国人独特的行为方式。国家兴盛的理想状态是和谐；君臣之间、官民之间、国与国之间、朝野之间，相互理解、支持、协调，利益趋于一致就是"和"；人们处理事务、人际关系也是"以和为贵"，用自我克制来消除矛盾、分歧，用相互交流切磋来发扬各自所长，通过寻找利益的一致之处，把各方的不同之处加以协调。

三、"和同"思想的现代意义

从晏子的"和"，我们可以体会出三个方面的内涵：一是事物总是有对立面。有对立才有相互切磋、相互监督，而后转化为统一；有不同意见，才有争辩、协商，而后目标一致。二是要经过对立的相互作用达到调和。争执、争辩的目的是达到同一，兼听则明，偏听则暗，乡风文明也是一样，人们对文明的理解的角度不同，对文明的表现形式和建设标准就有差异，要善于综合平衡，既注重同一要求，又要保持个性特色，盲目附和、千篇一律，就容易流于形式，缺乏多样，丢掉优势。有差异就有追赶，有竞争才有生机。三是调和表现为新的统一，要产生新的产品。如果大家趋同一致，一味模仿，人云亦云，难免形式单一，色彩单调，重复建设，缺乏竞争活力，也就失去了多样性和本土特色。乡风文明建设也是这样，要主张差异性，避免单一性。不能搞一刀切，要有百花争艳。各地地理情形不一样，或许建设风格各异，各村经济状况不同，或许建设方案、操作方式大不相同，甚至同一体内部，也会有分歧，各持己见，相持不下，这都是难免的。有矛盾、有冲突，可以协商解决，有不同意见，经过碰撞、交流、融合，就会相互借鉴，取长补短，通过各自反思，有所发现，接纳新的建议，刷新原有认知，达到新的统一，有所提高。

"和"在这个古代思想文化中，包含四个方面。首先，它是指人的身心协调自如。《中庸》说："喜怒哀乐之未发，谓之中；发而皆中节，谓之和。""中"是指自然人的状态，"和"指社会人要符合礼仪法度，适应社会的理想状态。其次，它是指人与人之间的融洽相处。孔子说，"礼之用，和为贵"。"礼"是人们在处理各种关系时的规范或应具备的限制。正是有这种"礼"的存在，"和"才得以实现。这里的"和"，指人与人之间相互礼让，和睦相处。因为有"礼"，才能求同存异，团结一致。再次，它是社会关系的和谐融洽，即天下百姓亲如一家。中国传统的"礼尚往来""互惠互利"，都贯穿着"和"的精神。最后，它是指人与自然和谐相处。"亲亲，仁民，爱物"就是强调人与自然环境的和谐共生。中国古代思想家把天地万物视为一个有机整体，人与自然相互依存、相互支撑。只有实现人与自然和谐相处，才能使万物生生不息。

"和同"思想观念和实践经验对我们今天的乡村振兴乡风文明建设提供了十分有益的思想资源。

第一，以"和"思想为基本精神的中华文明，在乡风文明建设过程中始终产生积极的影响。乡村振兴战略实施，有着深厚的传统文化底蕴，齐鲁文化优良传统形成乡村振兴强大文化软实力。齐鲁大地,举全省之力,动员了广大乡村、基层政府、乡民、回乡返乡人员以至涉农产业、企业、行业、区域综合体,上下一心打造乡风文明齐鲁样板,各行业领域齐心协力、群策群力,广大群众团结一致、共克时艰,乡与乡、镇与镇、村与村、户与户,相互学习,相互造访,互通有无,共创共建乡风文明模仿乡、明星村,充分体现出齐鲁优秀传统文化"和衷共济"基本精神。

第二,"和为贵"思想促进农业、涉农企业、非农产业以"和平"姿态进行对话与交流。建设乡风文明实现乡村振兴,需要各行业秉持"和为贵"理念,共谋农业发展,开发农村市场,盘活农业资源,农企结合、农产结合、农贸融合,聚集资源优势,形成合力,在和谐、互补、互利的合作中,完成自身蜕变发展、壮大变强,助推乡村振兴乡风文明。

第三,改革创新中不断推进乡风文明。任何社会的一种理想状态的实现,往往都要经过对立、争斗、碰撞、融合、吸收、借鉴、改革、创新的不同环节。乡风文明建设也是这样,需要在对陋习、旧俗、保守观念不断改造的过程中走向新的局面。其中,不同观点、意见的摩擦、斗争不可避免。因为"和"而不"同",即存在差异,差异有大有小,大的差异发生质变可以变成对立和斗争,小的差异可以在交流融合的过程中弥合,走向统一。追求"和为贵",就是要把众多的不同意见乃至分歧对抗的行为经过磨合、包容,构成一个有机整体。"和而不同"是一个对立统一的过程。在这个过程中,经过争斗融合、此消彼长、新陈代谢、弃旧扬新,强弱变化,相互激荡,最终达到和平竞争共同发展。"以和为贵""和而不同""求同存异"等思想观念,已经历史地成为处理不同经济主体参与全农业产业链的价值观念,是乡村振兴乡风文明建设的宝贵精神财富。

第二节 构建乡风文明,助推乡村振兴

乡村振兴,是包括产业、人才、文化、生态和组织等多方面的振兴。乡风文明是评判乡村共同体进步开化与否的标准,是乡村振兴水平和程度的外显。深入实施乡村振兴战略,必须高度重视改善农村人居环境和精神文明建设工作,大力推进公民思想道德建设,倡导时代新风,深入推进乡风文明建设。

一、乡风文明的内涵

乡风就是乡土风俗,主要指人们在乡村物质生活和精神生活过程中形成的风尚和习俗或是价值观念、生活方式、风土人情等。文明是相对于野蛮而言的,是人类进入高级阶段的一种进步状态。乡风文明的核心要义,是农村精神文明的建设,内容涉及文化、法制、风俗、社会治安等多个方面。需要指出的是,乡风文明不等同于乡村文明,因为乡村是一个社会组织系统,而乡风只是乡村社会内涵式发展的一个重要方面。从这个意义上讲,乡风文明包含于乡村文明。正如习近平总书记在参加十三届全国人大一次会议山东代表团

的审议时指出的,要"培育文明乡风、良好家风、淳朴民风",目的是"改善农民精神风貌,提高乡村社会文明程度,焕发乡村文明新气象"。习近平总书记在全国宣传思想工作会议上也强调,要弘扬新风正气,推进移风易俗,培育文明乡风、良好家风、淳朴民风,焕发乡村文明新气象。

乡风文明,简单地说就是良好的乡村风气。乡风,是指村民的信仰、操守、爱好、风俗、观念、习惯、传统、礼节和行为方式的总和,是由乡村居民长期生产、生活中积淀而形成的生活习惯、心理特征和文化意识,反映了当地居民的精神风貌。文明,是人类社会发展到一定历史阶段的进步状态,其中主要表现为教育、科学、文化知识的发达和人们思想、政治、道德水平的提高。因此,乡风文明是在完善的乡村基础设施上,一群有高素质、高文化水平的新型农民集体,构建起乡村崇尚传统文化、崇尚科学文明的社会风气,形成符合时代特色的家庭伦理关系、邻里关系、党群关系,树立进步的思想意识与道德观念的文化氛围和文明表现。

党的十九大提出实施乡村振兴战略,并明确提出了"产业兴旺、生态宜居、乡风文明、治理有效、生活富裕"总要求。这五个新的目标要求相互依存、相互制约,分别规约了新农村建设的物质条件、具体体现、思想基础、环境要求和体制保障,是相互联系的有机整体。《中共中央国务院关于实施乡村振兴战略的意见》阐述了这五个新的目标要求在乡村振兴中的地位,其中产业兴旺是重点、生态宜居是关键、乡风文明是保障、治理有效是基础、生活富裕是根本。无论是社会主义新农村建设还是新时代乡村振兴,都既要塑形更要铸魂。其中,最根本的或永恒不变的就是灵魂,即乡风文明。其中乡风文明既是乡村振兴的一个重要目标,又是乡村振兴的灵魂和保障。

乡风文明建设的开展,实际上是我国社会主义精神文明建设在乡村地区的集中体现,其内容涵盖多个方面,包括文化、风俗、法治和社会治安等,核心在于推动和引导广大农民树立能够使乡村发展的思想、理念和意识,养成科学、合理、文明和健康的生产生活方式,提高自身素质、文化和技术,生成强劲的生产力,营造风清气顺的社会环境。

乡风文明是优秀传统文化的重要组成部分,对推进乡村全面发展具有重要意义。齐鲁大地,民风淳朴,素有友爱、知礼、善良、团结、协作、坚韧不拔、艰苦奋斗、尊祖敬宗的文明乡风,这种优良的文化传统直接影响着村民对待生活、社会、自然的行为,成为乡村振兴乡风文明建设的重要依据和精神力量。只有乡风文明,乡村才会变得美丽;村民只有提高文化素质,建立良好的乡风,才能保证经济建设的持续和生活的安定。

二、乡风文明建设的时代价值

任何时代,不同样态的文明都有其时代价值。乡村文明作为中华文明的一部分,不论是在传统农耕时代还是在今天农业现代化时代,都有其特定价值。乡风文明建设在乡村振兴战略背景下,对于打造经济实力强、人民群众富、文明程度高、治理效能优、生态环境美的乡村振兴齐鲁样板，有着独特的时代价值。

（一）乡风文明是乡村振兴的重要保障

《中共中央国务院关于实施乡村振兴战略的意见》和《乡村振兴战略规划（2018—2022年）》都提出"乡村振兴，乡风文明是保障"。随着中国特色社会主义进入新时代，农村社会生产力水平不断提高，人民对美好生活的向往和需求也越发强烈，不仅对物质生活条件的要求越来越高，而且对精神文明建设的需求也愈加强烈。其中最重要的就是乡风文明或乡村文化的建设，乡风文明是农村精神文明建设的重要内容，事关乡村的和谐稳定和振兴崛起，更是满足广大农民日益增长的美好生活需要的思想保障。只有培育好文明乡风，才能促进乡村经济、政治、文化等方面的全面振兴。2005年8月12日，习近平在《浙江日报》"之江新语"专栏《文化是灵魂》一文中也写道："文化的力量，或者我们称之为构成综合竞争力的文化软实力，总是'润物细无声'地融入经济力量、政治力量、社会力量之中，成为经济发展的'助推器'、政治文明的'导航灯'、社会和谐的'黏合剂'。"乡风文明建设的实质在于加快乡村建设文化建设，提高农民的科学文化与思想道德素质，使农民的精神需求得到满足，为乡村高质量发展和全面振兴提供思想基础。加强乡风文明建设就是加强和改善乡村人文、社会环境，使乡村文化建设在健康的环境下全面发展，促进农民由传统生活向现代文明生活转变，实现乡村的乡风文明与全社会的精神文明同步发展，协调共进。

（二）乡风文明建设是乡村文化资源传承的内在需求

乡村文明是包括乡村经济文明、乡村政治文明、乡村生态文明在内的一个系统。在乡村文明系统的构成中更具核心意义，对乡村文明的诸多构成维度、因素具有统摄意义的是乡风文明。乡风文明，是一个乡村在实现创新、协调、绿色、开放、共享发展的进程中的文化软实力，也是一个乡村面对各种文明进行取舍、选择、创新、发展的现实尺度。

中华文明根植于农耕文化，乡村是中华文明的基本载体和乡风文明的集萃地。乡村文化是中国文化的基床和根脉，乡风文明则是积极的、向善的、放大了的乡村文化，也是乡村文化软实力极其重要的组成部分。在现代化进程中，乡村文化的流失以及对乡村文化价值认知上的偏差是导致乡风文明坍塌的主要原因。乡风文明的缺失，会使一个乡村缺失信仰与追求，缺乏前行的定力和韧性，要么跌倒在经济落后的困境中不能自立，要么面对各种挑战缺乏敢于胜利的自信，要么面对百年未有的机遇而踌躇不前，或茫然四顾或迷失自我。振兴乡村文化是重塑乡风文明的内生动力和必由之路。

乡风文明建设以保护乡村人文景观、文化遗产、民风民俗为重点，因地制宜确定保护、传承、弘扬文化内容，挖掘传统农耕文化、山水文化、人居文化中丰富的思想内涵，系统开发保护乡村历史、文化遗产、景观风貌和人文资源，传承乡土文明的形式和内涵。通过乡土文化开发传承，积极引导村民追求科学、健康、文明的生产生活和行为方式，提高农民群众的文化素质和文明素养，有助于形成乡村精神文明的新追求、新风尚。

（三）乡风文明建设是乡村经济发展的客观要求

在乡村振兴战略实施背景下，加强乡风文明建设尤为重要，在社会主义市场经济新形势下，加强乡风文明建设尤为迫切。由于长期受小农经济意识的影响，一些农民还存在着封建落后意识，一定程度上制约了乡村经济发展。加强以思想道德建设和科学文化建设为主要内容的乡风文明建设，开展社会主义市场经济和现代科学技术知识的普及教育，使农民掌握市场经济的基本知识，提高科学文化技术和专业技能，才能适应当前全农产业链深度拓展的需要，有利于广大基层村镇统筹推进乡村产业、人才、文化、生态、组织振兴，推动农业全面升级、农村全面进步、农民全面发展。

（四）乡风文明是乡村社会稳定的根本保证

形成文明乡风，应深入开展精神文明创建活动，各乡镇、乡村分类推进、层层落实，使文明创建的过程成为培育和践行社会主义核心价值观的过程。中华民族历来注重家庭、家教、家风，要适应农村家庭结构的深刻变化，切实加强农村家庭文明建设。围绕勤劳致富、崇德向善、诚实守信、遵纪守法等内容开展"星级文明农户""五好文明家庭"等评选活动，激发农民的家庭责任感和荣誉感，以促进家庭稳定、家庭幸福。

乡村稳定事关国家长治久安。乡村不稳定，整个政治局势就不稳定。尽管我国改革开放以来，乡村社会相对有了极大进步，但仍然有封建落后的习俗、活动存在，甚至腐蚀着人们的心灵。因此，抓好乡风文明，搞好乡村精神文明建设，有利于保证乡村社会的安定稳定，为乡村振兴提供全方位的思想保障。

三、乡风文明建设的基本路径

乡风文明建设是一项系统工程，需要重点在以社会主义核心价值观为引领、将优秀传统文化嵌入乡风文明、亲近老百姓走进生活、开展移风易俗行动等方面下功夫。

（一）以社会主义核心价值观为引领

社会主义核心价值观是兴国之魂，乡风文明建设必须突出核心价值观的引领作用。2014年5月2日，习近平总书记在北京大学师生座谈会上说："核心价值观，其实就是一种德。"在这个意义上讲，以社会主义核心价值观为引领加强乡风文明建设就是要加强农村思想道德建设。《中共中央国务院关于实施乡村振兴战略的意见》也指出，要"以社会主义核心价值观为引领，坚持教育引导、实践养成、制度保障三管齐下，采取符合农村特点的有效方式，深化中国特色社会主义和中国梦宣传教育，大力弘扬民族精神和时代精神。加强爱国主义、集体主义、社会主义教育，深化民族团结进步教育，加强农村思想文化阵地建设。深入实施公民道德建设工程,挖掘农村传统道德教育资源,推进社会公德、职业道德、家庭美德、个人品德建设。推进诚信建设,强化农民的社会责任意识、规则意识、集体意识、主人翁意识"。具体落实路径,一是在广大乡镇、乡村广泛铺开宣传社会主义核心价值观和"中国梦"的乡村文明"墙体画"工程,集中展示乡村道德模范人物的事迹;二是开辟文化道德讲堂,召开道德评议会,以文明家庭、最美家庭、道德模范等为主体组建家庭联盟会等新举措;三是在推进乡风文明建设进程中,坚持以社会主义核心价值观为引领,以群众需求为导向,以打造最干净、最文明乡村为目标,美化农村环境、推进移风易俗、培育文明乡风,以"八荣八耻"助推乡村振兴。

(二)将优秀传统文化嵌入乡风文明

乡风文明建设不是空中楼阁,而是有着深厚文化积淀的生动实践。习近平总书记在中共中央政治局第十三次集体学习时指出:"博大精深的中华优秀传统文化是我们在世界文化激荡中站稳脚跟的根基。中华文化源远流长,积淀着中华民族最深层的精神追求,代表着中华民族独特的精神标识,为中华民族生生不息、发展壮大提供了丰厚滋养。"《中共中央国务院关于实施乡村振兴战略的意见》指出,要"立足乡村文明,吸取城市文明及外来文化优秀成果,在保护传承的基础上,创造性转化、创新性发展,不断赋予时代内涵、丰富表现形式。切实保护好优秀农耕文化遗产,推动优秀农耕文化遗产合理适度利用。深入挖掘农耕文化蕴含的优秀思想观念、人文精神、道德规范,充分发挥其在凝聚人心、教化群众、淳化民风中的重要作用。划定乡村建设的历史文化保护线,保护好文物古迹、传统村落、民族村寨、传统建筑、农业遗迹、灌溉工程遗产。支持农村地区优秀戏曲曲艺、少数民族文化、民间文化等传承发展"。

乡风文明建设过程中,要特别注重挖掘家风家训、推广传统文化、传承非遗文化、建设文化礼堂、提升产业文化。一是依托村(社区)自治组织、镇乡村网格化管理站、农家书屋、文化文明实践讲堂等文化阵地,弘扬孝贤文化,推行家教、家庭美德教育。二是举办"立家规,扬家风"活动,展示慈善孝亲、和睦相处的新气象和新风尚,推行社会公德、职业道德教育;举行"传家训,树家风"活动,让后辈接受精神洗礼,推行家风、个人品德教育。

(三)亲近百姓走进生活

建设乡风文明必须坚持以人民为中心的发展思想,亲近乡村百姓、走进乡村生活。我们应该立足解决实际问题,从老百姓的生活实际出发,紧密结合人民的工作和生活实际,致力于解决老百姓立业、治家、处世等方面的问题,致力于和谐老百姓的夫妻关系、婆媳关系、邻里关系等,从而形成和谐的人际关系和人际氛围。当然,也要从身边一点一滴的小事做起,要从不随地吐痰、不乱扔垃圾、不乱闯红灯、不说粗话脏话等具体行为抓起,长抓不懈,抓出实效。

广泛开展文明乡风活动,大力培育和弘扬社会主义核心价值观,弘扬真善美,传播正能量,努力在全乡镇范围搞好家风建设,营造"学习好人、崇敬好人、争当好人"的浓厚氛围。广泛开展"道德模范""十星级文明户""最美家庭"等推荐评选活动,挖掘平凡人身上闪光的道德力量,以群众看得见、学得到的"身边好人"为榜样,树正气,压歪风,自觉抵制不良风气,反对封建迷信、骄奢淫逸和铺张浪费,树立崇德向善的良好乡风,推进乡村经济、政治、文化、社会、生态文明全面振兴。

抓好乡风文明建设,一是在乡村基层治理实践中将提升乡风文明作为乡村精神文明建设重点工作来抓,努力提升乡村社会文明程度,着力破解乡村存在的农民综合素质不高、生产生活方式落后、治理水平不高等问题,增强乡村振兴的动力和活力;二是把实现乡风文明建设与社会主义新农村文化建设工作有机结合,立足构建自治、法治、德治相结合的乡村治理体系,主打"道德教化""环境宜居""村风治理"三大重点工作;三是在镇村开办文化、道德、科技等主题讲座,利用基层大讲堂等文化阵地,以课堂授课等形式将产业兴旺、生态宜居、乡风文明、治理有效、生活富裕等内容融入群众日常生活;四是结合科技扶贫、文化扶贫改变农民生活方式,引导乡民新科技、新文化、新经济的生产方式和新消费、新文明的生活方式,形成崇尚文明、自我提升的文化文明浓厚氛围。

(四)开展新时代移风易俗行动

乡村常常给人的印象就是思想保守、经济落后、习俗繁缛,事实上在有些乡村确实是这样,这也是实施乡村振兴战略和培育乡风文明必须破解的难题。革新是重塑乡风文明的内生动力,唯有革新方能文明。《乡村振兴战略规划(2018—2022年)》提出要"全面推行移风易俗,整治农村婚丧大操大办、高额彩礼、铺张浪费、厚葬薄养等不良习俗。破除丧葬陋习,树立殡葬新风,推广与保护耕地相适应、与现代文明相协调的殡葬习俗。加强村规民约建设,强化党组织领导和把关,实现村规民约行政村全覆盖"。建设乡风文明,一是"遏制大操大办、厚葬薄养、人情攀比等陈规陋习"。二是实行"二倡导二禁止一规范"(倡导婚丧事简办,倡导不送、不收非亲人员礼金,禁止燃放烟花爆竹、鸣放电子礼炮和纸礼炮等扰民行为,禁止搞封建迷信活动,规范整治婚丧用品市场)为主要内容的婚丧礼俗整治工作。三是培育乡风、家风、民风,提升农民的文明素养和农村的文明程度,充分发挥村民自治作用,健全村规民约,完善规章制度,约束村民一言一行,摒弃大操大办、封建迷信、薄养厚葬、赌博酗酒等陈规陋习,树立勤劳致富、科学节俭、孝老爱亲、文明有礼的新风正气。

第四章　稷下学宫与齐国的文化繁荣

据史载，当时齐国，曾在齐都临淄稷下，造了高门大屋招徕贤士，诸子学派多来云聚，争鸣蔚然成风，成为战国时代最兴盛的国家。"稷下"的来历，一说，因齐都南隅有稷山，临淄在其北侧而得名；一说，齐都临淄西门原有稷门，学宫营造其外，故称"稷下"。由于史书未载清确切方位，今说法不一。然而，齐国设"稷下学宫"的事实是毫无疑义的。当年各国许多不同学术观点的学者，不远千里，前来讲学，进行不治而议的自由辩论，人们称这些人为"稷下先生"。他们各自所集的门徒称为"稷下学士"。稷下学宫学术独立和思想自由，促进了百家之学得到良好的发展，取得辉煌的成就。

第一节　稷下学宫

战国时，齐国的威王是个传奇人物。他继位后，喜好声色，饮酒作乐，常常通宵达旦而不理朝政。这时，齐国有一个名叫淳于髡的人，他的口才很好，有一天，淳于髡见到了齐威王，就对他说："大王，我有一个谜语想请您猜一猜。有只大鸟，住在大王的宫廷中，已经整整三年了，可是他既不会飞，也不会叫，大王您猜，这是一只什么鸟呢？"齐威王是一个聪明人，知道淳于髡是在讽刺自己，于是沉吟了一会儿，便说："嗯，这只大鸟，你不知道，它不飞就罢了，一旦飞起，就会冲到天上；它不鸣就罢了，一旦叫起来，就会让众人惊恐，你慢慢等着瞧吧！"齐威王毕竟是个有雄心壮志的国君，后来他任用邹忌为相、田忌为将、孙膑为军师，进行变法改革。

一、稷下学宫的创建

稷下学宫就创建于齐威王初年，是齐威王变法改革的产物。田氏的齐国为聚集人才，在齐国国都——临淄城西门外创建学宫，将学者封为"大夫"。"稷"是齐都临淄一处城门名，"稷下"即齐都临淄城稷门附近。学宫因处稷下而称"稷下学宫"，是当时一个学术文化的大本营。

稷下学宫始建于战国中期齐桓公田午（公元前375年—357年在位）时期，兴盛于齐宣王(公元前 320 年—302 年在位)时期,衰亡于齐王建(公元前 264 年—221 年在位)时期,历时 150 多年。根据后世研究者的意见,在这 150 多年中,当时天下著名学者都曾到过位于齐国都城临淄的稷下学宫,或做长期学术研究、参政咨政,或做短期逗留、以文会友,近到鲁国孟子,远到赵国荀子,甚至楚国屈原,均曾显耀于此。完全可以说,这一时代的学者,如果不能到稷下学宫一游,则其学术地位和学术成就便无从谈起。而稷下学宫之所以扬名天下,成为度量天下人是否有资格称为学者的,也是因为著名学者辐辏于此。

稷下学宫在其兴盛时期,曾容纳了当时"诸子百家"中的几乎各个学派,如道、儒、法、名、兵、农、阴阳、轻重诸家,汇集了天下贤士多达千人左右。荀子曾经三次担任过学宫的"祭酒"(学宫之长)。阴阳家邹衍曾就学于稷下学宫。邹衍在阴阳五行基础上建立了"五德终始"说。他认为,自古以来的人类社会,都是按照五德转移的次序进行循环的。而五德转移是仿照自然界的五行相克(即土克水、木克土、金克木、火克金、水克火)的规律进行的,历史上每一个王朝的出现都是这一规律性的必然体现。当时,凡到稷下学宫的文化人,无论其学术派别、思想观点、政治取向,以及国别、年龄、资历等如何,都可以自由发表自己的学术见解,从而使稷下学宫成为当时各学派荟萃的中心。这些学者互相争辩、问难、吸收,成为战国"百家争鸣"的样板。

《史记·田敬仲完世家第十六》记载:"宣王喜文学游说之士,自如驺衍、淳于髡、田骈、接予、慎到、环渊之徒七十六人,皆赐列第,为上大夫,不治而议论。是以齐稷下学士复盛,且数百千人。"

《史记·孟子荀卿列传第十四》记载:"自驺衍与齐之稷下先生,如淳于髡、慎到、环渊、接子、田骈、驺奭之徒,各著书言治乱之事,以干世主,岂可胜道哉。"……"于是齐王嘉之,自如淳于髡以下,皆命曰列大夫,为开第康庄之衢,高门大屋,尊宠之。览天下诸侯宾客,言齐能致天下贤士也。"

战国时代,是我国奴隶制社会向封建制社会急遽转化的历史时期,在这社会大变革中,各个学派的代表人物,从不同的阶级和社会集团的利益出发,著书立说,议论政治,阐述哲理,展开思想上的斗争,形成了"百家争鸣"的局面。

二、稷下百家争鸣的盛况

1.汇聚列国学术

来自列国的学者迅速会聚于稷下,"致千里之奇士,总百家之伟说"(司马光《稷下赋》),稷下学宫成为列国的学术文化中心,学术具有多元化的特点。当时各国争夺人才,人才需求大,而"学在四夷"又为学子们提供了极大的流动空间。学者们合则留,不合则去,来去自由。政治宽松、言论自由、学术多元,形成了齐国空前的"百家争鸣"。从稷下学宫的治理来看,这是田齐政权与稷下学子们的一次自愿合作,相互迎合,互给空间。齐国官方选择稷下先生中有威望的人来主持和管理稷下学宫,让先生、学生们得以自治,按自己的方式学习,不直接干预学术活动。但这些稷下学士是独立的思想者,他们思想的形成,并不是齐国政权塑造出来的,他们是战国时代自由思想的产物。

2.学派林立

真正成为百家除儒、道、墨三大学派之外,另外几个具有原创性的重要学派如法家、名家、阴阳家、农家、纵横家、小说家等相继出现,并迅速达到发展的高峰。稷下学士们有一定的自由思想空间,相互辩论,他们的思想并不完全统一。例如在《荀子》中有"非十二子"篇,所谓"非十二子",就是批判12位学者的思想。被批判的学者中有邹衍、孟子、慎子、田骈等,他们都是稷下先生。稷下学士们继承了老子、孔子、法家商鞅等人的思想,在相互辩论过程中,形成了一种新的综合,这是自商周文化以来,诸子百家思想的一次集大成。各主要学派在传承发展过程中出现了分化,形成不同的流派。如"儒分为八,墨离为三"(《韩非子·显学》),道家也分化为老庄派道家和黄老派道家。

3.著述丰富

很多巨著出于稷下,见诸史书著录的有《管子》86篇,《慎子》12篇,《田子》25篇,《捷子》2篇,《环渊·上下篇》,《邹子》49篇,《邹子·终始》56篇,《邹奭子》12篇,《宋子》18篇,《尹文子》2篇,《孟子》7篇,《孙卿子》33篇,《韩非子》55篇,《鲁仲连子》14篇,《晏子春秋》8篇,等等,1973年长沙马王堆出土的帛书《黄帝四经》,也是出于稷下。

4.争鸣辩驳

稷下学者的辩论在形式上不拘一格,有在学派之间的,有在学派内部的,有在先生之间进行的,有在学生之间进行的,也有在先生与学生之间进行的,学生们可以各处听课,回来后听取老师的评论。学宫中定期举行常规性的学术聚会,称为"期会",主要内容是演讲和辩论。"期会"由德高望重的学术领袖主持,称为"祭酒",《史记·孟子荀卿列传》云:"齐襄王时,而荀卿最为老师。齐尚修列大夫之缺,而荀卿三为祭酒焉。"

稷下学者大都有出色的口才,都有一套辩论的技巧,在辩论中他们各持己见,互不相让,形成了百家争鸣的热闹场面。又如《史记·鲁仲连邹阳列传》正义引《鲁仲连子》中就有"齐辩士田巴,服狙丘,议稷下,毁五帝,罪三王,服五伯,离坚白,合同异,一日服千人"的句子,说的就是争论激烈、观点斑驳的争鸣。当时的田骈、邹衍、邹奭,也因雄辩而得"天口骈""谈天衍""雕龙奭"的雅号。人们通常所说的百家争鸣,主要就是在稷下学宫中通过这些方式进行的。

三、稷下百家争鸣的学术成就

1.舍短取长

文化传承百家学说在争鸣中增进了碰撞与交流,在各家各派的学术思想的了解与交融中,各自优点通过争鸣得以充分的显现,逐渐为大家所吸取和接受,缺点也通过争鸣充分显露,为大家所诟病和规避,通过取长补短,大家共同提高。由于在争鸣中互相吸取,很多思想家的学说中都同时包含了两种或两种以上不同学派的思想因素,使得各学派之间的界限变得模糊起来,以至于后世在对他们进行学派归属时经常发生困难,出现了不同的判断。这实际上正是反映了当时学术思想的发展和繁荣。黄老之学是稷下学宫百家争鸣的重要思想成果,遗憾的是在列国纷争的历史条件下,没有得到实践的机会。到了西汉初期,黄老之学成为官方的意识形态,成就了著名的"文景之治"。

2. 综合创新

在稷下百家争鸣的学术环境中,各家学说一方面进行着激烈的争鸣,不断碰撞出思想的火花,另一方面又在争鸣中互相启发、互相借鉴、互相吸取、互相渗透、互相贯通,使得一些新的理论尝试和理论创造成为可能,从而产生了一些新的理论、新的流派。例如,黄老之学、荀子之学、精气理论、阴阳五行学说等,都是学术思想综合创新的结果。综合创新为学术思想的发展开辟了新的领域,探索出新的方向。例如,外儒内法与历代王朝的礼法结合的政治模式理论,就是稷下学术最重要的创新之一。这一重要的理论创新为传统的儒家学说注入了新的活力,大大地弥补了传统儒家的不足,增强了儒家学说适应社会需要的能力,为即将出现的统一大帝国探索出了一个长治久安的治国方案。经荀子改造后的儒家学说最适合大一统的封建统治的需要,因而成为汉代以后历代王朝长期采用的指导思想。黄老之学和荀子之学是稷下学宫最重要的理论创造,相继主导了从汉代到明清两千多年的整部中国古代历史。

3. 引领战国学术发展的大方向

通过充分的争鸣,取长补短,各学派在很多问题的看法上逐步形成了共识,学术思想的发展逐渐呈现出交融、趋同、综合的趋势。例如"礼法结合、儒法互补"的治国模式理论的提出。儒家在先秦并不走运,其中一个重要的原因就是过于强调"礼"的道德教化作用而轻视法治的效用,不能快速收到富国强兵的实效以解决列国君主的当务之急。还有,在百家争鸣时期,黄老之学以道家理论为本位,整合了各主要学派的核心理论,代表了战国学术发展的潮流。以荀子之学和黄老之学为代表的这种学术思想上的融合趋同,代表了战国学术发展的潮流,引领了战国学术发展的大方向。也正是在稷下学宫时期,稷下先生与稷下学士们开始调和儒、法的积极成果,以儒家"为国以礼"和"为政以德"的基本理念为本位,将儒家的礼治主张同法家的法治主张有机地结合了起来,提出了礼主刑辅、阳儒阴法、王霸并用的政治模式理论,使礼与法这两种基本的治国手段由过去的排斥对立变为联手互补,这种儒法互补的政治理论模式在荀子那里得到了最终完成。

学术独立和思想自由。百家之学之所以能够在稷下学宫得到良好的发展,取得辉煌的成就,是同这里较为充分的思想自由和学术独立分不开的。齐国政府对学术活动从不干预,学者们在这里享有充分的思想和言论自由,保持着学术和人格的独立。思想自由和学术独立是百家争鸣的真精神,具有超越时代的普遍价值,是文化繁荣和社会健康发展的保证。我们今天应该认真吸取稷下百家争鸣的历史经验,切实贯彻双百方针,解放思想,倡导学术自由和学术独立,才能更好地繁荣乡村文化,实现社会主义乡村的全面振兴。

第二节　齐国文化的发展与繁荣

齐文化是中国优秀的传统地域文化之一，别具一格，特点明显。从文化模式的角度观照，在地理环境上，齐文化是半岛濒海型文化（非完全海洋文化）；在经济结构上，齐文化是农工商一体化的复合式经济文化（非完全的工商经济文化）；在政治思想领域内，齐文化是以忠君爱民相统一、礼法结合、义利并重为特色的兼容式政治文化（非纯爱民、法制文化）；从文化发展的角度审视，齐文化又显现出与其他先秦地域文化迥乎不同的变革性、开放性、多元性、务实性和智慧性。

齐文化是一种崇尚改革开放、追求务实创新、主张以智取胜的先进文化，可谓中华民族传统文化宝库中光彩夺目的文化瑰宝。两周时期的齐国，与古希腊大致处于同一阶段，她们各具特色，交相辉映，可称得上是古代世界东西方两颗璀璨的明珠。而八百年齐国故都临淄，作为齐文化发祥地和中心，更是久负盛名。周至汉时期，临淄是中国最大的工商业都市，为中国最重要的冶金、纺织、制车、制陶、漆器制作、铸镜、手工业科技中心和海盐、丝绸贸易最大集散地，有"东方古罗马"的美誉。

齐文化的发展及其过程

（一）齐文化的第一次高潮发生在齐桓公时期（公元前685—公元前643年）

公元前685年，姜小白登上君位，就是齐桓公。他不计一箭之仇，拜管仲为相。管仲继承发展了太公思想，辅佐齐桓公，在国内进行了一系列改革，使齐国很快走上了富国强兵之路。

在行政方面，管仲推行了"四民分业""三国五鄙"制度；在经济方面，农业上，管仲提出"均田分力"，推行"相地而衰征"的土地税收政策；工商业上，管仲提出"官山海"，实行盐铁专卖；又设"轻重九府"（掌管财政货币的机构）、铸造钱币；还鼓励外贸，"关市几而不征"（进出境和市场对外商只进行登记管理，不征税），使齐国经济开始繁荣起来。在军事方面，管仲强调寓兵于农，"做内政而寄军令"，将军事编制隐于行政编制之中；在人才培养和管理方面，管仲推行了"三选法"的官吏选任制度；在社会保障方面，管仲实行了"九惠之教"。"九惠之教"包括老老、慈幼、恤孤、养疾、合独、问病、通穷、赈困、接绝等9个方面的内容。在外交方面，管仲建议桓公要"以尊王攘夷相号召"，使海内诸侯望风归附。管仲所说的"尊王攘夷"，就是尊重周朝王室，承认周天子的地位；联合各诸侯国，共同抵御戎、狄等少数民族对中原华夏族的侵扰。经过管仲全方位的改革，齐国国内政治稳定，经济繁荣，人民富庶，基本实现了富国强兵的目标，从而为齐桓公创立霸业打下了坚实的基础。

公元前 679 年，齐桓公召集宋、陈、卫、郑在鄄会盟。在这次会盟中，齐桓公首次成为公认的霸主。公元前 667 年幽地会盟，周惠王的代表召伯廖以天子的名义，向齐桓公授予"侯伯"的头衔。正式承认了齐桓公的霸主地位。公元前 664 年—公元前 656 年，齐桓公、管仲伐戎救燕、伐狄救邢、伐狄救卫、伐蔡盟楚，取得了"尊王攘夷"的胜利，其霸主地位更加巩固。公元前 651 年，葵丘之会，标志着桓公的霸业达到顶峰。至此，经过近 30 年的苦心经营，齐桓公在管仲的辅佐下，先后主持了 3 次武装会盟、6 次和平会盟；还辅助王室一次，完成了春秋首霸的伟业，史称"九合诸侯，一匡天下"。

齐桓公称霸，将齐文化真正地改造成以兼容并包为特色的文化，使齐文化日臻成熟；促进了中原各国间的人员、物资交流和文化融合，遏制了四方少数民族对中原先进文化的掠夺性破坏，保证了中原文化的健康发展。齐桓公称霸，大大提升了齐文化在中华文化圈中的地位和巨大影响力，为东方文化中心由鲁至齐的转移、齐鲁成为中国早期文明的中心奠定了基础。

齐文化的继续发展，是在晏婴相齐时期（公元前 500 年前后），晏婴，齐景公时长期担任相国，是春秋末期杰出的政治家、思想家、外交家。他立足齐国实际，在民本思想的指导下，以礼治国；敢于直谏，匡君救失；重民举贤，廉俭力行；刚柔相济，忠心爱国；从而使趋于没落的姜齐政权，在列国争雄中保持了大国的地位，得到了诸侯们的敬佩，后世的敬仰，被称为一代贤相。

（二）齐文化的第二次高潮，是在战国齐威王（公元前 356—公元前 320 年）、齐宣王（公元前 319—公元前 301 年）时期

公元前 356 年，田因齐即位，就是齐威王。齐威王在国内进行了一系列的整顿和改革，使齐国国富兵强，成为战国七雄之一。他积极接受稷下先生淳于髡、平民琴师邹忌的劝谏，励精图治、一鸣惊人；注意整顿吏治，用烹刑诛杀了没有政绩、只知贿赂收买朝廷官员求得赞誉的阿大夫以及接受贿赂的官吏，又奖励给虽在朝廷内备受毁谤却政绩优秀的即墨大夫一万户的封邑；注意重用人才，把大臣檀子、田盼、黔夫、种首比作"国宝"；广开言路、悬赏纳谏，下令能当面指出国君过失的，给上赏；上奏章规劝国君的，给中赏；在朝廷或街市中议论国君过失，给下赏；改革军事，编辑成《司马穰苴兵法》。

齐威王的改革取得了巨大的成功。公元前 354 年的桂陵之战、公元前 341 年的马陵之战，两胜当时的强国——魏国；公元前 334 年，魏惠王尊齐威王为王。这就是历史上的"徐州相王"。徐州相王之后，齐威王成了真正的霸主，齐国也"最强于诸侯"。

公元前 319 年，齐威王去世，他的儿子田辟疆即位，就是齐宣王。他在位期间，胸怀"辟土地，朝秦楚，莅中国而抚四夷"的雄心壮志，励精图治，力图统一天下，使齐国始终处于与秦国分庭抗礼的地位。

齐宣王尊重知识、招揽人才，进一步扩大了始建于齐桓公田午（公元前374—公元前357年在位）时期的稷下学宫，采取了更加开明的政策。首先，他给稷下先生们很高的政治地位。当时邹衍、淳于髡、田骈、接予、慎到、环渊等76人，皆赐为上大夫的职位；其次是为他们修康庄大道，建高门大屋，给以很高的俸禄，提供优厚的物质待遇；再次是勉励他们著书立说，展开学术争鸣；同时，还发挥他们的智囊作用，经常向他们征询对国家大事的意见和看法，让他们办理外交，甚至参与制定典章制度。这样一来，稷下学士们参政议政的意识空前强烈，学术研究的自主性、创造性和积极性异常高涨，围绕着王霸、义利、天人、人性善恶、世界本原、名实等时代课题进行了广泛、深入的论辩与交流，出现了百家争鸣的盛况。可以说，齐宣王时期的稷下学宫，其规模之大，人数之众，学派之多，争鸣之盛，都达到了稷下学宫发展史上的巅峰。

齐宣王执政时期，齐文化的发展达到了顶峰。当时，齐国是经济最发达、人民最富裕的诸侯国；齐都临淄是中国最大的商业都市之一；齐国的军事实力强大，军事理论最为先进，《六韬》《孙膑兵法》笑傲古今。从学术、文艺、科技来看，齐国的水平和活跃度更为其他诸侯国所望尘莫及，战国时期全国的文化中心、最早的大学和社会科学院——稷下学宫；最早的行政百科全书——《管子》；最早的短篇小说集——《晏子春秋》；最早的足球——齐国蹴鞠均出现在齐宣王执政时期的齐国。而且更令人叹为观止的是，齐宣王时期出了一大批具有创造力的大家，涌现出一大批具有开拓性的成果。如阴阳五行学说的大家邹衍创立了"五德终始说"和"大九州说"；稷下黄老学派创立了以道法合一为基本特征的黄老之学；孟子、荀子将齐文化与旧儒学融合，形成了新的儒学等。

（三）齐文化的中衰，是在战国后期到齐国灭亡这一段时间内

齐宣王的儿子齐湣王田地（公元前301年至公元前284年在位），前期励精图治，使齐国继续保持了东方强国的地位。后期则狂妄骄纵，穷兵黩武，导致内外树敌，亡国丧命。公元前284年，燕昭王任命乐毅为上将军，率领燕、赵、韩、魏、秦五国合纵攻齐。济西一战，齐军大败。济西之战后，各国军队分别退去，燕军在乐毅的率领下乘胜进军，攻破齐都临淄。燕将乐毅攻破临淄后，短短的几个月内，攻占了齐国70余城，偌大的齐国仅剩下了即墨（今山东即墨北）和莒邑（今山东莒县）两座城池没有被攻破。齐湣王仓皇出逃，最后逃奔到莒，被楚国大将淖齿杀死。

后来，齐湣王的侍从王孙贾杀死了淖齿，立齐湣王之子田法章为齐襄王，守莒抗燕。公元前279年，即墨守将田单智摆火牛阵，大破燕军。他挥军乘胜追击，很快就光复了齐国，并去莒城迎接齐襄王田法章回都临淄。

齐襄王在位19年，他胸无大志、信用佞臣、怀疑轻视贤臣田单、偏安一隅，基本上碌碌无为。这一时期，齐国的国力不见起色。公元前265年，齐襄王去世，他的儿子田建继承王位，史称齐王建。齐王建懦弱无能，一切国家大事全部由母亲——君王后决断。君王后辅佐

齐王建的时期，秦国最强，齐国走向没落。为了保存实力，齐国采取的政策是"谨事秦"，不与秦国抗衡争雄，对中原五国态度冷漠，坐视秦国对各国蚕食。公元前221年，秦将王贲率军击齐，齐王建束手投降。至此，齐国灭亡。

齐国灭亡了，然而齐文化却没有随着国家的灭亡而迅速消亡，只是随着秦的统一，中衰、沉寂了一段时间。它作为一种地域文化，继续对秦，乃至西汉前期的文化产生着巨大的影响。

齐文化的复兴与消泯，是在秦朝统一全国到汉武帝"独尊儒术"这一段时间内。齐文化对秦代全国的政治、文化产生了巨大影响，主要表现在三个方面。一是形成于齐稷下的阴阳五行家的五德终始说，成为秦统一和立法的理论依据。二是秦始皇对齐地的迷恋和对齐方士的轻信，对秦的政治产生了巨大影响。秦始皇统一全国后，共有四次巡狩，其中三次东巡都以齐地为中心；他最相信齐国方士，为求长生不死之药，曾派徐福入海，促进了秦代与海外的交流；正是因为他重用方士，造成了燕齐方士千数人入咸阳的局面，使齐方士由民间走进朝廷。三是秦始皇与方士之间的矛盾，直接引发了"焚书坑儒"。齐人淳于越的直谏和方士的欺骗，导致了这位刚愎自用的暴君，将一部分儒生、方士坑掉。

齐文化对西汉前期全国的政治、文化产生了巨大影响，主要表现在两个方面，一是形成于齐国稷下的黄老之学，成为汉初统治者的治国思想。历史上著名的"文景之治"，就是黄老思想指导下的产物。二是齐地学者对汉初经学的发展做出了杰出贡献。刘邦重用齐儒叔孙通制朝仪，反映了齐地经学之盛；汉惠帝四年"除挟书律"后，经学传授复盛，一时大师云集，其中多为齐人，几成垄断之势。《史记儒林列传》记载，五经八师中，有四位（辕固、伏生、田生、胡毋生）是齐人。钱穆先生考证，汉初经学博士十二人，其中六人是齐人。

汉武帝时期，接受董仲舒的建议"罢黜百家、独尊儒术"，使儒学成为全国中央集权大一统下的统治思想。这不仅是鲁文化的胜利，也是齐文化的胜利。这是因为董仲舒不仅是齐学公羊学大师，其思想主要来自齐；而且其标榜的"儒术"，既推孔子、阐扬仁学，有鲁文化的成分；又采齐学之阴阳五行，大讲天人感应、阴阳灾异，兼有齐文化的因素。自此，齐文化作为一种独立形态的文化已不复存在，它与鲁文化一起，共同构成了中华民族传统文化的主干，并融合于统一的中华传统文化之中。

第五章 齐鲁文化十大历史名人

一、"一饭三吐哺"周公旦

周公，姬姓，名旦，是周文王姬昌第四子，周武王姬发的弟弟，曾两次辅佐周武王东伐纣王，并制作礼乐。因其采邑在周，爵为上公，故称周公。周公是西周初期杰出的政治家、军事家、思想家、教育家，提出"明德慎罚""敬德保民"文化主张，被尊为"元圣"和儒学先驱。

周公一生的功绩被《尚书·大传》概括为："一年救乱，二年克殷，三年践奄，四年建侯卫，五年营成周，六年制礼乐，七年致政成王。"

《史记·鲁周公世家》记载，周公戒伯禽曰："我文王之子，武王之弟，成王之叔父，我于天下亦不贱矣。然我一沐三捉发，一饭三吐哺，起以待士，犹恐失天下之贤人。子之鲁，慎无以国骄人。"是说周公礼贤下士，求才心切，辅助周王料理国事，百般忙碌，稍不懈怠。他为了接待求见之人，一次沐浴要多次握起头发，一餐饭要多次吐出口中食物来。这就是后世所传诵的"周公吐哺"的典故。

周公摄政七年，提出了各方面的带根本性典章制度，完善了宗法制度、分封制、嫡长子继承法和井田制。周公七年归政成王，正式确立了周王朝的嫡长子继承制，这些制度的最大特色是以宗法血缘为纽带，把家族和国家融合在一起，把政治和伦理融合在一起，这一制度的形成对中国封建社会产生了极大的影响，为周朝八百年的统治奠定了基础。

二、至圣先师孔丘

孔子（公元前551—公元前479年），子姓，孔氏，名丘，字仲尼，祖籍宋国栗邑（今河南省商丘市夏邑县），生于春秋时期鲁国陬邑（今山东省曲阜市）。中国著名的思想家、教育

第五章 齐鲁文化十大历史名人

家、政治家,与弟子周游列国十四年,晚年修订六经,即《诗》《书》《礼》《乐》《易》《春秋》。被联合国教科文组织评为"世界十大文化名人"之首。孔子一生修《诗》《书》,定《礼》《乐》,序《周易》,作《春秋》。

相传孔子有弟子三千,其中有贤人七十二。孔子去世后,其弟子及其再传弟子把孔子及其所有弟子的言行语录和思想记录下来,整理编成儒家经典《论语》。孔子在古代被尊奉为"天纵之圣""天之木铎",是当时社会上的最博学者之一,被后世统治者尊为孔圣人、至圣、至圣先师、大成至圣文宣王先师、万世师表。

纪念孔子诞辰2568周年祭文

岁祭孔子,至圣先师,建德修业,光耀古今。一心修仁德,历尽坎坷而弥坚;一生为教育,五十余载而不辍。一心修仁爱,与天地同寿。其魄兮,高洁而仁爱,与日月齐辉。其魂兮,慎独而精进,与天地同寿。当今盛世,儒学复兴,教育变革,潮流所趋,民心所向。

孔子思想的核心是"仁"。"仁"有三义:一曰"仁者爱人"。爱人之道即"忠恕"之道,"己欲立而立人,己欲达而达人"谓之"忠","己所不欲,勿施于人"谓之"恕"。二曰"克己复礼"为仁。人与人关系中一定的秩序和规则就是"礼",君礼臣忠、父慈子孝、兄爱弟悌乃理想社会之秩序,尊卑贵贱、亲疏长幼乃理想社会之规则。三曰君子之仁。行恭、宽、信、敏、惠于天下谓之仁。孔子还主张"德治"原则,对人民"富之""教之",把"仁爱"之心体现到治国安民的方略之中,其儒家思想对中国和世界都有深远的影响,孔子被列为"世界十大文化名人"之首。孔子被尊为儒家始祖,随着孔子影响力的扩大,孔子祭祀也一度成为和国家的祭礼同等级别的"大祀"。

三、亚圣公孟轲

孟子（约前372—前289），战国时期伟大的思想家，儒家的主要代表之一。名轲，字子舆，邹（今山东邹城市）人。相传孟子是鲁国贵族孟孙氏的后裔，幼年丧父，家庭贫困，曾受业于子思的学生。学成以后，以士的身份游说诸侯，企图推行自己的政治主张，到过梁（魏）国、齐国、宋国、滕国、鲁国。当时几个大国都致力于富国强兵，争取通过暴力的手段实现统一。孟子的仁政学说没有得到实行的机会，最后退居讲学，和他的学生一起，"序《诗》、《书》，述仲尼之意，作《孟子》七篇"。在孟子生活的时代，百家争鸣，"杨朱、墨翟之言盈天下"。孟子站在儒家立场加以激烈抨击。孟子继承和发展了孔子的思想，提出一套完整的思想体系，对后世产生了极大的影响，被尊奉为仅次于孔子的"亚圣"。

孟子继承和发展了孔子的德治思想，发展为仁政学说，成为其政治思想的核心。他把"亲亲""长长"的原则运用于政治，以缓和阶级矛盾，维护封建统治阶级的长远利益。

孟子把伦理和政治紧密结合起来，强调道德修养是搞好政治的根本。他说："天下之本在国，国之本在家，家之本在身。"后来《大学》提出的"修齐治平"就是根据孟子的这种思想发展而来的。

孟子哲学思想的最高范畴是天。孟子继承了孔子的天命思想，剔除了其中残留的人格神的含义，把天想象成为具有道德属性的精神实体。他说："诚者，天之道也。"孟子把"诚"这个道德概念规定为天的本质属性，认为天是人性固有的道德观念的本原。孟子的思想体系，包括他的政治思想和伦理思想，都是以天这个范畴为基石的。

四、朴素唯物主义哲学家荀况

荀子（约公元前313—公元前238年），名况，字卿（一说时人相尊而号为卿），战国末期赵国人，两汉时因避汉宣帝的名讳询称"孙卿"，思想家、哲学家、教育家，儒家学派的代表人物，先秦时代百家争鸣的集大成者。

荀子曾三次担任齐国稷下学宫的祭酒，两度出任楚兰陵令。晚年蛰居兰陵县著书立说，收徒授业，终老于斯，被称为"后圣"。荀子批判地接受并创造性地发展了儒家正统的思想和理论，主张"礼法并施"；提出"制天命而用之"的人定胜天的思想；反对鬼神迷信；提出性恶论，重视习俗和教育对人的影响，并强调学以致用；其思想集中反映在《荀子》一书中。荀子还整理传承了《诗经》《尚书》《礼》《乐》《易》《春秋》等儒家典籍，为传播保存儒家思想文化做出巨大贡献。荀子是第一个使用赋的名称和用问答体写赋的人,同屈原一起被称为"辞赋之祖"。

荀子对各家都有所批评,唯独推崇孔子的思想,认为是最好的治国理念。荀子以孔子的继承人自居,特别着重继承了孔子的"外王学"。他又从知识论的立场上批判地总结和吸收了诸子百家的理论主张,形成了富有特色的"明于天人之分"的自然观、"化性起伪"的道德观、"礼仪之治"的社会历史观,并在此基础上,对先秦哲学进行了总结。荀子总结百家争鸣的理论成果和自己的学术思想,创立先秦时期完备的朴素唯物主义哲学体系,对中国封建社会产生深远影响。

五、平民思想家墨翟

墨子(约公元前 468—公元前 376 年),姓墨,名翟,战国初年学者、思想家,墨家学派创始人。墨子出身微贱,曾学儒术,因不满其烦琐的学说,自创墨家学派以抗衡。

墨子作为中国战国时期著名思想家、政治家、军事家、社会活动家和自然科学家,提出了"兼爱""非攻"等观点,创立墨家学说,《墨子》一书是由他的弟子及再传弟子所编。墨学的学说在当时影响很大,与儒家并称"显学"。他主张"兼爱""非攻",提出"尚贤""尚同"的政治思想,主张从天子、诸侯国君到各级正长,

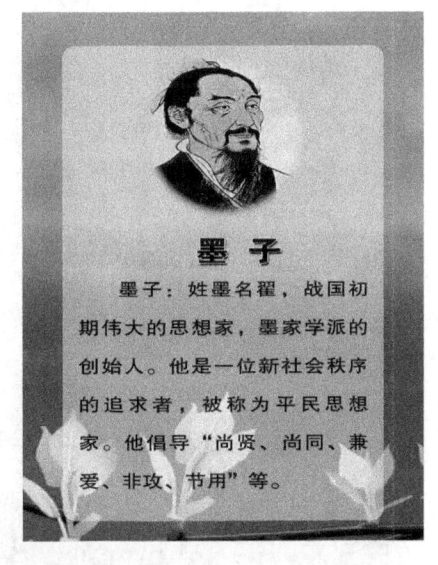

都要"选择天下之贤可者"来充当;而人民则要服从君上,做到"一同天下之义",天下人都要相亲相爱,反对恃强凌弱的战争。他的思想中的合理因素为后来的唯物主义思想家所继承和发展,其神秘主义的糟粕也为秦汉以后的神学目的论者所吸收和利用。

墨学在宇宙论、数学、几何学、物理学、光学等领域都有重要发现,他们还提出"利于人谓之巧,不利于人谓之拙""百工从事,皆有法所度"等科技伦理和职业精神,为后世提供了宝贵的科技思想。作为先秦墨家的创始人,墨子在中国哲学史上产生过重大影响。墨子在上说下教中,言行颇多,但无亲笔著作。今存《墨子》一书中的《尚贤》《尚同》《兼爱》《非攻》《节用》《节葬》《天志》《明鬼》《非乐》《非命》等篇,都是其弟子或再传弟子对他的思想言论的记录。这是研究墨子思想的重要依据。

六、周师齐祖姜太公

姜子牙（约公元前1156—约公元前1017年），姜姓，吕氏，名尚，一名望，字子牙，所以一般有三个称谓：姜尚、吕尚、姜子牙。姜尚是武王伐纣的首席谋主、最高军事统帅与西周的开国元勋，齐国开国国君，齐文化的创始人，亦是中国古代的一位影响久远的杰出的韬略家、军事家与政治家。历代典籍都公认他的历史地位，儒、法、兵、纵横诸家皆追他为本家人物，被尊为"百家宗师"。

姜太公在政治上推行"尊贤尚功"的政策。就是选拔有才能的人做官，吸收大批当地东夷土著中的人才加入齐国统治阶层；在文化上推行"因其俗，简其礼"的开明政策。就是尊重东夷人的文化传统，不强制推行周礼，而是从齐地实际出发，务实地创造了既让齐民乐于接受，又不太悖周礼的新制；在经济上倡导"农、工、商"三宝并举、"通商工之业，便鱼盐之利"的宏观战略。

齐国初建时沼泽遍布，土地盐碱化严重，自然条件恶劣，对农业经济的发展极其不利。姜太公因地制宜，在注重发展黍、稻生产的同时，利用境内矿藏丰富、鱼盐资源丰富的特点，大力发展冶炼业、丝麻纺织业、鱼盐业等手工业；还利用齐国交通便利、人民有重商传统的优势，大力发展商业，推行与列国通货的外贸政策。在这种开放的经济政策指导下，齐国制造的冠带衣履畅销天下，鱼盐流通列国，诸侯纷纷前来朝拜，其他诸侯国的人和财物纷纷流归于齐国，络绎不绝地汇聚到齐都营丘。这样，齐国由偏僻荒凉的小国、穷国，逐步兴盛发展成为雄踞于东方的大国、富国。

七、春秋首霸齐桓公

齐桓公(？—公元前643年)，姜姓，吕氏，名小白。姜姓齐国第十六位国君(公元前685—公元前643年在位)，春秋五霸之首，姜太公吕尚的第十二代孙，齐僖公第三子，母为卫姬。

公子小白早年在鲍叔牙保护下，逃到莒国避难。在齐襄公和公孙无知相继死去后，抢先回国，夺取君位。齐桓公不计一箭之仇，听从鲍叔牙的建议，拜管仲为相，君臣同心，励精图治，对内整顿朝政、推行改革，对外尊王攘夷，存亡续绝。这一时期，起用了一批各有所长、尽忠职守的出色人才。其中最具代表性的便是"桓管五杰"。齐桓公任内励精图治，在管仲辅佐下，推行改革，实行军政合一、兵民合一的制度，促使齐国逐渐强盛。打出"尊王攘夷"的旗号，九合诸侯，平定宋国内乱，北击山戎，南伐楚国，灭掉谭、遂、鄣等小国，成为第一个中原霸主。

八、中华名相管仲

管仲(约公元前723—公元前645年)，姬姓，管氏，名夷吾，字仲，谥敬，春秋时期法家代表人物，颍上人(今安徽颍上)，周穆王的后代。是中国古代著名的经济学家、哲学家、政治家、军事家。被誉为"法家先驱""圣人之师""华夏文明的保护者""华夏第一相"。齐僖公三十三年(公元前698年)，管仲开始辅助公子纠。齐桓公元年(公元前685年)，管仲任齐相，在任内大兴改革，富国强兵。齐桓公四十一年(公元前645年)，管仲病逝。

管仲继承发展了太公思想，辅佐齐桓公，在国内进行了一系列改革，使齐国很快走上了富国强兵之路。在行政方面，管仲推行了"四民分业""三国五鄙"制度；在经济方面，农业上，管仲提出"均田分力"，推行"相地而衰征"的土地税收政策；工商业上，管仲提出"官山海"，实行盐铁专卖；又设"轻重九府"(掌管财政货币的机构)、铸造钱币；还鼓励外贸，"关市几而不征"(进出境和市场对外商只进行登记管理，不征税)，使齐国经济开始繁荣起来。在军事方面，管仲强调寓兵于农，"做内政而寄军令"，将军事编制隐于行政编制之中；在人才培养和管理方面，管仲推行了"三选法"的官吏选任制度；在社会保障方面，管仲实行了"九惠之教"。在外交方面，管仲建议桓公要"以尊王攘夷相号召"联合各诸侯国，共同抵御戎、狄等少数民族对中原华夏族的侵扰。经过管仲全方位的改革，齐国国内政治稳定，经济繁荣，人民富庶，基本实现了富国强兵的目标，从而为齐桓公称霸打下了坚实的基础。

九、一代廉相晏婴

晏子（公元前578—公元前500年），名婴，字仲，谥号"平"，夷维（今山东省高密市）人，春秋时期齐国著名政治家、思想家、外交家。晏婴是齐国上大夫晏弱之子。齐灵公二十六年（前556年）晏弱病死，晏婴继任为上大夫。历任齐灵公、庄公、景公三朝，辅政长达50余年。以有政治远见、外交才能和作风朴素闻名诸侯。晏婴聪颖机智，能言善辩。内辅国政，屡谏齐王。对外他既富有灵活性，又坚持原则性，出使不受辱，捍卫了齐国的国格和国威。

晏婴，在齐景公时长期担任相国，他立足齐国实际，在民本思想的指导下，以礼治国；敢于直谏，匡君救失；重民举贤，廉俭力行；刚柔相济，忠心爱国；从而使趋于没落的姜齐政权，能够在列国争雄中保持了大国的地位，得到了诸侯们的敬佩，后世的敬仰，被称为一代贤相。

十、兵家之圣孙武

孙武（约公元前545—约公元前470年），字长卿，春秋末期齐国乐安（今山东省北部）人。中国春秋时期著名的军事家、政治家，尊称兵圣或孙子（孙武子），又称"兵家至圣"，被誉为"百世兵家之师""东方兵学的鼻祖"。

孙武大约活动于公元前六世纪末至前五世纪初，由齐至吴，经吴国重臣伍员（伍子胥）举荐，向吴王阖闾进呈所著兵法十三篇，受到重用为将。他曾率领吴国军队大败楚国军队，占领楚国都城郢城，几近覆亡楚国。

其著有巨作《孙子兵法》十三篇，为后世兵法家所推崇，被誉为"兵学圣典"，置于《武经七书》之首。他撰著的《孙子兵法》在中国乃至世界军事史、军事学术史和哲学思想史上都占有极为重要的地位，并在政治、经济、军事、文化、哲学等领域被广泛运用。被译为英文、法文、德文、日文，该书成为国际最著名的兵学典范之书。

第六章　智囊故事十则

一、田忌赛马

田忌，生卒年不详，妫姓，田氏（亦作陈氏），名忌，字子期，又曰期思，封于徐州（今山东滕州南），故又称徐州子期。战国时期齐国名将。约为公元前 340 年，孙膑逃亡到齐国时，田忌赏识孙膑的才能，收为门客。在一次赛马时，孙膑向田忌提出了以下马对上马，以上马对中马，以中马对下马的田忌赛马法。公元前 354 年，发生桂陵之战，魏国攻打赵国，齐国派兵相助，田忌为主将，孙膑为参谋，结果孙膑以"围魏救赵"的兵法大胜。公元前 341 年，发生马陵之战，魏国攻打韩国，齐国派兵相助，仍由田忌为主将，孙膑为参谋，孙膑仍进军魏都大梁，用"减灶之计"，让魏军大将庞涓轻敌深入，结果庞涓被杀，齐国大胜。同年，被齐相邹忌用反间计陷害，田忌无法澄清，逃亡楚国。直到齐宣王即位，方才重回齐国。

"田忌赛马"的故事出自《史记·孙子吴起列传》。

原文：忌数与齐诸公子驰逐重射。孙子见其马足不甚相远，马有上、中、下辈。于是孙子谓田忌曰："君弟重射，臣能令君胜。"田忌信然之，与王及诸公子逐射千金。及临质，孙子曰："今以君之下驷与彼上驷，取君上驷与彼中驷，取君中驷与彼下驷。"既驰三辈毕，而田忌一不胜而再胜，卒得王千金。

译文：田忌经常与齐国诸公子赛马，设重金赌注。孙膑发现他们的马脚力都差不多，可分为上、中、下三等。于是孙膑对田忌说："您只管下大赌注，我能让您取胜。"田忌相信并答应了他，与齐王和诸公子用千金来赌注。比赛即将开始，孙膑说："现在用您的下等马对付他们的上等马，拿您的上等马对付他们的中等马，拿您的中等马对付他们的下等马。"三场比赛完后，田忌一场不胜而两场胜，最终赢得齐王的千金赌注。

"田忌赛马"这个成语故事说的是：齐国的大将田忌常同齐威王进行跑马比赛。他们在比赛前，双方各下赌注，每次比赛共设三局，胜两次以上的为赢家。然而，每次比赛，田忌总是输给齐威王。这天，田忌赛马时又输给了齐威王。回家后，田忌十分郁闷，他把赛马失败引起的不快告诉了孙膑。孙膑是大军事家孙武的后代，足智多谋，熟读兵书战策，深谙兵法，只是曾被魏国将军庞涓谋害造成双腿残废,不能率兵打仗。他被田忌救到齐国后,很受器重。田忌待他为上宾,请他当了军师。

孙膑说:"将军与大王的马我看了。其实,将军的三等马匹与大王的都差那么一点儿。您第一局派出的是上等马与大王的上等马赛,第二局派中等马与大王的中等马赛,第三局派下等马与大王的下等马赛。您这样总按常规派出马与大王的马比赛,您永远会输。"田忌不解地问:"不这样,又怎么办呢?"孙膑对田忌说:"下次赛马时,您照我说的办法派出马匹,一定会取胜的,您只管多下赌注就是了。"田忌听了,大喜。这次他主动与齐威王相约,择日再进行赛马。齐威王听了,不屑地说:"田将军又想给寡人送银子了,再比,将军也是输。"

赛马这一天到了。双方的骑士和马匹都来到赛马场上。齐威王和田忌在看台上饶有兴致地观看比赛。孙膑也坐着车子,坐在田忌的身旁。

赛马开始了,第一局田忌派出了自己的下等马,对阵齐威王的上等马。结果可想而知,田忌输掉了第一局。齐威王十分得意。第二局,田忌派出了自己的上等马对阵齐威王的中等马。结果,田忌赢了第二局。第三局,田忌派出自己的中等马对阵齐威王的下等马,田忌又赢了第三局。三局两胜,田忌第一次在赛马比赛中战胜了齐威王。由于事先田忌下了很大的赌注,他把前几次输掉的银子都赚了回来,还略有盈余。

这篇寓意深刻的故事,引自《史记·孙子吴起列传》。故事告诉人们要有全局观念,如果能够在整体上取得重大胜利,就要舍得局部付出一点点牺牲和损失。在整体实力与对手相等或者略低于对手的时候,要想取得胜利,那就要看谁会巧妙地排兵布阵了。

二、老子函谷著书

周敬王二年(公元前518年),老聃守丧期满返周。周敬王四年(公元前516年),周王室发生内乱,王子朝率兵攻下刘公之邑。周敬王受迫。当时晋国强盛,出兵救援周敬王。王子朝势孤,与旧僚携周王室典籍逃亡楚国。老聃蒙受失职之责,受牵连而辞旧职。于是离宫归隐,骑一青牛,欲出函谷关,西游秦国。

离开周王朝洛邑不远,但见四野一片荒凉。断垣颓壁,井栏摧折,阡陌错断,田园荒芜,枯草瑟瑟。田野里不见耕种之马,大道上却战马奔驰不息,有的马还拖着大肚子艰难地尾追其后。目睹此景,老聃心如刀绞,内心想道:"夫兵者,不祥之器也,非君子之器。不得已而用之,适可而止,恬淡为上。胜而不必自美,自美者乃乐杀人也。夫乐杀人者,不可以得志于天下矣!以道佐人主者,不以兵强天下。兵之所处,荆棘生焉;大兵之后,必有凶年。天下有道,却走马以粪;天下无道,则戎马生于郊。戎马生于郊,则国乱家破矣。"

话说函谷关守关官员关尹,少时即好观天文、爱读古籍,修养深厚。一日夜晚,独立楼观之上凝视星空,忽见东方紫云聚集,其长三万里,形如飞龙,由东向西滚滚而来,自语道:"紫气东来三万里,圣人西行经此地。青牛缓缓载老翁,藏形匿迹混元气。"关尹早闻老聃大名,心想莫非是老子将来?于是派人清扫道路四十里,夹道焚香,以迎圣人。

七月十二日午后，夕阳西斜，光华东射。关尹正欲下关查看，忽见关下稀落行人中有一老者，倒骑青牛而来。老者白发如雪，其眉垂鬓，其耳垂肩，其须垂膝，红颜素袍，简朴洁净。关尹仰天而叹道："我生有幸。得见圣人！"三步并作两步，奔上前去，跪于青牛前拜道："关尹叩见圣人。"

　　老子见叩拜之人方脸、厚唇、浓眉、端鼻，威严而不冷酷，柔慈而无媚态，早知非一般常人，故意试探道："关令大人叩拜贫贱老翁，非常之礼也！老夫不敢承当，不知有何见教？"关尹道："老丈，圣人也！务求留宿关舍以指修行之途。"老子道："老夫有何神圣之处，受你如此厚爱？惭愧惭愧，羞杀老夫矣？"关尹道："关尹不才；好观天文略知变化。见紫气东来，知有圣人西行，见紫气浩荡，滚滚如龙，其长三万里。知来者至圣至尊，非通常之圣也；见紫气之首白云缭绕，知圣人白发，是老翁之状；见紫气之前有青牛星相牵，知圣人乘青牛而来也。"

　　老子听罢，哈哈大笑："过奖，过奖！老夫亦早闻你大名，特来拜会。"关尹闻言大喜，叩头不迭。之后，关尹引老子至官舍，请老子上坐，焚香而行弟子之礼，恳求道："先生乃当今大圣人也！圣人者，不以一己之智窃为己有，必以天下人智为己任也。今汝将隐居而不仁，求教者必难寻矣！何不将汝之圣智著为书？关尹虽浅陋，愿代先生传于后世，流芳千古，造福万代。"

　　老聃允诺，以王朝兴衰成败、百姓安危祸福为鉴，溯其源，著上、下两篇，共五千言。上篇起首为"道可道，非常道；名可名，非常名"，故人称《道经》。下篇起首为"上德不德，是以有德；下德不失德，是以无德"，故人称为《德经》，合称《道德经》。上篇《道经》言宇宙本根，含天地变化之机，蕴阴阳变幻之妙；下篇《德经》，言处世之方，含人事进退之术，蕴长生久视之道。关尹得之，如获至宝，终日默诵，如饥似渴。

三、管鲍之交

　　《史记·管晏列传》载：管仲夷吾者，颍上人也。少时常与鲍叔牙游，鲍叔知其贤。管仲贫困，常欺鲍叔，鲍叔终善遇之，不以为言。已而鲍叔事齐公子小白，管仲事公子纠。及小白立为桓公，公子纠死，管仲囚焉。鲍叔遂进管仲。管仲既用，任政于齐。齐桓公以霸，九合诸侯，一匡天下，管仲之谋也。管仲曰："吾始困时，尝与鲍叔贾，分财利多自与，鲍叔不以我为贪，知我贫也。吾尝为鲍叔谋事而更穷困，鲍叔不以我为愚，知时有利不利也。吾尝三仕三见逐于君，鲍叔不以我为不肖，知我不遭时也。吾尝三战三走，鲍叔不以我为怯，知我有老母也。公子纠败，召忽死之，吾幽囚受辱，鲍叔不以我为无耻，知我不羞小节而耻功名不显于天下也。生我者父母，知我者鲍子也。"鲍叔推荐管仲，以身下之。子孙世禄于齐，有封邑者十余世，常为名大夫。天下不多管仲之贤而多鲍叔能知人也。

　　译文：管仲和鲍叔牙都是春秋时齐国人，两人少年时就是好朋友。鲍叔牙很赏识管仲的才学，也很了解他的所作所为。两人曾经一同做买卖，他们在分利的时候，管仲总要多得一些，鲍叔牙知道管仲家里贫困，从来不因他多得了钱而说他贪心。管仲曾替鲍叔牙办过几件事，可是事情没办好，反而弄得更糟糕，鲍叔牙也并不认为管仲无能，因为他知道事情总有不顺利的时候。管仲曾三次当官，三次都被罢了官，鲍叔牙并不认为他没有才干，因为鲍叔牙知道他是没遇到赏识他的人，没有得到发挥才干的机会。管仲曾经三次参加作战，每次都逃跑了，鲍叔牙也不认为他胆小怕死，因为鲍叔牙知道他家有老人要奉养。鲍叔牙对管仲了解得如此深透，所以管仲感慨地说："生我的是父母，知我的是鲍叔牙啊。"

管仲和鲍叔牙后来分开了，管仲做了齐襄公的弟弟公子纠的老师，鲍叔牙做了齐襄公另一个弟弟公子小白的老师。齐襄公荒淫无道，把自己的兄弟都赶到了国外。不久，齐国发生内乱，齐襄公被杀。公子纠和公子小白得知消息后，都急忙往国内赶，想抢先得到君位。管仲一面派人护送公子纠回国，一面亲自带人去拦截公子小白。他们在半路上遇到了公子小白的车队，管仲劝公子小白和鲍叔牙退回去，他俩不肯，管仲就取出箭向公子小白射去，公子小白大叫一声，向后倒去。管仲以为公子小白已被射死，就护送着公子纠不慌不忙地向齐国进发。

谁知公子小白并没有死，管仲那一箭正巧射中了他的衣带钩，他怕再挨一箭，急中生智，假装被射中倒下。看见管仲走了，他才命令抄小路加速前进，公子小白最终抢先赶回国都，当上了国君，公子小白就是齐桓公。

齐桓公即位后，立即派兵讨伐公子纠，公子纠被杀死，管仲也被捉住。齐桓公恨管仲差点儿杀了自己，要把管仲处以极刑。而鲍叔牙竭力向齐桓公推荐管仲，他说如果能重用管仲，就能使国家强盛。齐桓公终于被说服，不仅没杀管仲，还让他当了齐国的宰相。鲍叔牙则心甘情愿地当管仲的助手。在管仲的辅佐下，齐国迅速强大起来。

管仲曾说："生我者父母，知我者鲍叔也。""管鲍之交"一时传为佳话。

四、晏子使楚

《晏子春秋》记载：晏子使楚。楚人以晏子短，为小门于大门之侧而延晏子。晏子不入，曰："使狗国者从狗门入。今臣使楚，不当从此门入。"傧者更道，从大门入。见楚王，王曰："齐无人耶？使子为使。"晏子对曰："齐之临淄三百闾，张袂成阴，挥汗成雨，比肩继踵而在，何为无人？"王曰："然则何为使子？"晏子对曰："齐命使，各有所主。其贤者使使贤主，不肖者使使不肖主。婴最不肖，故宜使楚矣。"

晏子将使楚。楚王闻之，谓左右曰："晏婴，齐之习辞者也。今方来，吾欲辱之，何以也？"左右对曰："为其来也，臣请缚一人，过王而行，王曰：'何为者也？'对曰：'齐人也。'王曰：'何坐？'曰：'坐盗。'"

晏子至，楚王赐晏子酒，酒酣，吏二缚一人诣王。王曰："缚者曷为者也？"对曰："齐人也，坐盗。"王视晏子曰："齐人固善盗乎？"晏子避席对曰："婴闻之，橘生淮南则为橘，生于淮北则为枳，叶徒相似，其实味不同。所以然者何？水土异也。今民生长于齐不盗，入楚则盗，得无楚之水土使民善盗耶？"王笑曰："圣人非所与熙也，寡人反取病焉。"

译文：晏子出使楚国。楚王知道晏子身材矮小，在大门的旁边开一个五尺高的小洞请晏子进去。晏子不进去，说："出使到狗国的人从狗洞进去，今天我出使到楚国来，不应该从这个洞进去。"迎接宾客的人带晏子改从大门进去。晏子拜见楚王。楚王说："齐国没有人吗？竟派您做使臣。"晏子回答说："齐国首都临淄有七千多户人家，展开衣袖可以遮天蔽日，挥洒汗水就像天下雨一样，人挨着人，肩并着肩，脚尖碰着脚跟，怎么能说齐国没有人呢？"楚王说："既然这样，为什么派你这样一个人来做使臣呢？"晏子不慌不忙地回答说："齐国派遣使臣，各有各的出使对象，贤明的使者被派遣出使贤明的君主那儿，不肖的使者被派遣出使不肖的君主那儿，我是最无能的人，所以就只好委屈下出使楚国了。"晏子的话使本打算要戏弄他的楚国君臣们面面相觑，半天说不出话来。

晏子又一次出使楚国。楚王听到这个消息，对手下的人说："晏婴是齐国的善于言辞的人，现在将要来了，我想羞辱他，用什么办法呢？"左右的人回答说："在他来的时候，请允许我们绑一个人从大王您面前走过。大王问：'这是什么国家的人？'回答说：'是齐国人。'大王说：'他犯了什么罪？'我们说：'犯了偷窃罪。'"楚王觉得这是一个羞辱晏子的好主意，就按此布置妥当。

晏子到了，楚王赏赐给晏子酒，酒喝得正高兴的时候，两个官吏绑着一个人走到楚王面前。楚王问："绑着的人是什么国家的人？"近侍回答说："他是齐国人，犯了偷窃罪。"楚王眼瞟着晏子说："齐国人本来就善于偷窃吗？"晏子离开座位回答说："我听说这样的事，橘子生长在淮河以南就是橘子，生长在淮河以北就变成枳了，只是叶子的形状相像，它们果实的味道不同。这样的原因是什么呢？是水土不同。老百姓生活在齐国不偷窃，到了楚国就偷窃，莫非楚国的水土使得老百姓善于偷窃吗？"晏子以柑橘打比方，说明人在齐国好好劳动，一到楚国便做贼，也许是两国水土不同吧。

楚王听了晏子一番反驳，苦笑着说："圣人不是能同他开玩笑的人，我反而自讨没趣了。"楚王搬起石头砸自己的脚。

类似上面晏子使楚的故事还很多。晏子凭自己的智慧，挫败了一些国家有辱齐国国格和晏子人格的阴谋，他的名声也越来越大，成为春秋末期著名的外交家。

五、孙武杀姬训兵

孙子晋见吴王之后，呈上所著兵书十三篇。吴王看后，赞不绝口。为考察孙子的统兵能力，吴王挑选了100多名宫女由孙子操练。孙武把宫女分为左右两队，指定吴王最为宠爱的两位美姬为左右队长，同时指派自己的驾车人和陪乘担任军吏，负责执行军法。但宫女们不听号令，捧腹大笑，队形大乱。孙武便召集军吏，根据兵法，斩两位队长。吴王见孙武要杀掉自己的爱姬，马上派人传命说：寡人已经知道将军能用兵了。没有这两个美人侍候，寡人吃饭也没有味道，请将军赦免她们。孙武毫不留情地说："臣既然受命为将，将在军中，君命有所不受。"孙武执意杀掉了两位队长,任命两队的排头充当队长,继续练兵。当孙武再次击鼓发令时,众宫女前后左右,进退回旋,跪爬滚起,全都合乎规矩,阵形十分齐整。阖闾失去爱姬,心中不快。孙武便亲见阖闾说:"令行禁止,赏罚分明,这是兵家的常法,为将治军的通则。对士卒一定要威严,只有这样,他们才会听从号令,打仗才能克敌制胜。"听了孙武的解释,吴王阖闾怒气消散,便拜孙武为将军。在孙武的训练下,吴军的军事素质有了明显提高,最终成为春秋五霸之一。

六、孔子适齐

《孔子世家》记载:定公十年春,及齐平。夏,齐大夫黎鉏言于景公曰:"鲁用孔丘,其势危齐。"乃使使告鲁为好会,会于夹谷。鲁定公且以乘车好往。孔子摄相事,曰:"臣闻有文事者必有武备,有武事者必有文备。古者诸侯出疆,必具官以从。请具左、右司马。"定公曰:"诺。"具左右司马。会齐侯夹谷,为坛位,土阶三等,以会遇之礼相见,揖让而登。献酬之礼毕,齐有司趋而进曰:"请奏四方之乐。"景公曰:"诺。"于是旍、旄、羽、袚、矛、戟、剑、拨鼓噪而至。孔子趋而进,历阶而登,不尽一等,举袂而言曰:"吾两君为好会,夷狄之乐何为于此!请命有司!"有司却之,不去,则左右视晏子与景公。景公心怍,麾而去之。有顷,齐有司趋而进曰:"请奏宫中之乐。"景公曰:"诺。"优倡侏儒为戏而前。孔子趋而进,历阶而登,不尽一等,曰:"匹夫而营惑诸侯者罪当诛!请命有司!"有司加法焉,手足异处。景公惧而动,知义不若,归而大恐,告其群臣曰:"鲁以君子之道辅其君,而子独以夷狄之道教寡人,使得罪于鲁君,为之奈何?"有司进对曰:"君子有过则谢以质,小人有过则谢以文。君若悼之,则谢以质。"于是齐侯乃归所侵鲁之郓、汶阳、龟阴之田以谢过。

译文:鲁定公十年春季,鲁国与齐国和好。夏季,齐国大夫黎鉏对齐景公说:"鲁国任用孔丘,这形势就会危及齐国。"于是齐国派出使者告知鲁定公举行友好会见,约定在夹谷会面。鲁定公准备乘坐车辆友好前往。孔子兼任盟会司仪之事,说:"臣下听说有文事的话必须有武备,有武事的话必须有文备。古代诸侯越出自己的疆界,必定配备文武官员作为随从。请配备左、右司马。"鲁定公说:"好。"配备了左、右司马。到夹谷会见齐景公,在那里建筑盟坛,排定席位,修起土台阶三级,按诸侯间会遇之礼相见,鲁定公与齐景公互相作揖谦让而登坛。宴饮献酬之礼完毕后,齐国官吏小步疾走进来说:"请演奏四方的舞乐。"齐景公说:"好。"于是莱夷乐人打着旌旗,挥舞羽毛、彩缯,手持矛戟剑盾,击鼓呼叫而到来,孔子快步上前,一步跨越一级台阶而往上登,离坛上还有一级台阶时,挥举长袖而说:"我们两国的君主举行友好盟会,夷狄的舞乐为何在此!请命令有关官员下令撤走!"主管官员发令退下,但乐人不离去,左右的人看着晏子和齐景公。景公内心有愧,挥手让他们离去。过了一会儿,齐国的官吏小步疾走进来说:"请演奏宫中的舞乐。"齐景公说:"好。"艺人侏儒便演戏调笑而上前。孔子又快步进去,一步跨越一级台阶而往上登,离坛上还有一级台阶时,说:"百姓而胆敢蛊惑诸侯的,罪该诛杀!请命令有关官员执行!"有关官员施加刑法,艺人侏儒都被处以腰斩而手足分离。齐景公恐惧而震动，知道理义不如鲁国，回国后大为惊恐，告诉他的群臣说："鲁国臣子用君子之道辅佐他们的君主，而你们只是用夷狄之道来教我，使我得罪了鲁君，对这如何是好？"有关官员上前回答说："君子有了过错就用实际行动来道歉，小人有了过错则用花言巧语来道歉。国君倘若真的对此感到恐惧，就用实际行动去道歉。"于是齐景公便归还所侵占鲁国的郓、汶阳、龟阴之田来认错道歉。

七、齐威王一鸣惊人

战国时，齐国的威王是个传奇人物。他继位后，喜好声色，饮酒作乐，常常通宵达旦而不理朝政。这时，齐国有一个名叫淳于髡的人，他的口才很好。有一天，淳于髡见到了齐威王，就对他说："大王，我有一个谜语想请您猜一猜。有只大鸟，住在大王的宫廷中，已经整整三年了，可是它既不会飞，也不会叫，大王您猜，这是一只什么鸟呢？"齐威王是一个聪明人，知道淳于髡是在讽刺自己，于是沉吟了一会儿，便说："嗯，这只大鸟，你不知道，它不飞就罢了，一旦飞起，就会冲到天上；它不鸣就罢了，一旦叫起来，就会让众人惊恐，你慢慢等着瞧吧！"齐威王毕竟是个有雄心壮志的国君，后来他任用邹忌为相、田忌为将、孙膑为军师，进行变法改革。

一鸣惊人原意是一叫就使人震惊，比喻平时没有突出的表现，一下子做出惊人的成绩。这一则寓言故事最早出自《韩非子·喻老》，后《史记·滑稽列传》中也有提及。

《韩非子·喻老》载：楚庄王莅政三年，无令发，无政为也。右司马御座而与王隐曰："有鸟正南方之阜，三年不翅，不飞不鸣，嘿然无声，此为何名？"王曰："三年不翅，将以长羽翼；不飞不鸣，将以观民则。虽无飞，飞必冲天；虽无鸣，鸣必惊人。子释之，不谷知之矣。"处半年，乃自听政。所废者十，所起者九，诛人臣五，举处士六，而邦大治。举兵诛齐，败之徐州，胜于河雍，合诸侯于宋，遂霸天下。庄王不为小害善，故有大名；不蚤见示，故有大功。故曰："大器晚成，大音希声。"

"一鸣惊人"的衍生故事有两则：

其一：荆庄王（即楚庄王）立三年，不听而好讔（yǐn，隐语）。成公贾入谏。王曰："不谷禁谏者，今子谏何故？"对曰："臣非敢谏也，愿与君王讔也。"王曰："胡不设不榖矣？对曰："有鸟止于南方之阜，其三年不动、不飞、不鸣，是何鸟也？"王射（猜测）之曰："有鸟止于南方之阜，其三年不动，将以定志意也；其不飞，将以长羽翼也；其不鸣，将以览民则也。是鸟虽无飞，飞将冲天；虽无鸣，鸣将骇人。贾出矣，不谷知之矣。"明日朝，所进者五人，所退者十人。群臣大悦，荆国之众相贺也。（《吕氏春秋·重言》）

其二：淳于髡者，齐之赘婿也。长不满七尺，滑稽多辩，数使诸侯，未尝屈辱。齐威王之时喜隐，好为淫乐长夜之饮，沉湎不治，委政卿大夫。百官荒乱，诸侯并侵，国且危亡，在于旦暮，左右莫敢谏。淳于髡说之以隐曰："国中有大鸟，止王之庭，三年不蜚又不鸣，王知此鸟何也？"王曰："此鸟不飞则已，一飞冲天；不鸣则已，一鸣惊人。"于是乃朝诸县令长七十

二人，赏一人，诛一人，奋兵而出。诸侯振惊，皆还齐侵地。威行三十六年。(《史记·滑稽列传》)

"一鸣惊人"由典故衍生为成语，多指等待时机、蓄势待发。

公元前613年，楚成王的孙子楚庄王新即位，做了国君。晋国趁这个机会，把几个一向归附楚国的国家又拉了过去，订立盟约。楚国的大臣们很不服气，都向楚庄王提出要他出兵争霸权。无奈楚庄王不听那一套，白天打猎，晚上喝酒、听音乐。什么国家大事，全不放在心上，就这样窝窝囊囊地过了三年。他知道大臣们对他的作为很不满意，就下了一道命令：谁要是再敢劝告他，就判谁的死罪。

有个名叫伍举的大臣，实在看不过去，决心去见楚庄王。楚庄王正在那里寻欢作乐，听到伍举要见他，就把伍举召到面前，问："你来干什么？"伍举说："有人让我猜个谜儿，我猜不着。大王是个多才多艺的人，请您猜猜吧。"楚庄王一听猜谜儿，觉得怪有意思，就笑着说："你说出来听听。"伍举说："楚国山上，有一只大鸟，身披五彩，样子挺神气，可是一停三年，不飞也不叫，这是什么鸟？"

楚庄王心里明白伍举说的是谁。他说："这可不是普通的鸟。这种鸟，不飞则已，一飞将要冲天；不鸣则已，一鸣将要惊人。你去吧，我已经明白了。"

过了一段时期，另一个大臣苏从看看楚庄王没有动静，又去劝说楚庄王。楚庄王问他："你难道不知道我下的禁令吗？"苏从说："我知道。只要大王能够听我的意见，我就是触犯了禁令，犯了死罪，也是心甘情愿的。"楚庄王高兴地说："你们都是真心为了国家好，我哪会不明白呢？"

打这以后，楚庄王决心改革政治，一方面调走了一批奉承拍马的人，把敢于进谏的伍举、苏从提拔起来，帮助他处理国家大事；另一方面制造武器，操练兵马。当年，就收服了南方许多部落。第6年，打败了宋国。第8年，又打败了陆浑的戎族，一直打到周都洛邑附近，从而称霸天下。

表面看，一鸣惊人似乎瞬间光彩照人、风光无限，而在闪亮登场背后所经历的千难万险则往往被人所忽略。"成功的花儿，人们只惊羡它现时的明艳，然而当初它的芽，浸透了奋斗的泪，洒遍了牺牲的血。"

最初的楚庄王并不是不想一鸣惊人，而是国内政治不稳定，他在默默地积聚能量，等待时机。所以，任何所谓的一鸣惊人无不都是长期能量积聚的迸发，它不仅需要具备韬光养晦的战略智慧，从低处着眼积蓄力量，从高处俯视蓄势待发，还需要具备善于守拙的生存策略，面对复杂多变的局势，时刻隐藏自己的光芒，禁得住外界形形色色的诱惑，把持住自己的内心信念。默默无闻，不是不鸣，只是未鸣。不鸣只是一个巨人暂时的沉默，而不是沉睡，是暗自发力，是苦练内功，是要寻找有利时机，化危机为机遇。虽说机遇可遇不可求，但机遇永远属于有准备的人。一鸣惊人固然不易，成功之后长期立于不败之地则更难，更需要有谦虚谨慎的态度、海纳百川的气度、勇往直前的魄力和不断突破、自我超越的能力，更要时刻保持清醒冷静的头脑,切忌得意忘形,才可能避免江郎才尽和昙花一现的结局。

八、孙膑围魏救赵

围魏救赵,指袭击敌人后方的据点以迫使进攻之敌撤退的战术。现借指用包抄敌人的后方来迫使他撤兵的战术。出自《史记·孙子吴起列传》。原指战国时期齐国用围攻魏国国都大梁的方法,迫使魏国撤回攻赵邯的部队而使赵国得救。后指袭击敌人后方的据点以迫使进攻之敌撤退的战术。

约公元前353年,魏国围攻赵国都城邯郸。赵国求救于齐国。齐将田忌、孙膑率军救赵,趁魏国都城兵力空虚,引兵直攻魏国。魏军回救,齐军乘其疲惫,于中途大败魏军,遂解赵围。事见《史记·孙子吴起列传》。此种战略后来常为兵家所采用,称为"围魏救赵"法。

"围魏救赵"讲的是战国时期齐国与魏国的桂陵之战。公元前354年,魏惠王欲释失中山的旧恨,便派大将庞涓前去攻打。这中山原本是东周时期魏国北邻的被魏国收服的小国,后来赵国乘魏国国丧伺机将中山强占了,魏将庞涓认为中山不过弹丸之地,距离赵国又很近,不若直打赵国都城邯郸,既解旧恨又一举双得。魏王从之,欣欣然似霸业从此开始,即拨五百战车以庞涓为将,直奔赵国围了赵国都城邯郸。赵王急难中只好求救于齐国,并许诺解围后以中山相赠。齐威王应允,令田忌为将,并起用从魏国救得的孙膑为军师领兵出发。这孙膑曾与庞涓同学,对用兵之法谙熟精通。魏王用重金将他聘得,当时庞涓也正事奉魏国。庞涓自觉能力不及孙膑,恐其贤于己,遂以毒刑将孙膑致残,断孙两足并在他脸上刺字,企图使孙不能行走,又羞于见人。后来孙膑装疯,幸得齐使者救助,逃到齐国。这是一段关于庞涓与孙膑的旧事。

且说田忌与孙膑率兵进入魏赵交界之地时,田忌想直逼赵国邯郸,孙膑制止说:"解乱丝结绳,不可以握拳去打,排解争斗,不能参与搏击,平息纠纷要抓住要害,乘虚取势,双方因受到制约才能自然分开。现在魏国精兵倾国而出,若我直攻魏国,那庞涓必回师解救。这样一来邯郸之围定会自解。我们再于中途伏击庞涓归路,其军必败。"田忌依计而行。果然,魏军离开邯郸,归路中又陷伏击与齐战于桂陵,魏部卒长途疲惫,溃不成军,庞涓勉强收拾残部,退回大梁,齐师大胜,赵国之围遂解。这便是历史上有名的"围魏救赵"的故事。又后十三年,齐魏之军再度相交于战场,庞涓复又陷于孙膑的伏击,自知智穷兵败遂自刎。孙膑以此名显天下,世传其兵法。这个典故是指采用包抄敌人的后方来迫使它撤兵的战术。

"围魏救赵"作为作战计谋,说的是"共敌不如分敌,敌阳不如敌阴"。共敌,指兵力较集中的敌人;分敌,指分散的敌人。敌阳,指攻打敌人精锐强盛的部分,也就是正面之敌;敌阴,指敌人存在的空虚薄弱环节,也就是敌军的背面或侧面。这就是说,攻打兵力集中的敌人,不如设法使它分散兵力而后各个击破;正面攻击敌人,不如迂回攻击其薄弱空虚的环节。本指围攻魏国的都城以解救赵国。现借指用包抄敌人的后方来迫使它撤兵的战术。所谓围魏救赵战术的运用,是指当敌人实力强大时,要避免和强敌正面决战,应该采取迂回战术,迫使敌人分散兵力,然后抓住敌人的薄弱环节发动攻击,置敌于死地。

俗话说,治兵如治水。锐者避其锋,如导疏;弱者塞其虚,如筑堰。故当齐救赵时,孙膑谓田忌曰:"夫解杂乱纠纷者不控拳,救斗者,不搏击,批亢捣虚,形格势禁,则自为解耳。"对敌作战,好比治水。敌人势头强大,就要躲过冲击,如用疏导之法分流。对弱小的敌人,就抓住时机消灭它,就像筑堤围堰,不让水流走。也就是孙膑所说:"想理顺乱丝和结绳,只能用手指慢慢去解开,不能握紧拳头去捶打;排解搏斗纠纷,只能动口劝说,不能动手参加。对敌人,应避实就虚,攻其要害,使敌方受到挫折,受到牵制,围困可以自解。"

九、匡章攻破函谷关

匡章,又称匡子、章子,战国时齐国齐威王、齐宣王两朝名将。生卒年不详,大约活动于公元前335年至公元前295年间,曾与惠施评论齐魏相王的事。在对秦作战时,有人言语中伤他,但齐威王仍然信任他,他后来得知后,十分感动,誓死效忠齐王,遂北伐燕,南征楚,西攻函谷关,为齐屡建战功。

前334年,齐威王与魏惠王在徐州相会,并互相承认对方称王,匡章对此与惠施作了评论。齐威王末年,秦国借道魏韩向齐国展开军事行动,齐威王派匡章率兵迎战,两军交错扎营,开战之前,双方使者来来往往。

匡章借机变更了部分齐军的徽章,混杂到秦军中待机配合齐国的主攻部队破敌。齐威王派往前线的人探不明匡章的用意,悄悄向威王打小报告说:"匡章可能要带兵降秦。"威王听了置之不理。

过了不久,又有前线回来的人向威王报告说:"匡章可能降秦。"威王仍不理睬,如此再三。朝廷众大臣见此情景向齐威王请求说:"言章子人(匡章)之败(不良行为)者,异人而同辞,王何不发兵击之?"

威王胸有成竹地说:"此不叛寡人明矣,曷(何)为击之!"果然,时过不久,从前线传来齐军大胜的捷报。左右很吃惊,询问威王何以有此先见之明,威王告诉他们,从匡章的日常表现便可推断出。

原来,匡章的母亲在世时,得罪了匡章的父亲,被他父亲杀死埋于马厩下,威王任匡章为将时,其父已死。威王曾特许他打了胜仗之后,就为其母更葬,但为匡章谢绝,理由是:父亲生前未做此吩咐。

这使威王对匡章的为人有了较深的了解,坚信他"为人子不欺死父,岂为人臣欺生君哉?"所以,尽管前线三次送来情报说匡章可能降秦,但威王都没有相信,坚持放手让匡章指挥作战,终于保住了这次抗秦斗争的胜利。

匡章本人回朝知道了此事,十分感动,誓死效忠齐王。齐宣王六年(公元前314年),齐国乘燕国内乱,派匡章率兵十万,从渤海进发,进攻燕国。燕国人都痛恨子之,纷纷开城迎接齐军,五十日以内,直破燕都。

齐军攻占燕国后,并无撤回之意,匡章又不管束军队,士卒欺凌百姓,燕人纷纷起来反抗,驱逐齐军。匡章站不住脚,只好带兵回到齐国去了。后二年,在濮水上游抵御秦军,失利。

齐宣王十九年(公元前 301 年),齐宣王命令齐将匡章与魏将公孙喜、韩将暴鸢率领三国联军进攻楚国的方城。楚国派唐昧率军迎击,两军在沘水两岸驻扎了下来。联军因不了解沘水的深浅情况,不敢贸然渡水作战,与楚军相持了 6 个多月。

齐宣王在国内不耐烦了,派使者周最(即周冣)到阵地言辞苛刻地催促匡章赶快渡河作战。匡章令人寻找可以渡河的地方,由于楚军放箭射守,派出的人根本到不了河边。后来,一位樵夫告诉说:"要想知道河水深浅太容易了,凡是楚军重兵防守的地方,都是河水浅的地方;凡是楚军防守兵力少的地方,都是河水深的地方。"

匡章一听,喜出望外,随即选派精兵乘夜幕从楚军重兵防守的地方渡河,向楚军发起突然袭击,在沘水旁的垂沙(今河南唐河境)大败楚军。楚将唐昧因为联军六个多月没有多大的动静,放松戒备,等知联军上岸后才仓促调兵应战。楚军大败,2 万多人被杀,楚将唐昧战死。之后,韩、魏取得宛(今河南南阳市)、叶(今河南叶县南 15 公里)以北的大片土地,楚国被迫以太子横为质,向齐求和。前 298 年,田文回齐为相,发起齐、魏、韩三国联合攻秦,由匡章统率联军,前后有三年之久。先是攻到秦国的函谷关,驻屯大军,加以封锁。之后赵、宋两国也参加联军,最后终于攻入了函谷关,迫使秦国求和。

十、田单复国

田单,生卒年不详,妫姓,田氏,名单,临淄人,战国时田齐宗室远房的亲属,任齐都临淄的市掾(管理市场的小官)。齐国危亡之际,田单坚守即墨,以火牛阵击破燕军,收复七十余城,因功被委任为相国,并得到安平君的封号。

中国战国后期,齐将田单凭借孤城即墨(今山东平度东南),由坚守防御转入反攻,一举击败燕军,收复国土,这是一次著名的战争。战争的起因是,齐宣王趁着燕国内乱,借口替燕国平乱,派兵攻占蓟丘(北平附近),逼死了燕王哙。哙的儿子燕昭王即位。为了报仇雪耻,燕昭王招贤养士,拜乐毅为上将军,统率五国联军攻伐齐国。由于齐愍王骄傲残暴,失去人心,乐毅在短短的六个月内,竟然攻占了齐国七十几座城池。齐王不得已退守莒城,不久又被部将所杀,整个齐国只剩下莒和即墨两个地方。眼看齐国就要灭亡了,在这最紧要的关头,出现了一位反攻复国的英雄,他以这两座城池为根据地,善用各种谋略与战术,一举打败燕兵,光复了故土,这就是有名的田单复国的故事。

战国时代,是我国历史上战争最多的时代,当时有七个较强大的国家,燕、韩、赵、魏、齐、楚、秦,号称战国七雄。他们为自己国家的利益,无不处心积虑,发动侵略战争。于是今天你打我,明日我杀你,整个天下动荡不安。其中齐国和燕国土地相邻,经常利害冲突,拼斗得更是惨烈。

田单并不是佩金印、穿紫袍，身负军国大任的达官贵人，他只是临淄城的一名基层官员，与齐国的王宗虽属同宗，但关系相当疏远。当乐毅攻破临淄城时，田单带族人逃难到安平，乐毅的军队又迅速攻到安平。为了尽快摆脱敌军的追击，田单教导族人把车轴多余的部分截短，并用铁皮把车轴包起来，经过改良的车子，轻便而坚固，很顺利地到达即墨。由于田单思虑周密，多才多艺，当即墨守城的大夫战死后，田单便被群众推举为将军，担任守城的指挥工作。

田单深知要击败乐毅绝不是一件容易的事，因为燕军除了自己的国土之外，还包括齐国的七十多座城，而齐军方面只剩下莒和即墨两个地方，双方的实力悬殊。如果贸然硬拼，失败者必然是自己，目前只有耐心地等待有利的时机。在时机尚未成熟前，绝不能轻举妄动。不久，机会终于来临了，一向宠信乐毅的燕昭王病逝，新立的燕惠王与乐毅不和。这对田单来说，真是一个天大的好消息，是除去乐毅的大好机会，便派人潜入燕国，到处散播谣言说，乐毅早就想做齐王，只因为先王对他恩重如山，他实在不忍心背叛，所以故意慢慢攻打莒城和即墨。现在先王去世了，他将不再听从新王的指挥，若不迅速撤换乐毅，等到他自立为齐王，就来不及了。燕惠王早就怀疑乐毅，听了谣言，更是信以为真。于是派骑劫接替乐毅。乐毅知道回国以后，一定没有什么好结果，便逃亡到赵国。

田单一看反间计已经收效，乐毅一去，复兴齐国的阻力已去掉一半，接着要做的工作便是振奋民心，鼓舞士气了。田单首先向即墨城的居民宣布，夜来梦见神明告诉我说："齐国即将复兴，燕国就要败亡；很快有神人降临，做我们的军师，协助我们击退燕军。"有一位小兵开玩笑地说："我可以做军师吗？"说完转身便走，田单立即追上他，很恭敬地请他上坐，向他跪拜。小兵惶恐地说："我只是开玩笑，请不要当真。"田单却安慰他说："没关系，只要你不说出来，我自有妙用。"于是公开向百姓宣布，神人已降临即墨，并拜为军师了。从此以后，田单每次发号施令，都说是神人的指示，城中的军民也信以为真，因此对复国的信心更加坚定，士气大为提振。

田单接着又下一道命令，规定即墨城的居民，每次吃饭前，都要先将食物摆在庭院中祭祀祖先。结果，引来了许多鸟儿飞入城里觅食，燕军看到这种情形，大感奇异，探听之下，才知道即墨城中来了神人相助。

为了使齐人痛恨燕军，并抱定必死的决心，田单派出间谍，到燕军阵营散布谣言说："齐国人最怕鼻子被割，以及祖先的坟墓被挖，以这两种惩罚来威胁，即墨城中的军民一定会毫无斗志，开城投降。"燕军听了这个消息，马上下令把投降的齐人，鼻子全部割掉，推到最前线，并把城外齐人的祖坟一一挖开，尸体骨骸，暴露在四处。燕军的暴行不但不能产生震慑的作用，反而激起即墨军民同仇敌忾，个个咬牙切齿，都想出去和燕军拼个你死我活，杀敌的意志沸腾到了极点。

到了这个时候，田单知道军民都已怀有死战的决心，可以发动攻势了。一方面故意将穿盔甲的勇士埋伏在城中，只派老弱妇孺上城防守，以松懈燕军的戒心，另一方面收集即墨城中的金银珠宝，派人送给燕军，表示即将献城投降。燕军以为胜利在望，高兴万分，于是举行庆功宴，狂欢痛饮。一连数日，军心逐渐松懈下来。

　　田单暗中收集一千多头牛，牛角上绑着利刃，牛身上披着彩布，毛尾上绑着稻草，淋了许多油脂。同时选了五千名壮士，身上也画满了油彩，犹如鬼怪一般。一个月黑风高的晚上，田单下达攻击令，一千多头武装牛，因尾巴上的稻草被点燃，疼痛受惊，没命地向燕军的阵营中奔去。这时燕军都在睡梦中，被这些突然而来的怪物所惊醒，吓得不知如何是好，纷纷抱头鼠窜。火牛横冲直撞，被撞到的，死的死，伤的伤；牛尾上的火，又延烧到帐篷，造成一片火海。跟在牛群后面的五千壮士更是乘胜追击，当者披靡。转眼间，燕军全部溃败，骑劫被杀。以前被燕军攻占的七十几城，听说齐兵得胜，又纷纷叛燕归齐。田单终于逐退燕军，收复了齐国，胜利地回到临淄，并立即恭迎齐襄王返都。襄王因田单拯救了齐国，功劳很大，封他为安平君。

参考文献

[1]林荣芳.浅析齐文化与鲁文化的碰撞与融合[J].内蒙古民族大学学报(社会科学版),2015.

[2]陈晓丹.中国历史博览[M].北京:中国戏剧出版社,2009.

[3]黎翔凤.管子校注(上)[M].北京:中华书局,2012.

[4]雷宏基译注.老子·庄子(上卷)[M].北京:中央民族大学出版社,2002.

[5]王伯祥.左传读本[M].上海:开明书店,1940.

[6]萧枫.史记[M].北京:中国文史出版社,2010.

[7]齐豫生,夏于全.论语[M].长春:北方妇女儿童出版社,2006.

[8]李斐斐,等.中华优秀传统文化融入职业教育教学[M].长春:吉林大学出版社,2019.

[9]吕思勉.礼记[M].上海:华东师范大学出版社,1995.

[10]王修智.齐鲁文化研究中的几个问题[J].东岳论丛,2004.

[11]孙开泰.先秦诸子精神[M].南京:凤凰出版社,2009.

[12]司马迁著,萧枫主编.史记[M].北京:中国文史出版社,2010.

[13]马新,杨朝栋,刘德增等.中国传统文化读本[M].济南:山东大学出版社,2002.

[14]范文澜.中国通史[M]2版.北京:人民出版社,1949.

[15]郭沫若.十批判书[M].北京:科学出版社,1956.

[16]冯友兰.三松堂学术文集[M].北京:北京大学出版社,1984.

[17]张岱年,方克立.中国文化概论[M].北京:北京师范大学出版社,2004.

[18]傅斯年著,杨佩昌整理.傅斯年诸子史记与诗经文稿[M].北京:中国画报出版社,2013.

[19]布占祥,马亮宽.傅斯年与中国文化[M].天津:天津古籍出版社,2006.

[20]郭墨兰.中国文化[M].北京:华艺出版社,1997.

[21]余国瑞.中国文化历程[M].南京:东南大学出版社,2004.

[22][美]康拉德·希诺考尔,米兰达·布朗,袁德良,译.中国文明史2版[M].北京:群言出版社,2008.

[23]安作璋，王志民，张富祥.齐鲁文化通史[M].北京：中华书局，2004.

[24]吴毅，朱世广，刘治立.中华人文精神论纲[M].北京：人民出版社，2011.

[25]周建波.鉴知集——传统文化与现代价值[M].北京：北京大学出版社，2015.

[26]刘玉莹，等.齐鲁文化发展的地方性比较研究[M].汕头：汕头大学出版社，2021.

[27]隋保禄.论齐鲁传统文化的现代价值[J].枣庄学院学报，2016.

[28]周莹.打造乡村振兴齐鲁样板——基于山东省乡村产业振兴的探索与实践[J].山西农经，2021.

[29]董文华，辛正果.打造新乡贤文化振兴的齐鲁样板——基于山东省新乡贤文化建设的探索[J].南方农机，2022.

[30]韩广富，辛远.2020年后高质量减贫何以实现——兼论与乡村振兴的有效衔接[J].贵州师范大学学报（社会科学版），2022.

[31]周伟.乡村振兴视阈下农民精神贫困问题及化解路径[J].山东农业大学学报（社会科学版），2021.

[32]严宇珺，龚晓莺.新发展格局助推乡村振兴：内涵、依据与路径[J].当代经济管理，2022.

[33]郭宇坤.以乡村振兴推进共同富裕的实践路径探析[J].石河子大学学报（哲学社会科学版），2022.

[34]纪志耿，罗倩倩.习近平关于乡村振兴重要论述的发展脉络与创新性贡献[J].经济学家，2022.

[35]魏后凯.实施乡村振兴战略的目标及难点[J].社会发展研究，2018.

[36]文丰安.全面实施乡村振兴战略：重要性、动力及促进机制[J].东岳论丛，2022.

[37]李洁，王静.新时代我国乡村振兴战略研究综述[J].智库时代.2018.

[38]张爱民.运用大数据推进乡村振兴战略研究[J].江苏经贸职业技术学院学报，2019.

[39]李业芹.绿色发展助力乡村振兴[J].人民论坛，2018.